자녀들에게 꼭 필요한
하브루타
한글영어

Havruta Korean English Bible for Children & Parents

자녀들에게 꼭 필요한
하브루타 한글영어
Havruta Korean English Bible for Children & Parents

초판1쇄 발행 | 2015년 11월 09일
초판2쇄 발행 | 2017년 10월 01일
개정1쇄 발행 | 2019년 09월 25일

지은이 | 박종신
펴낸이 | 박종신
디자인 | 조성윤
교 정 | 양미화 이경실

펴낸곳 | 성경암송학교(BRS)
등 록 | 제357-2510020114000005호.(2014. 4. 10)
주 소 | 충남 아산시 서부남로 844 성경암송학교 BRS
전 화 | 041) 532-0697 / 010-3018-0693
팩 스 | 041) 532-0698
홈페이지 | http://amsong.kr

YouTube : 성경암송학교TV / 어린이 성경암송학교TV

ISBN 979-11-88552-08-5 03230

※ 책 가격은 뒷 표지에 있습니다.
※ 이 출판물은 저작권법에 의해 보호받는 저작물로 무단전제와 복제를 절대 금합니다.
※ 잘못 만들어진 책은 구입하신 서점에서 교환해 드립니다.

성경암송학교(BRS)는 복음적이고 성경적인 선교단체로서, 신명기 6장 4~9절의 말씀에 근거하여 이 땅의 모든 교회와 목회자, 그리고 성도와 자녀들이 하나님의 말씀을 암송하고 하브루타하고 테필린복음으로 하나님의 말씀을 실천하도록 돕는 기독교 교육기관입니다.

자녀들에게 꼭 필요한
하브루타 한글영어

Havruta Korean English Bible for Children & Parents

박종신 지음

사도신경

나는 전능하신 아버지 하나님, 천지의 창조주를 믿습니다.
나는 그의 유일하신 아들, 우리 주 예수 그리스도를 믿습니다.
그는 성령으로 잉태되어 동정녀 마리아에게서 나시고,
본디오 빌라도에게 고난을 받아 십자가에 못 박혀 죽으시고,
장사된 지 사흘 만에 죽은 자 가운데서 다시 살아나셨으며,
하늘에 오르시어 전능하신 아버지 하나님 우편에 앉아 계시다가,
거기로부터 살아 있는 자와 죽은 자를 심판하러 오십니다.
나는 성령을 믿으며, 거룩한 공교회와 성도의 교제와
죄를 용서받는 것과 몸의 부활과 영생을 믿습니다.
아멘.

The Apostles' Creed

디 어포쓸즈 크리드

I believe in God the Father Almighty,
아이 빌리브인 갓더 파더 얼마이티
Maker of heaven and earth, and in Jesus Christ,
메이커어브 헤븐 앤 어쓰 앤인 지저스크라이스트
His only Son our Lord, who was conceived by the Holy spirit
히스온리썬 아워로드 후워즈 컨시브드 바이더 홀리스피릿
born of the Virgin Mary.
번어브더 버진메리
suffered under Pontius Pilate, was crucified,
써퍼트 언더 판티우스 파일럿 워즈 쿠르시파이드
dead and buried; He descended into hell,
데드 앤 뷰리드 히 데쎈디드 인투헬
The third day He rose again from the dead;
더써드데이 히로쓰어겐 프럼더 데드
He ascended into heaven, and sitteth on the right hand
히 어쎈디드 인투헤븐 앤 씻디드 언더 롸잇핸드
of God the Father Almight from thence
어브 갓더파더 얼마이티 프럼덴스
He shall come to judge the quick and the dead.
히쉘컴투 저지더 퀵앤더 데드
I believe in the Holy spirit;
아이 빌리브 인더 홀리스피릿
The Holy Universal Church The Communion of Saint
더 홀리 유니버설처치 더 컴유니언 어브 쎄인트
The forgiveness of sins,
더 포기브니스 어브 씬스
The resurrection of the body,
더 리저렉션 어브더 바디
And the life everlasting.
엔더 라이프 에버레스팅
Amen
에이멘

주기도문

하늘에 계신 우리 아버지,
아버지의 이름을 거룩하게 하시며
아버지의 나라가 오게 하시며,
아버지의 뜻이 하늘에서와 같이
땅에서도 이루어지게 하소서.
오늘 우리에게 일용할 양식을 주시고,
우리가 우리에게 잘못한 사람을 용서하여 준 것 같이
우리 죄를 용서하여 주시고,
우리를 시험에 빠지지 않게 하시고,
악에서 구하소서.
나라와 권능과 영광이 영원히 아버지의 것입니다.
아멘.

마태복음 6:9-13

The Lord's prayer
더 로즈 프레어

Our father in heaven,
아워 화더인 헤븐
hallowed be your name,
할로드비 유어네임
Your kingdom come,
유어 킹덤 캄,
Your will be done on earth, as it is in heaven,
유어 윌비 던 온 얼쓰 애즈 잇이스인 헤븐,
Give us today our daily bread
깁어스 투데이 아워 데일리 브레드
Forgive us our debts,
포깁어스 아워 뎁스,
as we also have forgiven our debtors,
애즈위 올소 햅 포기븐 아워 뎁터스,
And lead us not into temptation,
앤 리더스 낫 인투 템테이션,
but deliver us from the evil one,
벗 딜리버 어스 프럼디 이블원,
For yours is the kingdom, and the power,
포 유어스이즈더 킹덤, 앤더 파워,
and the glory, forever. Amen
앤더 글로리, 휘에버. 에이멘

Matthew 6:9-13

『자녀들에게 꼭 필요한 하브루타 한글영어』 교재 사용법

1. 우리 자녀들에게 꼭 필요한 330절의 말씀을 구속사적인 관점에서 엄선했습니다.
2. 말씀의 이해를 돕기 위해 『부모님들을 위한 해설』을 준비했습니다. 신학적이고 영성이 깊은 해설로 자녀들의 하브루타를 돕는 배경이 될 것입니다.
3. 복음적인 영어성경 NLT에 한글발음을 병기하여 누구나 스스로 공부하고 가르칠 수 있도록 기획했습니다.
4. 구약의 질문은 유대인 랍비와 탈무드의 도움을 얻었고, 신약의 질문은 구속사적인 관점으로 말씀의 깊이와 의미를 담았습니다.
5. 프롤로그에는 성경을 암송하는 방법, 왜 하브루타를 해야 하는지, 영어암송하는 방법, 그리고 자녀들에게 한글과 영어로 암송시키는 부모교육법까지 설명했습니다.
6. 사도신경과 주기도문을 영어로 암송하도록 했습니다. 시작할 때는 영어 사도신경으로, 마칠 때는 영어 주기도문으로 마치도록 했습니다.
7. 이 교재의 목적은 하나님의 자녀로서 신앙, 성품, 메타인지, 공부, 그리고 영어를 완벽하게 정복하는 하나님의 전략이 담겨 있습니다.
8. 영어말씀 330절을 원어민의 음성으로 유튜브(Youtube)에서 들을 수 있도록 준비했습니다. 원어민의 음성을 10번 반복하여 들으면 영어암송은 물론 발음이 교정될 것입니다.
9. 주일학교, 중고등부 자녀들의 신앙을 회복하고 다음 세대의 회복과 부흥을 위해 기획되었습니다.
10. 성경암송과 하브루타를 통해 세계 최고의 자녀로 양육하는 하나님의 학습법입니다.

※ YouTube [어린이 성경암송학교TV]에 있는 영어말씀을 반복하여 들으실 수 있습니다.
기존에 [자녀들에게 꼭 필요한 하브루타 330절 말씀]을 구입하신 분들도 동일하게 적용됩니다.

프롤로그

자녀와 부모가 함께 읽는
랍비박의 성경암송 및 하브루타 특강

Rabbi Park's Special lecture for Children & Parents

O havruta! O mituta!
(나에게 하브루타를 다오 그렇지 않으면 죽음을 다오!)

안녕하세요?

여러분의 성경암송과 하브루타를 지도할 랍비(Rabbi) 박종신 목사입니다.

사실 나는 유대인 랍비가 아닙니다만, 오랫동안 성경암송과 테필린, 그리고 하브루타를 인도하다보니 사람들이 나에게 붙여준 별명이 랍비박(Rabbi Park)이 되었습니다. 이제 여러분의 진짜 랍비가 되어 성경암송과 하브루타를 인도하려고 합니다.

여기 Faith 100절, Hope 110절, Love 120절 도합 330절은 여러분에게 꼭 필요한 생명의 말씀입니다. 성경통독 100번을 기념하여 엄선한 말씀으로 어린이, 초, 중, 고, 청소년에게 생명처럼 꼭 필요한 말씀입니다. 여러분이 이 330절을 생명처럼 여기고 말씀에 순종하면 여러분의 인생은 가장 아름답고 복된 인생이 될 것을 확신합니다.

하나님의 말씀은 인생의 나침반입니다. 나침반이 있는 사람과 없는 사람은 하늘과 땅의 차이입니다. 사막에서 나침반이 없는 사람은 방황하다가 결국에는 죽습니다. 하나님의 말씀은 급변하고, 타락하고, 위험한 세상에서 여러분을 올바른 길로 인도할 것입니다. 나는 여러분들을 하나님의 말씀으로 충실하게 인도하는 랍비가 될 것을 약속합니다.

● 하나님의 마음에 맞는 사람 ●

나는 하나님을 믿는 여러분이 다윗과 같이 하나님의 마음에 맞는 사람이 되길 바랍니다. 사도행전 13장 22절을 보면 이런 말씀이 나옵니다.

다윗을 왕으로 세우시고 증언하여 이르시되 내가 이새의 아들 다윗을 만나니 내 마음에 맞는 사람이라 내 뜻을 다 이루리라 (행 13:22)

어떻게 다윗은 하나님의 마음에 맞는 사람이 되었을까요? 또 우리 모두는 어떻게 하나님의 마음에 맞는 사람이 될까요? 다윗처럼 하나님의 마음에 맞는 사람이 되려면 먼저 하나님의 마음이 담긴 말씀을 알아야 합니다.

그냥 머리로 아는 것을 '피상적인 앎'이라고 합니다. 이렇게 단순히 머리로 하나님을 아는 것으로는 하나님의 마음에 맞는 사람이 될 수 없습니다. 하나님의 마음에 맞는 사람이 되려면 하나님의 말씀을 귀중히 여기고 마음에 새겨야 합니다. 그리고 실천해야 합니다. 먼저 마음에 새기기 위한 첫 걸음이 바로 성경암송이라고 정의합니다.

● 성경암송을 올바르게 하는 법 ●

성경암송은 참으로 좋은 것입니다. 역사적으로, 임상적으로 성경암송보다 탁월한 교육은 없습니다. 수많은 사람들이, 아니 크리스천이라고 하는 사람들까지 엉뚱한 곳에서 파랑새를 찾고 있습니다. 파랑새는 성경암송입니다. 성경암송은 하나님의 교육전략입니다. 성경암송을 하면 우리가 상상도 못할 정도의 좋은 결과를 얻습니다.

그렇다고 성경암송이 항상 성공하는 것은 아닙니다. 자신에게 유익한 목적으로 성경암송을 하는 사람들이 있습니다. 성경암송이 좋다고 하니까 자신에게 유리한 말씀만 골라 암송합니다. 널리 알려진 말씀, 또는 많이 인용되는 말씀만 뽑아서 외우려고 합니다. 물론 그러한 암송법이 무조건 나쁘다고 할 순 없지만 권장할 암송법은 아니라고 생각합니다.

● 구속사적인 관점에서 성경을 바라보라 ●

성경암송은 올바르게 해야 합니다. 성경암송을 올바르게 하는 방법은 구속사적인 관점으로 성경암송을 하는 것입니다. 우리는 유대인들이 율법을 암송하는 방법을 무조건 따라할 필요가 없습니다. 그들은 구속사적인 관점이 아닌 율법을 암송하기 때문입니다. 유대인들은 여전히 율법주의자들입니다. 따라서 유대인 암송법을 그대로 따라한다면 의미가 없습니다.

예수 그리스도를 구주와 주님으로 영접한 우리는 율법중심이 아닌 구속사적 관점을 가지고 있기 때문에 그 관점에 맞게 암송하는 것이 옳습니다. 어차피 성경전체를 다 암송할 수 없기 때문에 성경암송을 할 때는 성경의 맥(脈)인 구속사적인 관점에서 엄선된 말씀으로 암송해야 합니다.

구속사적(Christianity) 관점이란 기독교에서 창세전부터 정하신 하나님의 작정에 따라 예수 그리스도의 죽으심과 부활을 중심으로 타락한 죄인들을 구원하는 전(全) 역사를 가리킵니다. 쉽게 말씀드리면 예수님에 대한 신구약 성경의 스토리와 그에 대한 사람의 자세를 말하는 것입니다. 예수님은 이렇게 말씀하셨답니다.

너희가 성경에서 영생을 얻는 줄 생각하고 성경을 연구하거니와 이 성경이 곧 내게 대하여 증언(이야기: story)하는 것이니라 (요 5:39)

따라서 성경읽기나 연구 또는 암송의 절대적 목적은 예수님을 아는 것입니다. 그런데 예수님은 제쳐놓고 자신에게 유익한 말씀들만 골라서 암송하거나 쉐마교육에 빠진 나머지 율법이나 잠언중심으로 성경암송을하는 것은 예수님을 아는 것이 아닌 자신의 유익만을 구하는 것입니다. 구속사적인 관점, 신약적인 관점, 그리고 복음적인 관점에서 성경을 암송하는 것이 올바른 성경암송의 자세입니다.

● 가룟유다처럼 죽어선 안 된다 ●

또 성경암송을 부적(符籍)이나 굿의 용도로 이해하는 것도 위험합니다. 그런 암송법은 '코에 걸면 코걸이 귀에 걸면 귀걸이'가 될 위험성이 충분히 있습니다. 문제는 우리 주위에 그런 사람들이 많이 있다는 것입니다.

재미있는 얘기 하나를 들려드리겠습니다. 어느 사람이 성경을 읽고 말씀에 순종하기로 결단했습니다. 그래서 성경을 편 곳이 바로 마태복음 27장 5절이었습니다.

유다가 은을 성소에 던져 넣고 물러가서 스스로 목매어 죽은지라 (마 27:5)

기분이 상한 사람은 다른 성경을 폈습니다. 거기에는 다음과 같은 말씀이 있었습니다.

예수께서 이르시되 가서 너도 이와 같이 하라 하시니라 (눅 10:37)

기분이 상한 사람은 다른 성경을 폈습니다. 그런데 그 말씀에는 다음과 같은 말씀이 기다리고 있었습니다.

네가 하는 일을 속히 하라 (요 13:27)

분명히 성경말씀이지만 충분히 악용될 수 있음을 경고하는 유머입니다. 이런 식으로 말씀을 적용하는 것을 '짜깁기'라고 합니다. 설교도 그렇게 할 수 있고, 성경암송도 그렇게 할 수 있고, 하나님의 뜻이라고 주장할 수 있습니다. 그러나 그러한 것은 자기의 뜻을 주장하기 위해 성경을 짜깁기하여 악용하려는 이단들이 주로 사용하는 방법입니다. 짜깁기가 문제가 되는 것은 본래의 의미를 왜곡시키기 때문입니다.

● 구속사적인 관점에서 엄선된 말씀으로 암송하라 ●

구속사적인 성경암송이 되어야 하는 이유는 자신에게 유익한 말씀만 골라서 편식하는 것이 아니라 신구약 성경이 말씀하는 중요한 관점을 꿰어서 보배로 만드는 것입니다. 즉 구약과 신약의 핵심, 즉 복음적이고 구속사적인 관점에서 엄선된 말씀으로 암송하는 것입니다.

따라서 구속사적인 관점이나 신학적 지식이 결여되어 있는 분들이 선정한 말씀을 그대로 암송하는 것은 위험할 수 있습니다. 자기만족이나 위로나 힘을 얻기 위한, 또는 과시의 도구로 전락할 수 있기 때문입니다. 하나님의 말씀은 지식을 위한 책도 아니고, 도덕책도 아닙니다. 긍정적 사고방식을 격려하는 책도 아닙니다. 그런 식으로 접근하는 것은 잘못된 것입니다. 성경은 예수님에 대한 이야기입니다.

사탄도 예수님을 대적할 때 성경말씀을 이용했고, 최근 이단들도 성경말씀을 문자적 또는 세대주의적 해석, 비유풀이로 악용하고 있습니다. 따라서 성경암송을 하되 구속사적인 관점으로 엄선된 말씀으로 성경암송을 하는 것이 좋습니다. 성경암송은 하나님의 말씀을 마음판에 간직하는 고귀한 행위입니다. 우리가 함께 할 330절의 말씀은 구속사적인 관점으로 엄선된 하나님의 말씀으로, 우리 모두를 하나님의 사람으로 온전하게 하며 모든 선한 일을 행할 능력을 갖추게 하려는 목적입니다. (딤후 3:17)

● 구슬이 서 말이라도 꿰어야 보배 ●

또 성경암송은 암송으로 끝나는 것이 아니라 그 말씀을 연결해서 설명할 수 있어야 합니다. 옛말에 '구슬이 서 말이라도 꿰어야 보배다'라는 말이 있듯이 성경말씀을 잘

꿰어야 보배가 됩니다. 성경암송을 하는 이유는 암송된 말씀으로 예수님에 대한 스토리텔러(Storyteller)가 되기 위함입니다. 그렇게 해야만 우리는 예수님을 증언할 수 있습니다. 예수님을 증언하는 것은 구원받은 우리 모두의 사명이며 특권입니다. 예수님에 대한 이야기를 성경적으로 풀어서 스토리텔링을 하면 사람들이 예수님을 믿고 하나님께로 돌아오는 역사가 일어납니다.(행 4:4)

스토리텔링은 신앙생활에만 유익한 것이 아닙니다. 성경으로 시작된 스토리텔링 훈련은 정치, 경제, 사회 문화, 예술, 철학, 문학에 이르기까지 다양하게 넓어집니다. 또 스토리텔링은 하브루타를 효과적으로 할 수 있는 원동력이 됩니다. 4차 산업혁명 시대가 요구하는 사람들은 바로 설명의 능력을 갖춘 사람입니다. 그래서 유대인들은 이렇게 말합니다.

"설명할 수 없다면 아는 것이 아니다!"

● 유대인들에게 배울 점 ●

하나님의 말씀을 생명처럼 암송하는 민족이 있습니다. 여러분도 잘 아시죠? 바로 유대인입니다. 세상에는 원인 없는 결과는 없습니다. 유대인들이 다른 민족과 비교할 수 없는 결과를 가져온 이유는 성경암송을 하고 하브루타를 생명처럼 지키기 때문입니다.

여러분의 또래 10대 유대인 친구들은 가정에서 성경암송을 시작합니다. 3살 때부터 시작하여 13세가 되어 '바 미츠바'(Bar Mitzvah: 말씀의 아들 선포식), '바트 미츠바'(Bat Mitzvah: 말씀의 딸 선포식)를 할 때까지 모세오경(창세기, 출애굽기, 레위기, 민수기, 신명기)을 모두 암송합니다. 무려 5,852절의 말씀을 암송합니다.

엄청난 분량의 말씀이지만 13세가 되기 전까지 다 암송하기 위해 아이들은 물론 부모님들까지 함께 노력합니다. 1년에 평균 580절 이상을 암송합니다. 가능할까요? 충분히 가능합니다. 요즘 여자아이들은 남자아이들보다 암송을 더 잘한다는 사실입니다. 그래서 1년을 앞당겨 12세에 '바트 미츠바'를 하는 여자아이들이 많습니다. 이런 관점에서, 우리가 목표로 하는 330절을 가지고 엄살을 부려선 안 되겠죠?

그들은 또 학교에서 성경암송과 하브루타를 합니다. 안식일(금요일 오후 5시부터 토요일 오후 5시까지 24시간)에는 일체 다른 일은 하지 않고 가족들끼리 모여 아버지를 중심으로 가정예배와 함께 성경 하브루타를 합니다. 그리고 안식일이 끝난 토요일 저녁시간, 회당에 가서 또 하브루타를 합니다. 아무튼 세계에서 성경암송과 하브루타를 하는 유일한 민족이 바로 유대인입니다. 어떤 결과를 얻었을까요?

● 유대인의 인구수와 지능지수 ●

유대인의 총 인구는 1,500만(세계 0.25%)밖에 되지 않는 소수 민족입니다. 유대인들의 머리는 결코 뛰어나지 않습니다. 유대인 평균지능지수(IQ)는 96으로 세계 185개국 중에서 루마니아와 함께 45위입니다. 1위는 홍콩(107), 2위가 한국(106)인데 반해 유대인들의 선천적 평균지능지수는 평범한 정도에 불과합니다. 유대인들이 뛰어난 것이 결코 인구가 많거나 선천적인 지능지수(IQ)가 높은 것 때문이 아닙니다.

● 성경암송과 하브루타의 결과 ●

그러나 유대인은 역대 노벨상의 33%를 수상합니다. 아이비리그의 학생의 23%가 유대인 학생입니다. 아이비리그(Ivy League)란 미국 북동부에 위치한 8개의 세계 최고의 명문 사립대학입니다. 여러분들이 꿈꾸는 세계 최고의 명문대학인 브라운대학교, 컬럼비아대학교, 코넬대학교, 다트머스대학교, 하버드대학교, 펜실베이니아대학교, 프린스턴대학교, 예일대학교 등입니다. 세계의 천재들이 들어가길 원하는 지상 최고의 명문 대학들입니다. 동시에 아이비리그의 교수 50%가 유대인이라는 것입니다. 도저히 설명하기 힘든 사실입니다.

더 놀랄만한 사실은 전 세계 억만장자 40%가 유대인입니다. 유대인들은 전 세계 경제의 2/3을 쥐락펴락하고 있으며 모든 물이 바다로 흘러가듯이 지금 이 순간에도 세계에서 모여진 돈들이 유대인의 주머니로 흘러가고 있습니다.

천재라는 수식어가 늘 따라다니는 아인슈타인, 스티브 스필버그, 스티브잡스, 레리 페이지, 세르게이 브린, 수잔 보이치키, 샤갈, 랄프 로렌 등이 유대인입니다. 여기에 더 열거하려면 유대인 천재들의 명단은 100장을 더 써야 할 것입니다. 그들은 명실상부한 세계 1%에 해당되는 천재민족입니다. 그럼 유대인들이 어떻게 세계 1%의 천재민족이 될 수 있었을까요? 그것은 바로 성경암송과 하브루타(Havruta)에 있습니다.

먼저 유대인들은 태어나자마자 성경암송을 위해 준비된 사람같이 창세기부터 암송하기 시작합니다. '베레쉬트'(태초에)라는 말을 암송하면서 그들의 언어는 시작됩니다. 이것이 바로 유대인의 신조인 테필린의 명령이기 때문입니다. 그들은 하나님의 약속을 믿고 성경암송에 전념합니다. 그 말씀이 바로 신명기 28장 1-6절의 말씀입니다.

네가 네 하나님 여호와의 말씀을 삼가 듣고 내가 오늘 네게 명령하는 그의 모든 명령을 지켜 행하면 네 하나님 여호와께서 너를 세계 모든 민족 위에 뛰어나게 하실 것이라. 네가 네 하나님 여호와의 말씀을 청종하면 이 모든 복이 네게 임하며 네게 이르리니 성읍에서도 복을 받고 들에서도 복을 받을 것이며 네 몸의 자녀와 네 토지의 소산과 네 짐승의 새끼와 소와 양의 새끼가 복을 받을 것이며 네 광주리와 떡 반죽 그릇이 복을 받을 것이며 네가 들어와도 복을 받고 나가도 복을 받을 것이니라 (신 28:1-6)

세계 모든 민족 위에 뛰어나게 하신다는 하나님의 약속은 성취되었습니다. 우리가 세상에서 받을 수 있는 모든 복을 다 움켜쥐고 있습니다. 그들이 가는 곳에는 복이 따라갑니다. 하는 일마다 복을 받습니다. 세계에서 가장 뛰어난 복을 받고 있습니다. 인류 역사상 어떤 민족도 이러한 복을 누리는 민족은 없습니다. 오직 유대인만 그 복을 받고 있습니다. 그 이유가 무엇일까요? 그것은 바로 신명기 28장 2절에 나오는 '여호와의 말씀을 청종하면'입니다. 다른 조건은 없습니다. 유대인들은 이 핵심을 알고 있었던 것입니다.

● 반복을 반복한다! ●

유대인들은 성경암송을 생활화합니다. 그러나 그들의 성경암송은 암기에 머물러 있지 않습니다. 그들은 성경암송을 하되, 학가다(Haggada) 교육을 통해 반복을 반복합니다. '반복을 반복한다'는 말이 정답입니다. 반복은 하나님의 절대적인 방법입니다.

그런데 사람들은 본능적으로 반복을 싫어합니다. 나를 포함하여 유독 한국인들은 다른 민족들에 비해 반복을 더 싫어합니다. 결과 우수한 두뇌를 가진 한국인들이 반복의 달인인 유대인들이나 일본인들에게 노벨상을 양보하는 결과를 낳습니다. 반복은 모든 분야에서 최고로 가는 지름길입니다.

● 반복을 거부하면 삼류가 된다 ●

예를 들어 볼까요? 어떤 분야든 다 적용할 수 있는데, 한국인들의 인기 스포츠인 '프로축구'라는 종목으로 적용해 보겠습니다. 프로축구 선수들이 하는 훈련의 내용이 무엇일까요? 그것은 반복입니다. 프로축구 선수들은 이미 아마추어 선수였을 때 축구의 기술을 다 배운 사람들입니다. 프로에 와서 새로운 기술을 배우는 것이 아닙니다. 이미 아마추어 선수일 때 배웠던 기술들을 반복 또 반복하는 것입니다.

그럼 왜 그렇게 땀을 흘려 훈련할까요? 앞에서도 말씀드렸지만 반복만이 최고의 선수를 만들어 주기 때문입니다. 저글링도 그렇고, 트래핑도 그렇고, 키킹도 그렇고, 드리블링도 그렇고, 헤딩도 그렇고, 태클링도 그렇고, 드로잉도 마찬가지입니다. 반복하고 또 반복하면 그 동작들이 내 몸에 새겨집니다. 그리고 그 반복은 성적으로 나타납니다.

자랑스러운 한국인이자 EPL에서 가장 핫한 선수인 손흥민은 정기적인 훈련 외에 개인적으로 키킹훈련을 한다고 합니다. 손흥민 선수가 믿는 말이 있습니다.

"노력은 배신하지 않는다!"

모든 것이 마찬가지입니다. 피아노 연주도 그렇고, 테니스 훈련도 그렇고, 요리도 그렇고, 모든 것이 다 그렇습니다. 반복 없이 잘 할 수 있는 것은 없습니다. 유대인들은 반복에 대해 잘 알고 있기 때문에 본능적으로 싫어할지는 몰라도 생명처럼 암송을 반복합니다. 이미 잘 알고 있는 것을 반복하고 또 반복합니다. 유대인들의 저력은 바로 반복에서 시작합니다. 반복을 통해 세계 최고의 두뇌가 된 것입니다. 이것이 바로 유대인의 숨겨진 비밀입니다. 반복을 운명적으로 받아들이면 일류가 되지만 반복을 거부하면 삼류가 됩니다.

반복을 하면 머리에 있던 하나님의 말씀이 마음으로 내려옵니다. 피상적으로 알던 하나님의 말씀이 입체화되고 구체화됩니다. 유대인들은 3,500년의 임상을 통해 반복을 생활화했습니다.

● 랍비박의 성경암송 4단계 ●

랍비박이 성경암송사역을 하면서 발견한 것은 성경암송에는 4단계가 있다는 것입니다.
1) 암기(暗記)
2) 암송(暗誦)
3) 심비(心碑)
4) 적용 및 실천입니다. (랍비박이 계발한 이론 I)

암기란 문장을 보지 않고 외울 수 있는 상태입니다. 암송이란 암기된 말씀을 반복하는 상태입니다. 심비(心碑)란 하나님의 말씀을 마음에 새기는 상태입니다. 그리고 적용 및 실천이란 하나님의 말씀을 적용하고 실천하는 상태를 의미합니다. 불행한 것은 많은 사람들이 암기상태에서 더 나아가지 않으려고 합니다. 또 암기를 암송으로 오해하는 분들도 적지 않습니다.

● 암송이 아닌 암기를 … ●

암기하는데 머무르지 마십시오. 암기는 능력이 없습니다. 암기는 성경암송대회에 나가 상을 받는 것밖에는 없습니다. 사실 성경암송대회에서 우승하는 사람은 암송한 것이 아닌 암기를 잘 한 것입니다. 명칭은 성경암송대회라고 했지만, 사실은 '성경암기대회'인 것입니다.

성경암송이란 암기하고, 암송하고, 심비에 새기고, 적용 및 실천하는 것입니다. 되새김을 해야 합니다. 반복 또 반복하는 것이 가장 좋은 성경암송 방법입니다. 암기하는데 그치는 것이 아닌 암기된 말씀을 반복 또 반복하는 것입니다. 그렇게 반복할 때 머리에 있던 하나님의 말씀이 마음으로 내려옵니다. 하나님의 말씀이 마음에 새겨지면 그때부터 놀라운 일이 일어납니다.

● 리듬암송법 ●

대략 성경암송법에는 4가지의 방법이 있습니다. 랍비박이 오랫동안 성경암송을 하면서 좋은 방법 4가지를 발견했습니다. 리듬암송법(랍비박이 계발한 이론Ⅱ), 반복적 분습법, 테필린선포 암송법(랍비박이 계발한 이론Ⅲ)이 있습니다. 그리고 텐텐텐(10, 10, 10) 암송법이 있습니다.

여기서는 리듬암송법에 대해서만 설명하려고 합니다. 리듬암송법이란 리듬에 맞춰 암송하는 것입니다. 리듬암송법의 장점은 쉽고, 재미있고, 오래 기억되고, 통일할 수 있다는 것에 있습니다. 리듬암송법으로 암송하면 신이 나고 행복해지고 심지어 힐링까지 느낄 수 있습니다.

유대인들은 성경을 암송할 때 꼭 리듬으로 암송합니다. 나는 유대인들의 그런 모습을 보면서 리듬으로 암송해야 한다는 사실을 알게 되었습니다. 유대인의 리듬암송법은 3,500년의 임상을 거친 자연스러운 암송법입니다. 물론 민족 간의 언어 구조상 리듬이 다를 수밖에 없습니다. 유대인들은 히브리어 특유의 리듬에 맞춰 암송합니다. 한국어에도 맞는 리듬이 있습니다. 이 리듬에 맞춰 암송하면 오랫동안 암송할 수 있을 뿐만 아니라 몸에 새기는데 절대적 도움이 됩니다.

● 리듬은 하나님의 선물이다 ●

나는 지금도 암송을 인도할 때 리듬으로 암송을 하게 합니다. 장구의 열채와 소고채로 박자를 맞추면서 암송을 인도합니다. 종종 어떤 어른들은 내가 인도하는 암송법을 보고 '민망하다'고 부끄러워하기도 합니다. 점잖은 목사님들은 "에헴!"하면서 피하려고 합니다. 저의 둘째 아들은 제가 유튜브(YouTube)에 리듬암송법으로 성경암송을 인도하는 것을 보고 좀 민망했나 봅니다.

"그렇게 막대기를 두드리면서 암송하는 것보다 메트로놈(Metronome)에 맞추는 것이 낫지 않아요?"

나이가 많은 사람이 어린아이처럼 막대기로 치면서 암송하는 것은 유치하게 보일 수 있습니다. 정말 나이가 많은 어른들이 리듬에 맞춰 암송하는 것이 유치하게 보이나요? 그러나 그렇지 않습니다. 그것은 편견입니다. 리듬에 맞춰 하나님의 말씀을 암송하는데 유치한 것이 어디 있겠습니까. 사무엘하 6장 14절에 보세요.

다윗이 여호와 앞에서 힘을 다하여 춤을 추는데 그 때에 다윗이 베 에봇을 입었더라 (삼하 6:14)

다윗이 춤을 추는데 '힘을 다하여' 추었다고 합니다. 다윗은 왕의 체면을 무릅쓰고 힘을 다하여 춤을 추는 과정에서 상의가 벗겨지고 바지가 흘러내렸던 것 같습니다. 이 모습을 본 미갈이 다윗을 비난했습니다.

다윗이 자기의 가족에게 축복하러 돌아오매 사울의 딸 미갈이 나와서 다윗을 맞으며 이르되 이스라엘 왕이 오늘 어떻게 영화로우신지 방탕한 자가 염치없이 자기의 몸을 드러내는 것처럼 오늘 그의 신복의 계집종의 눈앞에서 몸을 드러내셨도다 하니 (삼하 6:20)

미갈은 다윗에게 '염치없이'라는 말을 했습니다. 다윗이 몸을 드러내고 춤을 추는 것이 염치 없는 짓이라고 비난했습니다. 새번역 성경에서는 "신하들의 아내가 보는 앞에서 몸을 드러내며 춤을 추셨으니, 임금님의 체통이 어떻게 되었겠습니까?"라고 번역하고 있습니다. 다윗은 이렇게 대답했습니다.

다윗이 미갈에게 대답하였다. "그렇소. 내가 주님 앞에서 그렇게 춤을 추었소. 주님께서는, 그대의 아버지와 그의 온 집안이 있는데도, 그들을 마다하시고, 나를 뽑으셔서, 주님의 백성 이스라엘을 다스리도록, 통치자로 세워 주셨소. 그러니 나는 주님을 찬양할 수밖에 없소. 나는 언제나 주님 앞에서 기뻐하며 뛸 것이오. (삼하 6:21, 새번역)

우리는 지위고하를 막론하고 하나님 앞에서 피조물입니다. 아무리 왕이라도 하나님 앞에서 체면을 차리면 안 되는 것처럼 어른이라도 체면을 차리면 안 됩니다. 하나님 앞에선 우리 모두 종이기 때문입니다.

우리가 리듬에 맞춰 하나님의 말씀을 암송하는 것은 사람에게 하는 것이 아닙니다. 하나님 앞에서 하는 것입니다. 물론 인간적으로 유치해 보일 수 있지만 하나님 앞에서는 어린 아이와 같이 리듬에 맞춰 암송하는 것은 멋진 일입니다. 부끄러워하지 마세요.

시편을 읽다보면 셀라(Selah)라는 단어가 나오는데 셀라의 의미는 '소리를 높이다,

찬양하다'입니다. 우리말의 추임세인 '얼쑤'라는 말과 같이 리듬으로 할 때 쓰이는 추임세입니다. 하나님 앞에서 어린 아이들처럼 리듬에 맞춰 암송하면 참 좋습니다. 리듬은 하나님께서 각 사람들에게 주신 하나님의 선물입니다. 리듬에는 세 가지의 은혜가 있습니다.

1) 리듬으로 인해 즐거워하라고,
2) 통일해서 같이 노래 혹은 암송하라고,
3) 오랫동안 몸에 남아 기억되라고 리듬을 주신 것입니다.

실제로 리듬으로 암송하면 얼마나 즐겁고 좋은지 모릅니다. 특별히 한국인들은 4/4 박자를 좋아하는데 4박자로 암송하면 힘도 들지 않고 즐겁고 효과적으로 암송할 수 있습니다. 또 오래오래 암송을 유지할 수 있습니다. 리듬은 조금만 훈련받으면 금방 익숙해집니다. 랍비박이 직접 인도하는 암송교실이나 매년 겨울과 여름에 열리는 하브루타 성경암송캠프에 참석하면 효과적으로 배울 수 있습니다.

● 피해야 할 암송법 : 연상법 ●

이렇게 성경암송의 방법을 배우는 것은 매우 유익하지만 지나치게 방법론만을 추구하는 것은 바람직하지 않습니다. 물론 자신이 선호하는 방법에 따라 암송하는 것은 바람직합니다. 자신의 취향에 따라, 자신이 선호하는 방법으로 암송하는 것은 권장할 만합니다.

다만 지나치게 암송법에 치중하다 보면 암송의 목적이 상실됩니다. 암송법은 암송의 도구일 뿐입니다. 암송법은 효과적인 방법이어야 하고, 장기 기억할 수 있어야 하고, 언제 어디서나 암송할 수 있어야 하고, 언제 어디서나 묵상할 수 있어야 하고, 다른 사람과 함께 할 수 있어야 하는 통일성이 있어야 하는 동시에 지치지 않고 지속할 수 있는 방법이어야 합니다. 그리고 언제 어디서나 적용할 수 있는 방법이어야 합니다.

'연상법' 같은 방법으로 성경을 암송하는 분들이 있습니다. 그림판에 도구를 그려 연상하도록 돕는 암송법입니다. 그림이나 기호를 사용하거나 글자의 앞 자나 도표 같은 것을 만들어 암송하게 하는 방식입니다. 짧은 시간에 최대한 많이 암송하기 위한 방법입니다.

이런 방식에는 문제가 있습니다. 성경암송의 진정한 의미를 상실할 수 있다는 것입니다. 성경암송이란 하나님의 말씀을 입에 두는 행위입니다. 하나님의 말씀을 입에 둔다는 것은 말씀을 가까이 한다는 것입니다. 따라서 어떤 방식이든 좋지만 중요한 것은 하나님의 말씀을 입에 두는 방식이어야 합니다.

'얼마나 많은 말씀을 암송하는가?' '얼마나 빠른 속도로 암송하는가?'에 치중한다면 그것은 진정한 의미의 암송이 아닙니다. 성경암송의 목적이란 하나님의 말씀을 입에서 떠나지 않게 하는 것입니다.

이 율법책을 네 입에서 떠나지 말게 하며 주야로 그것을 묵상하여 그 안에 기록된 대로 다 지켜 행하라 그리하면 네 길이 평탄하게 될 것이며 네가 형통하리라 (수 1:8)

하나님의 말씀을 입에서 떠나지 않게 하며, 그 말씀으로 기도하고, 그 말씀을 마음에 새기도록 하는 것이 성경암송의 본연의 목적입니다. 하나님의 말씀을 입에서 떠나지 않게 하십시오. 때로는 지치고, 힘들고, 포기하고 싶어도 하나님의 약속이니 흔들리지 마시기 바랍니다.

● **o havruta! o mituta!** ●
(나에게 하브루타를 다오! 아니면 죽음을 다오!)

자, 지금까지 암송에 대해 말씀드렸다면, 지금부터는 하브루타에 대해 말씀드리려

합니다. 하브루타는 성경암송을 했던 말씀으로 강론하는 것을 의미합니다. 하브루타는 유대인 학습법도, 천재 교육법도 아닌 암송했던 말씀을 우리의 삶에 적용하는 하나님의 학습법입니다. 신명기 6장 4-9절의 말씀을 보겠습니다.

> 4 이스라엘아 들으라 우리 하나님 여호와는 오직 유일한 여호와이시니
> 5 너는 마음을 다하고 뜻을 다하고 힘을 다하여 네 하나님 여호와를 사랑하라
> 6 오늘 내가 네게 명하는 이 말씀을 너는 마음에 새기고(성경암송)
> 7 네 자녀에게 부지런히 가르치며 집에 앉았을 때에든지 길을 갈 때에든지 누워 있을 때에든지 일어날 때에든지 이 말씀을 강론할 것이며(하브루타)
> 8 너는 또 그것을 네 손목에 매어 기호를 삼으며 네 미간에 붙여 표로 삼고(테필린)
> 9 또 네 집 문설주와 바깥 문에 기록할지니라(메주사)

신명기 6장 6절에 "오늘 내가 네게 명하는 '이 말씀'을 너는 마음에 새기고"는 말씀입니다. '이 말씀'이라는 말씀이 7절에 반복하여 나옵니다. "네 자녀에게 부지런히 가르치며 집에 앉았을 때에든지 길을 갈 때에든지 누워 있을 때에든지 일어날 때에든지 '이 말씀'을 강론(하브루타)할 것이며"라고 명령합니다. 여기서 '이 말씀'은 6절의 말씀과 같은 말씀입니다. 즉 암송했던 '이 말씀'으로 강론(하브루타)을 하라는 것입니다. 치즈이야기나 백설공주로 하브루타를 하는 것이 아니라 암송했던 '이 말씀'으로 하브루타를 하라는 말씀입니다.

● '이 말씀'으로 하브루타를 해야 하는 이유 ●

그럼 "왜 암송한 '이 말씀'으로 하브루타를 해야 하나요?" 이유가 있습니다. 성경말씀은 매우 어려운 말씀이기 때문입니다. 성경은 인간의 지혜로 쉽게 이해되는 말씀이 아닙니다. 말씀을 암송한다고 해서 그 말씀을 다 이해하는 것이 아닙니다. 그렇기 때문에

하브루타라는 도구를 통해 하나님의 말씀에 대해 질문하고, 대답하고, 토론하고, 설명하는 과정을 통해 하나님의 뜻을 발견하라는 것입니다.

즉, 하브루타를 하지 않으면 하나님의 뜻을 결단코 이해할 수 없다는 전제입니다. 만약 이해한다고 해도 그것은 두루뭉술하고 피상적인 이해입니다. 지금 한국교회에서 일어나는 현상들이 바로 그런 것입니다. 성경말씀에 대한 피상적 이해는 하지만 실제적으로 적용과 실천까지 이끌어내지 못합니다.

예를 들어, "성령 충만"이라는 말을 이해하지 못할 사람은 없습니다. 그러나 어떻게 성령 충만해야 하는지, 성령 충만하면 어떤 결과가 나타나는지, 성령 충만을 받기 위해서 어떻게 해야 하는지를 적용하고 실천하는 사람은 거의 없습니다. 단지 성령 충만의 방법으로 '기도하라'는 것은 피상적이고 궁한 대답입니다. 이렇게 막연한 말을 피하는 방법은 하브루타를 하는 것입니다. 크리스천들이 좋아하는 말씀이 있습니다. 마태복음 6장 33절의 말씀입니다.

"그런즉 너희는 먼저 그의 나라와 그의 의를 구하라 그리하면 이 모든 것을 너희에게 더하시리라"(마 6:33)

교회에 출석하는 사람치고 이 말씀을 모르는 사람이 거의 없을 것입니다. 암송할 때 가장 먼저 암송하는 말씀이기도 합니다. 우리는 이 말씀을 잘 안다고 생각합니다. 그러나 막상 이 말씀으로 하브루타를 해보면 상황은 달라집니다. 하브루타를 하는 순간 이 말씀을 막연하게 생각했다는 사실을 알게 됩니다. 잘 안다고 생각했지만 막상 하브루타에 들어가는 순간 이 말씀을 잘 몰랐음을 깨닫고 당황하게 됩니다.

'그의 나라가 무엇입니까?'라고 질문하면 사람들은 당황합니다. '그의 의는 무엇입니까?'라고 물으면 표정은 심각해집니다. 그리고 '그럼 어떻게 그의 나라와 그의 의를 구해야 합니까?'라고 질문할 때 더욱 난감해합니다. 그것은 잘 안다고 생각했던 마태복음 6장 33절의 말씀을 구체적으로 생각해보거나 질문해 보지 않았다는 것입니다.

과연 그렇다면, 그의 나라와 그의 의에 대해 구체적으로 생각지 않았던 사람이 어떻게 그의 나라와 그의 의를 구하는 삶을 살아가겠습니까? 불가능한 이야기입니다. 그렇기 때문에 우리 크리스천의 삶이 명확하지 못하고 막연했던 것입니다.

하브루타(Havruta)란 암송된 하나님의 말씀을 붙들고 토론(討論)을 하는 것입니다. 하브루타를 하는 이유는 암송된 하나님의 말씀을 살려내는 것입니다. 활자로 기록된 말씀을 내 삶으로 적용하고 실천하는 것입니다.

하나님의 말씀이 암송에서 끝나는 것이 아니라 그 말씀으로 질문하고, 대화하고, 토론하고, 설명을 하다보면 그 말씀이 입체적으로 살아납니다. 따라서 하브루타란 암송된 말씀을 내 삶에 적용 및 실천하게 하는 탁월한 방법입니다. 만약 성경을 100독하고, 1,000절의 말씀을 암송한다고 해도 적용과 실천을 찾아내지 못했다면 실패한 것입니다.

결국 하브루타란 막연한 것을 구체화시키고 생각을 이끌어내어 창의력을 강화시키는 역할을 하게 합니다. 유대인들의 창의력은 바로 하브루타에서 기인합니다. 그리고 성경에서 시작한 하브루타는 점점 정치, 경제, 사회, 문화, 예술, 영화 등 전 영역으로 확대됩니다. 어렸을 때부터 시작한 하브루타는 청소년이 되어 토론으로 이어집니다. 대화 소재에 역사와 철학, 경제 등이 붙으면서 토론은 깊어집니다. 아이가 고등학생 정도가 되면 식탁 대화는 논쟁처럼 보일 정도로 수준 높은 토론이 됩니다. 이를 위해 아버지는 아버지대로 공부하고, 자녀는 자녀대로 공부하면서 자신의 실력을 키우고 거의 전문가 수준의 토론가가 됩니다. 유대인들은 말합니다.

"하버드 입학 논술 문제가 저녁식탁에서 가족과 나눈 대화보다 쉬웠어요."

그 비밀은 바로 아버지와 자녀들의 하브루타에 있습니다. 유대인 가정에서 아버지는 아이에게 랍비와도 같습니다. 아무리 바쁘고 일이 많아도 늘 저녁식사를 함께하며 자연스럽게 식탁을 대화의 장으로 만듭니다. 매일 1시간에서 2시간을 할애해서 '오늘은 학교에서 어떤 질문을 했는지', '오늘 하루 어떤 일들이 있었는지'를 꺼내면서 자연스럽게 하브루타를 시작합니다. 결국 유대인 부모들의 가장 중요한 관심사는 사업이나 출세가 아닌 자녀들에게 있음을 우리에게 보여줍니다.

● 하브루타의 기원 ●

하브루타는 짝과 함께 서로 질문하며 함께 탈무드를 배우던 데서 기원한 유대인의 3500년의 역사가 담긴 전통 있는 학습법입니다. 짝을 지어 질문하고, 대답하고, 토론하고 설명하는 방식입니다. 보통 2명이 짝을 지어 공부를 하고 거의 4명을 넘지 않습니다. 서로 짝을 지어 얼굴과 얼굴을 맞대고 앉아서 서로를 가르치고 배우는 토론방식입니다.

그렇다고 너무 어렵게 생각할 필요는 없습니다. 유대인들이 아이에게 책을 읽어주는 것도 하브루타이고, 가정에서 식사하며 가족끼리 질문하고 대답하는 것도 하브루타이고, 안식일에 가족끼리 모여 앉아 하나님의 말씀을 나누는 것도 하브루타입니다. 또 이 책에 나오는 방법처럼 성경을 읽고 암송한 후 그 질문과 대답을 번갈아 나누는 것도 하브루타입니다.

● 하브루타를 하지 않으면 빼앗긴다 ●

과연 그렇다면, 하브루타에는 어떤 효과가 있을까요? 3,500년에 걸쳐 하브루타 방식을 고집했던 유대인들은 어떤 결과를 얻었을까요? 표면적으로 노벨상 수상, 아이비리그의 진학, 정치, 경제, 사회, 문화, 예술, 디자인, 발명, 영화 등에서 다른 민족과 비교할 수 없을 정도의 결과를 얻었습니다. 실제로 세계 각 분야의 상위 1%의 자리를 유대인들이 차지하고 있습니다. 그 결과는 바로 하브루타 방식에 있었다고 자타가 인정하고 있습니다.

그러나 하브루타는 유대인의 전유물이 아닙니다. 하브루타는 하나님의 학습법으로 하나님을 믿는 사람들은 누구나 하브루타 방식으로 학습해야 합니다. 아이들만이 하브루타를 하는 것이 아닙니다. 어른들도 하브루타 학습법을 적용해야 합니다. 그렇지 않으면 우리는 모든 것을 다른 민족에게 빼앗기게 될 것입니다. 이것이 현실입니다.

● 하브루타의 사람들이 세상을 지배한다 ●

지금 세계를 장악하는 사람들은 모두 하브루타 학습법으로 학습한 사람들입니다. 그들을 가리켜 '하브루타 민족'(Havruta Nation), '하브루타맨'(Havruta Man), '하브루타의 사람들'(Havruta's People) 또는 '하브루타 키즈'(Havruta's Kids)라고 부릅니다. 그들이 세상을 장악하는 속도는 점점 빨라지고 있습니다.

전도서 11장 1-2절 "너는 네 떡을 물 위에 던져라 여러 날 후에 도로 찾으리라 일곱에게나 여덟에게 나눠 줄지어다 무슨 재앙이 땅에 임할는지 네가 알지 못함이니라"라는 말씀을 하브루타로 적용하여 시작된 구글(Google)과 유튜브(YouTube)는 하브루타의 위용(威容)이 얼마나 탁월한지를 알려주는 시작에 불과합니다.

구글은 1999년 6월 공동출자 지원을 받아 검색서비스를 시작한 뒤, 2004년 8월 19일 나스닥에 상장했습니다. 그리고 불과 20년만인 2019년, 구글은 세계에서 가장 많은 사람들이 이용하는 세계 최대의 검색 엔진을 보유하게 되었습니다.

검색 외에 지도, 전 세계 온라인 검색의 70%가 구글을 통해 처리되며, 전 세계 광고 시장의 45%를 차지하고 있습니다. 이제는 세계의 광고주들이 신문이나 TV에 광고를 의뢰하는 대신 구글에 광고를 의뢰하는 세상이 되었습니다. 2030년이 되면 전 세계 광고 시장의 85% 이상을 독차지할 것으로 예상하고 있습니다.

그러나 그들은 여기서 멈추지 않습니다. 2015년 8월 10일, 구글은 새로운 회사인 알파벳사(Alphabet Inc) 설립을 발표했습니다. 구글의 CEO 래리 페이지는 구글의 공식 블로그에 알파벳사에 대해 소개했습니다. 알파벳사는 알파벳의 A to Z까지 26개의 스펠링의 다국적 기업을 만들어 세계의 모든 영역을 지배하겠다는 것입니다.

구글과 유튜브는 A to Z에서 'G'와 'Y'라는 두 부분에 해당되는 기업에 불과합니다.

지금도 구글과 유튜브의 영향력이 무시무시한데 앞으로 설립되는 24개 기업은 어떤 다국적 기업이 될지 무서울 정도입니다.

그것은 바로 그들이 하브루타의 사람들이기 때문입니다. 만약 우리가 방심하면서 주입식 교육에 몰두하다가는 그들의 손에 움직이는 인형 같은 존재로 전락하게 될 것입니다. 이제 우리의 자녀들에게 하브루타는 선택이 아닌 생존의 조건이 되었습니다.

● 하브루타의 효과들 ●

그럼 우리는 하브루타를 통해 무엇을 얻을 수 있을까요? 하브루타는 우리와 우리의 자녀를 '생각하는 사람'으로 만들어 줍니다. 4차 산업혁명 시대에 필요한 사람은 생각하는 사람입니다. 질문을 만들고 생각의 근육을 키운 사람만이 살아날 수 있습니다.

하브루타 수업에서 학생들은 질문과 대답을 나누면서 좀 더 고차원적인 토론으로 자연스럽게 발전하게 됩니다. 이 과정에서 학생들끼리 서로 상호 작용하면서 배우고 설명하게 됩니다. 하브루타는 질문, 대답, 토론, 설명의 과정을 거치면서 우리의 자녀들이 주제에 대해 치열하게 생각하고 고민하게 합니다. 그리고 이 시간들은 학생들이 스스로 자신의 고차원적인 사고력을 발달시키고 창의적 미래인재로 성장하는 힘을 갖게 합니다.

● Input - Save - Output ●

그러나 하브루타를 하는 것은 좋지만 주제가 없는 난상토론이 되어선 안 됩니다. 유대인들이 하브루타를 할 수 있는 것은 그들은 먼저 성경을 암송하고 탈무드를 공부했기 때문입니다. 즉 머리와 마음속에 하나님의 말씀과 적용이 담겨 있었기 때문에 질문과 답변, 그리고 토론이 가능한 것입니다.

즉 하브루타를 잘 하기 위해선 Input(입력) - Save(저장) - Output(출력)의 과정을 거치게 됩니다. 만약 입력이 없이 하브루타를 한다고 하면 분명 잡담이나 주제가 없는 난상토론에 불과할 것입니다. 따라서 가장 기본인 성경암송을 하지 않거나 배경지식 없이 하브루타를 하는 것은 시간낭비가 될 수 있습니다.

유대인들의 집에 가보면 TV나 가전제품들이 많이 없습니다. 대신 그들의 거실에는 대대로 내려오는 책들로 가득합니다. 장식용이 아닙니다. 유대인을 가리켜 '책벌레'라고 할 정도로 그들은 엄청난 독서력을 자랑합니다. 거리를 걸어갈 때도 그들의 손에는 책이 들려 있으며 신호등에서 대기하거나 잠시 머무를 때 그들은 책을 읽습니다. 그러니 그들의 하브루타가 수준이 높을 수밖에 없습니다.

요즘 한국에서 하브루타라는 교육법을 도입하여 시행하려는 것은 대단히 환영할 일입니다. 그러나 대부분 성공하지 못하고 그냥 잡담에 머물다가 포기하는 이유는 아이들의 머리에 입력(Input)된 것이 없기 때문입니다. 하브루타는 근거 없는 잡담이 아닙니다. 치열하게 준비하고 고민했던 문제들을 질문하고 대답하고 설명하는 학습입니다. 따라서 하브루타에 성공하기 위해선 성경암송이 전제된다는 사실을 꼭 기억하시기 바랍니다.

● 랍비박의 질문을 뛰어넘는 질문을 하라 ●

이 책에는 3개의 질문이 담겨 있습니다. 여러분은 하나님의 말씀을 암송하고 3가지의 질문에 대답하시기 바랍니다. 그것이 하브루타의 시작입니다. 따라서 정확한 대답을 위해서 먼저 성경본문을 꼼꼼하게 읽고 암송해야 할 것입니다. 여기에 나오는 3가지 질문은 여러분이 성경암송을 제대로 했는지, 말씀을 제대로 이해하고 있는지를 점검하게 될 것입니다.

그러나 여러분이 기억해야 할 것이 있습니다. 각 본문에는 3개의 질문이 있지만, 여러분은 랍비박의 질문을 뛰어넘는 질문을 만들 수 있어야 합니다. 하브루타에서 가장 중요한 것은 좋은 질문을 만드는 것입니다. 좋은 질문의 특징은 좋은 대답을 나오게 하고, 말씀의 핵심에 접근하게 합니다.

따라서 랍비박이 만든 3개의 질문에 만족하지 말고 여러분이 더 좋은 질문을 만들어야 합니다. 한 말씀에 최소 10개 이상의 질문을 만들어야 합니다. 질문은 그 사람의 수준이며 실력이기 때문입니다. 동시에 그 사람의 사람 됨됨이와 수준을 동시에 파악할 수 있습니다.

유대인 부모들은 자녀들이 등교할 때 요구하는 것이 있습니다. "너는 오늘 학교에 가면 네가 가장 많은 질문을 해라!" 그리고 학교에서 돌아오면 "너는 오늘 무슨 질문을 했니?"라고 물어봅니다. 한국인 부모들이 "너 오늘 학교에 가서 선생님 말씀 잘 들어라!"와 매우 상반되는 요구입니다.

본문에서 3개의 질문을 제외하고 더 좋은 질문을 만드시기 바랍니다. 더 많은 질문을 만드시기 바랍니다. 더 효과적인 질문을 만드시기 바랍니다. 더 적용적인 질문을 만드시기 바랍니다. 그리고 오늘부터 당장 실천할 수 있는 질문을 만드시기 바랍니다. 자신의 질문을 날카롭게 가다듬어 질문해야 합니다. 앞에서도 말씀드렸지만 질문이 좋아야 합니다. 머리를 짜내어 질문을 만드시기 바랍니다. 어떤 상황에서든 질문을 만드십시오. 이것이 바로 영재교육입니다.

동시에 질문에 창의적이고 정확한 답변을 하는 능력을 키워야 합니다. '아무 말 대잔치'를 해서는 안 됩니다. 질문의 의도를 정확히 이해하고 그 질문에 대해 정확하고 효과적인 대답을 해야 합니다. 미리 본문을 공부해야 합니다. 자기주도학습 훈련을 해야 합니다. 언제나 선생님에게 정답을 기대하지 말고 스스로 공부해야 합니다. 그런 과정을 통해 하나님의 말씀을 올바로 해석할 수 있는 능력과 함께 창의적인 미래 인재로 성장하게 될 것입니다.

● 유대인보다 더 좋은 조건 ●

우리에게 좋은 소식이 있습니다. 그것은 바로 우리 한국 사람들도 유대인 이상의 복을 받을 수 있다는 것입니다. 유대인들은 구약성경만 믿고 있습니다. 그러나 우리는 구약성경은 물론이고 신약성경까지 믿습니다. 유대인들은 하나님만 믿습니다. 그러나 우리는 하나님은 물론이고, 예수님, 그리고 성령님을 믿습니다.

지능지수도 한국인이 유대인보다 월등합니다. 우리 한국인의 열심은 유대인 못지않습니다. 당연히 우리가 더 좋은 조건을 가지고 있습니다. 우리의 자녀들이 유대인보다 더 잘 될 수 있다는 것은 랍비박의 웅대한 꿈인 동시에 확신입니다. 우리 자녀들에게서 노벨상이 우르르 쏟아졌으면 좋겠습니다. 부모님들이나 학생을 지도하는 선생님들도 꼭 명심해 주셨으면 합니다.

● 집중력, 기억력, 해석력 100배 + 창의력 1,000배 ●

그럼 우리가 어떻게 유대인 이상으로 복을 받을 수 있을까요? 신명기 28장 2절에서 '여호와의 말씀을 청종하면'처럼 열심히 그리고 체계적으로 성경암송과 하브루타를 하는 것입니다. 우리가 성경암송과 하브루타를 하면 우리도 유대인 이상으로 복을 받는 사람이 됩니다.

학원에서의 영어 과목처럼 시간을 내어 성경암송을 하세요. 성경을 암송하고 하브루타를 하면 기적이 일어납니다. 여러분의 전두엽에 있는 뉴런이 최고의 활동을 보이면서 뇌가 활성화되어 천재적인 두뇌로 바뀝니다. 여기서 100, 1,000배를 말씀드리는 이유는 최대치에 도달할 수 있다는 것을 말씀드리기 위함입니다. 그 샘플이 바로 유대인입니다.

● 성경암송이 싫어요 ●

종종 성경암송을 한다는 아이들을 데리고 오는 부모님들이 있습니다. 성경암송이 좋다는 것을 알고 어렸을 때부터 성경암송을 시켰다는 것입니다. 303비전성경암송학교, 잠언코칭스쿨, 쉐마학당, 테필린 암송훈련과 대안학교까지 다양한 기관에서 성경암송 훈련을 받았다고 하면서 시범까지 보입니다. 아이들은 마치 기계처럼 줄줄 성경을 암송합니다. 엄청난 양을 암송하는 아이들도 있습니다.

그런데 문제는 아이들이 성경암송을 하면서 점점 지쳐가고, 흥미를 잃어버리다가 나중에는 포기한다고 이야기합니다. 노골적으로 '성경암송이 싫어요'라고 말하는 자녀들이 있습니다. 어렸을 때에는 억지로라도 시켰는데 자녀들이 커가면서 억지로 시킬 수 없다고 합니다. 영어를 비롯한 다른 학과의 공부도 해야 하는데 시간이 없다고 하기도 합니다. 또 성경암송의 효과를 전혀 못 보고 있다는 부모님들의 하소연도 있습니다. 그런 부모님들의 마음에는 '이렇게 계속 암송시키는 것이 옳은 것인가?'라는 의구심이 있습니다.

그 이유는 간단합니다. 그것은 바로 주입식 암송이었기 때문입니다. 주입식 암송법은 사람을 지치게 하고 목적을 상실시킵니다. 결국 성경암송을 악몽으로 여기게 하고 나중에는 포기할 수밖에 없게 합니다. 초등과정까지 열심히 했던 암송을 중학과정에서 내려놓는 현상들이 있습니다. 고등학생이 되면 성경암송을 하는 자녀들을 찾아보기 힘들 정도입니다.

● 성경암송을 완성시키는 하브루타 ●

이 책은 그런 아이들을 위한 최고의 교과서입니다. 영재를 만들어 내는 탁월한 효과가 숨겨져 있습니다. 성경암송이 암기를 위한 암기가 되어선 안 됩니다. 질리게 만들어도 안 됩니다. 그런 면에서 이 책은 성경암송에 식상한 자녀들에게 해피뉴스(Happy News)입니다.

이 책에 나와 있는 총 330절의 말씀을 암송하게 하면서 하브루타를 하면 됩니다. 반드시 짝을 지어(만약 짝이 없으면 부모님이 짝이 되면 됨) 하브루타를 하게 합니다. 진도가 늦어지는 것은 문제가 아닙니다. 하나를 알아도 제대로 아는 것이 더 중요하기 때문입니다. 이렇게만 하면 주입식 암기에서 벗어나 하나님의 말씀을 입체적으로 암송하게 되고 질문, 대화, 토론, 설명을 거쳐 적용과 실천을 이끌어내는 실력을 갖게 합니다.

성경암송을 하면 집중력, 기억력, 해석력이 최고 100배까지 향상되고, 하브루타를 하면 창의력이 무려 1,000배까지 향상되는 것을 랍비박이 현장에서 체험하고 있습니다. 실로 하브루타의 위력은 대단합니다. 암송만 하는 자녀들에게서 나타나지 않았던 탁월한 능력들이 하브루타를 통해 나타납니다.

공부에 전혀 관심이 없는 아이가 성경암송과 하브루타 후에 상위 1%가 되었다는 간증이 있습니다. 받아쓰기 0점을 받던 학생이 90점을 받았다는 간증도 있습니다. 어느 학생은 330절을 암송하고 하브루타를 한 후 400쪽 분량의 책을 12분 만에 완독하고 250쪽 2째 줄에 어떤 내용이 있는지도 기억할 정도입니다. 평범한 학생이 성경암송과 하브루타를 하면서 미국의 명문대학에서 전액 장학생으로 졸업한 간증도 있습니다. 그러나 이런 것들은 부수적인 결과에 불과합니다.

● 5가지 약속 ●

이 책을 통해 성경암송과 하브루타를 하면 5가지를 약속드릴 수 있습니다.

첫째로, 신앙의 영재가 됩니다.

말씀을 통해 하나님을 경외하는 방법을 배우게 될 것입니다. 지금 한국교회가 약화된 것은 바로 크리스천 가정의 신앙계승이 실패했기 때문입니다. 목회자, 장로님, 권사님, 집사님의 가정의 자녀들이 20세가 되었을 때 크리스천으로 남는 비율은 10%에 불과합니다. 이것은 엄청난 비극입니다. 반면, 유대인의 신앙계승 비율은 99%에 달합니다.

신앙계승에 성공하는 방법은 하나님의 말씀을 암송하게 하고 그 말씀으로 하브루타를 할 때 가능해집니다. 생각해 보십시오. 과연 우리의 자녀들에게 성경암송을 하게하고 그 말씀으로 하브루타를 하는 가정이 얼마나 될까요? 지금도 늦지 않았습니다. 세상에서 가장 위대한 유산은 믿음의 유산입니다.

둘째로, 성품의 영재가 됩니다.

성품이 좋다는 것은 훌륭한 인격을 가진 매력적인 사람이 되는 것입니다. 세상에서는 머리 좋은 사람보다 성품 좋은 사람이 더 성공합니다. 하나님의 말씀은 삶의 지침이며 방법입니다.

미국의 16대 대통령인 아브라함 링컨은 시편 37편을 삶의 철학으로 삼았을 때 미국 역사에서 가장 존경받는 대통령이 되었습니다. 마하트마 간디는 힌두교인이었지만 마태복음 5-7장을 삶의 철학으로 삼았고 그 말씀을 실천하여 '무저항주의'를 통해 인도의 국부, 인류의 성자로 추앙받게 된 것입니다.

셋째로, 메타인지(Metacognition)의 영재가 됩니다.

메타인지란 '내가 아는 것과 모르는 것을 분별할 수 있는 능력'입니다. 메타인지의 결과는 단순해 보이지만 엄청난 결과를 안겨 줍니다. 아는 것과 모르는 것을 분별하는 능력, 아는 것과 안다고 착각하는 것을 분별하는 능력, 할 수 있는 것과 할 수 없는 것을 분별하는 능력, 중요한 것과 시급한 것을 분별하는 능력은 분명 전략을 달라지게 할 것입니다.

메타인지가 높은 사람은 시간을 낭비하지 않습니다. 아는 것은 강화시키고 모르는 것은 보충하는 전략을 갖게 됩니다. 반면 메타인지가 낮은 사람은 무조건 열심히 하지만 결과는 없습니다. 상위 0.1%에 해당되는 학생들과 일반학생들의 차이는 지능지수, 경제력, 가정환경에 있지 않았습니다. 오로지 메타인지의 차이에 있었습니다.

그럼 어떻게 메타인지를 높일 수 있을까요? 인지심리학자들의 주장에 따르면, 지능지수(IQ)는 발전시키기기 어렵지만 메타인지는 얼마든지 향상 시킬 수 있다고 합니다. 그리고 그 비결은 '말로 설명하기'에 있다고 합니다. 즉 하브루타만이 해법입니다.

넷째로, 학업의 영재가 됩니다.

공부를 잘하게 된다는 것입니다. 성경암송을 하면서 두뇌가 열리며 집중력, 기억력,

회복력이 최대 100배까지 늘어나고, 하브루타를 하면서 창의력이 무려 1,000배까지 늘어납니다. 메타인지를 통해 내가 무엇을 아는지, 모르는지를 알게 되면서 공부의 전략이 달라지게 될 것입니다. 당연히 공부를 잘하는 사람이 됩니다.

다섯째로, 영어의 영재가 됩니다.

성경암송과 영어의 원리는 동일합니다. 성경암송과 영어는 학문이 아닌 언어입니다. 이제 여러분들은 암송을 할 때 한국어로만 암송하지 말고 영어로도 암송해야 합니다. 영어로 암송하다보면 성경말씀의 의미를 더 깊이 알게 됩니다. 한국어는 한국인들에게도 이해되지 않는 단어와 문장들이 많이 있습니다. 그러나 영어로 성경을 해석하면 더 쉽게, 더 구체적으로, 더 깊이 성경의 진의를 이해할 수 있습니다.

가장 좋은 방법은 영어로 성경말씀 330절을 완송(完誦)하는 것입니다. 일반영어 300문장만 암기해도 영어가 열리는데 하물며 330절의 영어말씀을 암송한다고 하면 얼마나 영어를 잘하겠습니까? 미국 대통령의 연설문 100편을 암송하는 것보다 훨씬 효과적입니다. 성경은 최고의 영어교과서입니다.

● 먼저 한국어로 암송하라 ●

여기에 실린 영어는 NLT 성경으로, 미국 복음주의협의회가 선정한 '최고의 복음적인 해석'으로 인정된 영어성경입니다. 영어가 아주 쉽습니다. 흔히 사용하는 NIV 영어의 1/3 정도의 난이도입니다. 쉽고도 명확한 최고의 번역이라고 랍비박은 자부합니다.

그러나 여러분이 성경암송을 할 때 먼저 한글로 완벽하게 암송하고 그 다음으로 영어를 암송하시기 바랍니다. 한국인으로서 영어를 잘하는 것도 중요하지만 자고로 한국인이라면 먼저 한국어에 능통해야 합니다. 한국인이 영어는 잘하는데 한국어에 서툴다면 그것은 부끄러운 일입니다.

호주에서 목회할 때 한국의 모 방송국에서 촬영팀이 왔습니다. 그리고 통역을 담당할 사람들을 소개해 달라고 했습니다. 영어를 잘하는 아이들은 많은데 이 아이들이 한국어를 못하는 것이 문제였습니다. 아무리 영어를 잘해도 한국어를 모른다면 그것은 문제입니다. 한국인은 먼저 한국어를 잘해야 합니다.

같은 동양인이라도 한국인과 중국인의 차이는 명백했습니다. 한국 아이들은 다른 한국 아이를 만나도 영어로 대화합니다. 엄마들은 이런 모습을 보고 안타까워하기는커녕 자신의 자녀가 영어를 잘하는 것에만 뿌듯해 합니다. 이렇게 한국인으로서 한국어를 가르치는데 인색한 부모들이 많습니다. 참으로 어리석은 판단입니다.

반면 중국 아이들은 다른 중국 아이를 만나도 중국어로 대화합니다. 그들이 영어를 모르기 때문이 아닙니다. 사실 중국 아이들의 영어능력은 한국 아이들보다 탁월합니다. 그럼에도 중국 아이들이 영어대신 중국어를 하는 것은 그들만의 정체성이 분명하기 때문입니다.

한국인은 한국어를 잘해야 합니다. 암송을 할 때에도 먼저 한국어로 암송해야 합니다. 그것이 언어의 순서입니다. 한국어로 완벽하게 암송한 후에 영어로 암송해야 합니다. 그래야만 동시통역이 가능해집니다.

● 영어를 한글발음으로 읽고 또 읽으라 ●

각 영어문장에 한글발음을 표기했습니다. 한글만 알면 누구나 영어로 성경을 암송할 수 있습니다. 단어의 뜻도 모르고 영어를 읽지 못한다고 해도 상관없습니다. 그냥 한글로 표기된 대로 읽고 또 읽기 바랍니다. 시간이 지나면서 호기심과 성취감에 그 단어의 뜻을 궁금해 하다가 결국에는 영어로 암송한 말씀이 이해가 되고 그것이 내 영어 실력이 됩니다.

국제화 시대에 영어를 잘하는 방법은 소리를 내어 암송하는 것입니다. 한국어로 표기된 발음으로 그대로 쭉쭉 읽어나가면서 반복하시기 바랍니다. 반복 또 반복하여 굳어진 혀를 풀기 바랍니다. 처음에는 어색하지만 나중에는 발음이 자연스러워지고 원어민처럼 표현할 수 있게 됩니다.

이렇게 330절 정도를 영어로 암송한다면 여러분의 영어는 열리게 될 것입니다. 영어학원 다니는 것보다 훨씬 효과가 탁월합니다. 사실 영어학원을 다닌다고 해서 영어를 잘하는 것이 아닙니다. 영어는 자기 혼자 공부하지 않으면 안 되는 언어입니다. 암송은 영어와 같은 언어입니다. 자꾸 반복해야만 언어가 열리는 법입니다. 한글과 영어로 암송하는 여러분의 모습을 상상하면 벌써부터 흥분됩니다.

● 랍비박은 잘못된 영어공부로 울고 또 울었다 ●

나는 영어에 한이 맺힌 사람입니다. 대학시절 내내 영어를 붙잡고 살았지만 영어의 벽은 의외로 높았습니다. 유학시절에 영어 때문에 울고 또 울었습니다. 그만큼 영어가 어려웠습니다. 7년 유학시절 내내 영어 때문에 고생했습니다.

오랜 시간이 지난 후 그동안의 영어공부의 방법이 잘못된 것을 알았습니다. 영어는 학문이 아니라 언어라는 사실을 뒤늦게 안 것입니다. 언어를 공부라고 생각했으니 시간낭비만 한 것입니다. 언어는 언어로 풀어야 합니다. 랍비박이 유튜브에 올린 영어말씀을 10번씩 반복해서 들으시기 바랍니다. 영어를 포함한 언어는 눈으로 하는 것이 아닌 귀와 입으로 하는 것입니다.

객관적 증거가 있습니다. 바로 '미국에서는 거지도 영어를 잘 한다'는 사실입니다. 영어는 학문이 아니라 언어이기 때문에 열심히 중얼거리다보면 열리게 되는 것입니다. 또 하나의 증거는 여러분들이 글씨를 읽을 줄 모를 때도 이미 한국말을 잘했다는 것입니다. 만약 눈으로 공부해서 언어를 익혔다면 글씨를 알기 전에는 절대로 말을 못했을 것입니다.

● 영어로 하브루타하라 ●

그래서 최고의 영어공부가 영어로 성경암송과 하브루타라고 말씀드릴 수 있는 것입니다. 세계 최고의 문장인 330절을 영어로 암송한다면 말하기, 듣기, 쓰기, 읽기에 탁월한 영어천재가 되는 것은 당연한 일입니다. 처음에는 뜻도 모르고 암송하게 되지만 결국에는 그 암송된 영어말씀이 내 것이 되게 됩니다.

영어로 암송한 말씀을 하브루타로 풀어보시기 바랍니다. 처음에는 더듬거리지만 시간이 지나면 점점 좋아집니다. 처음에는 어렵게 느껴지지만 영어로 하브루타를 시도하면 1년 내에 영어로 하브루타를 하는 것이 더 쉽게 느껴질 정도입니다. 외국인을 만나도 두렵지 않습니다. 그들과 충분히 대화할 수 있는 실력이 됩니다. 영어실력이 쭉쭉 올라갑니다. 330절을 완벽하게 암송한 후 하브루타를 하게 되면 영어의 고지가 눈에 보입니다. 꼭 랍비박의 말을 따라 주시기 바랍니다.

● 자녀를 사랑하는 부모님들에게 ●

이 내용은 부모님들이 읽어주시기 바랍니다. 부모님들은 자녀들을 양육할 때 반드시 성경의 원칙을 따라야 합니다. 자녀들을 양육하는 법칙의 말씀은 에베소서 6장 4절에 기록되어 있습니다.

"또 아비들아 너희 자녀를 노엽게 하지 말고 오직 주의 교훈과 훈계로 양육하라"(엡 6:4)

짧지만 강력한 말씀입니다. 먼저 부모님들은 자녀들을 노엽게 해선 안 됩니다. 자녀를 노엽게 한다는 것은 부모님의 원칙 없는 교육을 의미합니다. 부모님 임의의 판단과 유행에 따른 자녀교육방식을 의미합니다. 누가 좋다고 하면 원칙 없이 우르르 몰려가는 부모님의 교육관은 무모한 것입니다. 신앙보다 공부를 우선시하는 것은 사탄에게 자녀를 빼앗기는 것입니다. 당연히 그런 방식의 교육관은 자녀들의 미래를 사탄에게 도둑질 당하게 합니다.

자녀들을 양육하는 것은 영적전쟁입니다. 자녀들이 잘못되기를 원하는 부모님은 없습니다. 모든 부모님들은 자녀들이 잘 되기를 원하지만 사실 잘 되는 것이 어렵다는 것을 잘 아실 것입니다. 부모님들은 자녀들에게 좋은 옷을 사주고, 좋은 교육환경을 제공해 주고, 좋은 교육을 받게 하려고 온갖 수고를 합니다. 그럼에도 자녀들이 잘 되기란 쉽지 않습니다. 그 이유는 바로 사탄과의 싸움, 곧 영적전쟁이기 때문입니다.

오스 힐먼((Os Hillman)은 그의 저서인 [내 마음 살리기](규장)에서 "사탄은 하나님 나라에서 큰 그릇이 될 수 있는 사람들의 합당하고 참된 미래의 삶을 아예 꺾어버릴 의도로 무방비 상태로 외부의 영향을 받기 쉬운 유년기 초기에 맹렬하게 공격한다"라고 말했습니다.

그렇습니다. 사탄은 외부의 영향에 민감한 자녀들의 유년기에 그들을 집중적으로 공격하여 여러분의 자녀들의 미래를 좌초시키려 합니다. 그때가 가장 효과적인 공격타임이기 때문입니다. 여러분의 자녀들은 사탄의 손아귀에 사로잡힐 수 있습니다. 사탄의 손아귀에 잡힌 자녀들은 다시 돌아오기 어렵습니다.

● 스마트폰을 제한하세요 ●

그럼 자녀들을 어떻게 양육해야 합니까? 오직 주의 교훈과 훈계로 양육하라고 합니다. 여기서 '오직'이라는 말에 주의하셔야 합니다. '주의 교훈과 훈계'란 바로 '하나님의 말씀'을 말합니다. 자녀들에게 하나님의 말씀을 암송하게 하고 하브루타를 하게 해야 합니다. 암송의 최대의 적은 스마트폰입니다. 따라서 부모님들은 강한 마음으로 자녀들에게 스마트폰을 제한해야 합니다. 특히 자녀들이 스마트폰 중독에 빠져있다면 더욱 제한할 필요가 있습니다.

자녀를 사랑하십니까? 스마트폰의 권리를 부모님이 가져야 합니다. 유대인 부모들은 유년기의 자녀들에게 스마트폰을 허락하지 않습니다. 세계 컴퓨터와 스마트폰을 장악하고 있는 유대인들이 어렸을 때 스마트폰 사용을 허락하지 않는 이유는 그것이 미성숙한 자녀들의 집중력과 시간을 빼앗기 때문입니다.

다른 자녀들에게 뒤쳐진다고 생각하지 마십시오. 결코 그렇지 않습니다. 스마트폰은 필요한 시간에만 사용하게 하고 성경암송과 하브루타에 집중하게 하십시오. 자녀들의 미래가 열릴 것입니다. 사탄의 공격의 빌미를 원천 차단하게 될 것입니다. 자녀들을 주의 교훈과 훈계로 양육할 때 자녀들에게 놀라운 하나님의 은혜가 임하게 될 것입니다. 이 책을 암송하는 시간에는 반드시 스마트폰을 부모님에게 맡기도록 해 주세요. 꼭 명심해 주시기 바랍니다.

● 집필과정에서의 어려움 ●

사실 이 책을 집필하면서 많은 어려움이 있었습니다. 말씀을 선정하는 것도 어려웠고, 그 말씀의 하브루타 질문과 해설을 작성하는 것도 어려웠습니다. 단순한 질문은 그리 어렵지 않지만 그 질문을 통해 하나님의 말씀을 삶에 적용하도록 하는 것은 결코 쉬운 일이 아니었습니다. 교제하고 있는 유대인들의 도움을 통해 질문을 가다듬게 된 것을 감사하게 생각합니다.

그러나 가장 어려웠던 것은 영어발음을 한글발음으로 옮기는 것이었습니다. 번역세계에는 '번역은 반역이다'는 말이 있을 정도로 번역에 대해서도 주의합니다. 그러니 영어를 한국발음으로 표기하는 것은 더 위험한 반역일 수 있습니다. 사실 영어를 한국발음으로 표기하면서 반역을 넘어 역적행위 같다는 생각이 들 정도였습니다.

언어전문가들은 "한글은 절대로 영어의 발음을 적을 수 없다"라고 말을 합니다. "특히 발음을 망친다"라고 하면서 한글로 영어발음 표기를 반대합니다. 그분들의 주장도 일리가 있습니다. 사실 영어를 한글로 완벽하게 표기할 수는 없습니다. 한글로 비슷하게라도 쓸 수 없는 F/ V/ Th 같은 발음도 있습니다.

실제로 영어발음을 한국어로 표기하는 것은 생각보다 어려웠습니다. 원어민의 발음을 들으면서 수십 번 고친 단어도 있습니다. 그럼에도 여전히 부족하다는 생각이 들었지만 영어의 발음기호에 맞춰 한국어로 표기하는 작업을 진행했습니다. 특히 미국식 발음과 영국식 발음의 밸런스를 맞추려고 노력했습니다.

● 과도한 원어민식 발음에 목매지 마세요 ●

그러나 너무 완벽한 영어발음에 목매는 것은 문제가 있습니다. 어느 나라든 모든 국민이 자국어를 완벽하게 발음하고 사는 것이 아닙니다. 철자쓰기는 규칙이지만, 일반 사람들의 발음은 제각각 다릅니다.

경상도와 전라도의 철자쓰기는 같지만 발음은 아주 다릅니다. 한국 사람마다 우리말 발음이 다 다르듯 영어를 사용하는 각 나라의 사람들 역시 완벽한 영어발음을 하는 것도 아닙니다. 미국과 영국, 그리고 호주의 발음은 엄청난 차이가 있습니다. 필리핀 영어는 매우 딱딱한 발음을 구사합니다. 영국의 경우 지방마다 발음이 다 다릅니다. 특히 스코틀랜드 지방의 영어 발음은 한국으로 치면 경상도 발음과 비슷할 정도로 알아듣기 어렵습니다.

영어는 발음하려는 목적이 아니라 소통을 하기 위한 도구입니다. 주의발음을 숙지하고 듣고 발음하는 훈련은 중요하지만, 과도한 원어민식 발음으로 훈련하는 것은 문제가 있습니다. 미국과 영국, 그리고 호주의 발음은 전혀 다르지만 그들의 소통에는 전혀 문제가 없습니다. 필리핀 영어발음의 차이도 크지만 미국방송을 청취하는데 전혀 어려움이 없었습니다. 전(前) 유엔(UN) 사무총장이셨던 반기문 총장님의 발음은 전형적인 한국식 발음이었지만 전 세계 국가의 정상 및 각료들과의 대화에 어려움이 없으셨습니다.

● 너무 혀를 굴리지 마세요 ●

　그런데 어찌된 일인지 원어민식 발음으로 훈련한 한국식 영어발음에 미국사람들이 알아듣지 못하는 기현상이 나타납니다. 그 이유는 과도한 원어민식 발음으로 너무 혀를 많이 굴리기 때문입니다. 원어민과 똑같은 발음을 구사한다는 이유로 너무 발음을 굴리기 때문에 발음의 정확성이 떨어지는 이유가 됩니다.

　일명 버터발음을 피하셔야 합니다. 많이 굴리면 굴릴수록 좋다는 생각은 잘못된 생각입니다. 많이 굴리면 영어를 잘한다는 생각을 버려야 합니다. 어차피 외국인은 외국인입니다. 외국인이 아무리 한국어를 잘한다고 해도 외국인의 티가 납니다. 우리가 영어를 해도 마찬가지입니다. 우리는 방송에 출연한 외국인들의 한국어 발음에 그리 신경을 쓰지 않습니다. 소통과 내용이 더 중요하기 때문입니다.

　어쨌든 요즘 아이들은 듣기가 병행이 되고 있기 때문에 주의발음을 숙지시키면서 정확한 발음을 위해 노력한다면 별로 문제되지 않을 것이라고 확신합니다. 나는 개인적으로 발음이 좀 딱딱해 보여도 좀 더 쉽고 편하게 읽는 법, 단어의 발음기호에 근거한 교육이 초급영어 학습에 진입하는데 좋다는 입장입니다.

　많은 분들의 격려가 힘이 되었습니다. 영어라면 아예 책을 덮었던 분들이 이번 기회에 영어로 하나님의 말씀을 암송하고 싶다는 부탁을 하셨습니다. 또 이 책을 통해 자녀들에게 영어 성경을 암송시키고 싶다는 부모님들의 요청도 있었습니다. 결국 총대를 메자는 심정으로 한국어로 표기를 감행했고 이렇게 세상에 빛을 보게 되었습니다. 반복을 통해 영어가 자연스러워지길 소망합니다.

● 유튜브(YouTube)로 오세요 ●

　[어린이 하브루타 한글영어]의 영어표기 330절 말씀을 원어민의 음성으로 녹음하여 유튜브에 올려놓았습니다. 유튜브 [어린이 성경암송학교TV]에 들어오시면 영성이 깊은

원어민의 바르지 않은 목소리로 녹음되어 있습니다. 음성을 들으며 같은 속도로 읽어나가면 됩니다. 처음에는 어렵지만 나중에는 익숙해집니다. 계속 반복하여 듣다보면 발음이 자연스럽게 교정되고 영어성경암송에도 큰 도움을 받으실 수 있습니다. 기존에 [자녀들에게 꼭 필요한 하브루타 330절 말씀]을 구입하신 분들도 동일한 혜택을 받으실 수 있습니다.

자! 출발~~

자 그럼 우리 함께 성경암송과 하브루타로 330절에 도전해볼까요? 이것은 여러분의 미래에 꿈과 소망을 이루는 하나님의 약속입니다. 이 330절을 암송한다면 하나님은 여러분의 인생을 성공으로 이끄실 것입니다. 분명 잘 될 것입니다. 330절의 말씀이 여러분의 인생을 책임져 줄 것입니다.

하나님이 여러분과 함께 하실 것입니다.

랍비박 **박 종 신** 목사
성경암송학교(BRS) 교장

하브루타(Havruta)의 교사 및 부모 수업원리

1. 교사 및 부모는 설명보다 질문을 많이 해야 한다.
2. 학생이 틀린 답을 말해도 정답을 알려주지 말고 다시 질문으로 답한다.
3. 하브루타 하기 전에 학습내용을 준비하게 한다. 모르는 내용은 스스로 찾아보게 한다.
4. 아이가 스스로 사고하여 결정하고 행동하게 한다.
5. 학생에게 집중하여 눈을 바라보며 질문을 던지고 대답을 수용하고 구체적인 근거를 들어 칭찬한다.
6. 한 말씀에 10개 이상의 질문을 만드는 질문훈련을 하게 한다.
7. 남과 다르게 생각하도록 격려한다.
8. 진도를 빠르게 나가지 말고 한 내용을 깊이 있게 하브루타하는 것이 좋다.
9. 다소 어려운 내용도 쉬운 용어로 질문하여 학생에게 생각하게 하는 것이 좋다.
10. 하브루타하는 시간을 정해서 정기적으로 한다.
11. 영어로 암송할 때는 한글로 표기된 발음으로 반복하게 하고 유튜브의 영어말씀을 10번 반복하여 듣게 한다.
12. 꼭 가르쳐야 하는 원칙이나 가치관은 대화를 통해 분명하게 인지하게 한다.
13. 성경말씀으로 하브루타를 하기 위해선 먼저 본문을 여러 번 읽게 하고 가능한 암송하는데 주력하게 한다.
14. 암송된 말씀을 반복 또 반복하여 하브루타를 할 때 쉽게 인용할 수 있게 한다.
15. 암송할 때는 장, 절을 앞뒤로 넣어 출처가 분명하게 해야 한다.

YouTube [어린이 성경암송학교TV]에
원어민의 발음으로 330절의 영어말씀을 낭독해 준
믿음의 사람 Kirstie와 Kevin, 그리고 Joseph park에게
감사드립니다.

차 례

사도신경 • 04
주기도문 • 06
『자녀들에게 꼭 필요한 하브루타 한글영어』 교재 사용법 • 08
프롤로그 | 자녀와 부모가 함께 읽는 랍비박의 성경암송 및 하브루타 특강 • 09
하브루타(Havruta)의 교사 및 부모 수업원리 • 45

1부 Faith

1. 세계 최고의 영재가 되라(21절) • 50
2. 멋진 인생을 가꾸라(20절) • 68
3. 하나님의 사람들의 특징(27절) • 92
4. 잠언의 말씀에 귀를 기울이라 Ⅰ(17절) • 116
5. 잠언의 말씀에 귀를 기울이라 Ⅱ(15절) • 132

2부 Hope

1. 복 있는 사람들의 조건(16절) • 158
2. 여호와는 나의 목자시니(25절) • 168
3. 시편 37편 전편 상(20절) • 185
4. 시편 37편 전편 하(20절) • 198
5. 하나님을 의지하라(29절) • 211

3부 Love

1. 창조목적을 회복하라(23절) • 234
2. 구원의 확신을 가지라(21절) • 259
3. 이렇게 살라(18절) • 298
4. 말씀을 사랑하라(16절) • 322
5. 승리자의 원칙(20절) • 352
6. 이렇게 기도하라(22절) • 376

하브루타의 10가지 목적

1. 말씀의 의미를 깨닫고 실천하기 위함이다.
2. 틀림이 아닌 다름을 생각할 수 있는 능력을 배양하기 위함이다.
3. 성경암송과 메타인지(Metacognition)의 능력을 극대화하기 위함이다.
4. 창의력과 상상력을 가진 사람으로 양육하기 위함이다.
5. 좋은 질문을 만드는 능력과 생각하는 근육을 키우기 위함이다.
6. 경청 능력과 대화의 기술을 배양하기 위함이다.
7. 두루뭉술하고 주마간산(走馬看山)식의 학습태도를 버리고 명확한 사람을 만들기 위함이다.
8. 가족공동체와 인간관계에서 건강한 애착을 통해 평생을 함께 할 친구를 형성하게 하기 위함이다.
9. 크리스천으로 설득의 능력, 관계의 능력, 소통의 능력을 극대화함으로서 법조계, 언론계, 정계, 문화계, 학계, 경제계, 금융계 등에서 선한 영향력을 끼치는 사람으로 양성하기 위함이다.
10. 테필린복음(Tefillin Gospel)의 세 번째 명령인 신앙계승에 100% 성공하기 위함이다.

1부

Faith

1 •• 세계 최고의 영재가 되라(21절)
2 •• 멋진 인생을 가꾸라(20절)
3 •• 하나님의 사람들의 특징(27절)
4 •• 잠언의 말씀에 귀를 기울이라 I (17절)
5 •• 잠언의 말씀에 귀를 기울이라 II (15절)

세계 최고의 영재가 되라 (21절)

01

1-3. 더욱 힘써야 할 것들

베드로후서 1:5-7

5 그러므로 너희가 더욱 힘써 너희 믿음에 덕을, 덕에 지식을,

6 지식에 절제를, 절제에 인내를, 인내에 경건을,

7 경건에 형제 우애를, 형제 우애에 사랑을 더하라 (벧후 1:5-7)

Peter 1:5-7

5 In view of all this, make every effort to respond to God's promises. Supplement your faith with a generous provision of moral excellence, and moral excellence with knowledge,

인뷰 어보올디스 메익 에브리 에퍼트 투 리스폰드 투 갓츠 프라미스스 써플리멘트 유어 페이스 위더 제너러스 프로비전 어브 모랄 엑셀런스 엔 모랄 엑셀런스 윗 널리쥐

6 and knowledge with self-control, and self-control with patient endurance, and patient endurance with godliness,

앤 널리쥐 윗 셀프컨트롤 앤 셀프콘트롤 윗 페이션트 인듀런스 앤 페이션트 인듀런스 윗 가들리네스

7 and godliness with brotherly affection, and brotherly affection with love for everyone

앤 가들리네스 위드 브라덜리 어펙션 앤 브라덜리 어펙션 윗 러브 풔 에브리원

하브루타 질문

1. 좋은 크리스천은 저절로 되지 않습니다. 좋은 크리스천이 되기 위해 힘써야 할 기본은 무엇인가요?

   ---

2. 믿음에는 덕이 있어야 하고, 덕에는 지식이 있어야 하고, 지식에는 절제가 있어야 하고, 절제에는 인내가 있어야 하고, 인내에 경건을 더해야 하고, 경건에 형제 우애가 있어야 하고, 형제 우애에 사랑이 더해야 하는 이유는 무엇인가요?

   ---

3. 여러분은 이것들을 얻기 위해 어떤 노력을 하고 있으며 어떤 결과를 얻었나요?

   ---

4. ---

> 부모님들을 위한 해설

크리스천에게 믿음은 가장 중요한 덕목이며 결단입니다. 믿음으로 구원받고, 믿음으로 기도하고, 믿음으로 소망의 삶을 살아가야합니다. 그러나 우리 크리스천은 믿음만으로 만족해서는 안 됩니다. 믿음 외에 필요한 것들이 있습니다. 덕이 있어야 하고, 지식이 있어야 하고, 절제해야 하고, 인내해야 하고, 경건해야 하고, 형제 우애가 있어야 하고, 사랑을 실천해야 합니다. 이 크리스천의 덕목들은 모두 하나님의 약속에 기인한 것입니다. 그런데 이 모든 크리스천의 덕목들은 저절로 발생하는 것이 아닙니다. 5절 본문에 보면, '더욱 힘쓰라'는 명령이 있고, 7절 마지막 부분에는 '구하라'는 명령이 주어집니다. 덕과 지식과 절제와 인내와 형제 우애와 사랑은 저절로 생기는 것이 아니라 더욱 힘써 구해야 합니다. 그렇지 않으면 얻어지기 어려운 것들입니다.

좋은 크리스천이란 구원의 확신만을 가진 크리스천이 아닙니다. 덕이 있어야 하고, 지식이 있어야 하고, 절제가 있어야 하고, 인내가 있어야 하고, 경건이 있어야 하고, 형제 우애가 있어야 하고, 사랑이 있어야 합니다. 이러한 덕목들이 균형을 이루어야 합니다. 이러한 크리스천의 덕목을 갖추기 위해선 절대적인 노력이 필요합니다.

4-6. 하나님의 사람으로 온전하게 되는 비결

디모데후서 3:15-17

15 또 어려서부터 성경을 알았나니 성경은 능히 너로 하여금 그리스도 예수 안에 있는 믿음으로 말미암아 구원에 이르는 지혜가 있게 하느니라

16 모든 성경은 하나님의 감동으로 된 것으로 교훈과 책망과 바르게 함과 의로 교육하기에 유익하니

17 이는 하나님의 사람으로 온전하게 하며 모든 선한 일을 행할 능력을 갖추게 하려 함이라 (딤후 3:15-17)

2 Timothy 3:15-17

15 You have been taught the holy Scriptures from childhood, and they have given you the wisdom to receive the salvation that comes by trusting in Christ Jesus.

유햅 빈 토우트 더 홀리 스크랩쳐스 프럼 차일드후드 앤 데이 햅 기븐 유 더 위즈덤 투 리시브 더 셀베이션 댓 컴스 바이 츠러스팅 인 크라이스트 지저스

16 All Scripture is inspired by God and is useful to teach us what is true and to make us realize what is wrong in our lives. It corrects us when we are wrong and teaches us to do what is right.

올 스크립쳐 이스 인스파이어드 바이 갓 앤 이즈 유스풀 투 티취어스 왓이스 츠루앤 투메익 커스 리얼라이즈 왓이즈 롱 인 아워 라이브스 잇 코렉츠어즈 웬 위아 롱 앤 티취스 어스 투두 왓이스 롲잇

17 God uses it to prepare and equip his people to do every good work.

갓 유즈스잇 투 프리페어 앤 이쿕 히스피플 투두 에브리 굿월크

하브루타 질문

1. 성경의 기능들에는 어떤 것들이 있나요?

   _____

   _____

2. 성경은 어떻게 기록되었으며 어떤 유익이 있나요?

   _____

   _____

3. 왜 어렸을 때부터 성경을 알아야 하며, 성경은 사람에게 어떤 능력을 갖추라고 하셨나요?

   _____

   _____

4. _____

   _____

> 부모님들을 위한 해설

성경은 3가지의 기능이 있습니다. 첫째로 구원에 이르는 지혜, 둘째로 교훈과 책망과 바르게 함을 얻게 하는 유익, 그리고 셋째로 하나님의 사람으로 온전하게 하며 모든 선한 일을 행할 능력을 갖추게 합니다.

성경의 원저자는 성령이며, 약 40명의 기록자를 통하여 약 1,600년간(BC 1,500년경-AD 96년경) 걸려서 기록되었습니다. 성경의 저자들은 왕, 제사장, 시인, 의사, 사업가, 군인, 농부, 어부 등 다양한 직업을 가진 사람들이었습니다. 이처럼 성령은 각기 다른 문화와 역사 가운데 살고 있는 여러 사람들에게 영감을 주셔서 성경을 기록하게 하셨습니다. 성경의 저자들은 하나님의 영감을 받고 성령의 능력 아래서 성령의 감동으로 하나님의 말씀을 말하고 기록했고. 성경이 인간 기록자에 의해 쓰여 졌지만, 성경의 원저자는 성령이고 하나님이 도구로 사용하신 성경 기록자들은 이차적 저자들입니다. 성경은 전체가 성령의 감동으로 기록되었고, 그것은 각 단어에까지 영향을 주었습니다. 성경을 기록할 때 성령의 사역은 성경 저자들의 의식 속에 역사하여, 하나님의 뜻이 모든 시대의 사람들에게 가장 알맞게 좋은 방법으로 알려지도록, 저자들의 사상과 문체와 단어 선택을 주관하셨지요. 성경의 기자는 성령의 유기적 영감에 의해 각 개인의 성격, 교육, 문체 등의 손상 없이 성경을 기록할 수 있었습니다. 성경의 저자들은 성령의 통제와 방향제시를 받으면서 성경의 기록을 수행했습니다.

7-12. 세계 모든 민족 위에 뛰어난 사람이 되라

신명기 28:1-6

1 네가 네 하나님 여호와의 말씀을 삼가 듣고 내가 오늘 네게 명령하는 그의 모든 명령을 지켜 행하면 네 하나님 여호와께서 너를 세계 모든 민족 위에 뛰어나게 하실 것이라

2 네가 네 하나님 여호와의 말씀을 청종하면 이 모든 복이 네게 임하며 네게 이르리니

3 성읍에서도 복을 받고 들에서도 복을 받을 것이며

4 네 몸의 자녀와 네 토지의 소산과 네 짐승의 새끼와 소와 양의 새끼가 복을 받을 것이며

5 네 광주리와 떡 반죽 그릇이 복을 받을 것이며

6 네가 들어와도 복을 받고 나가도 복을 받을 것이니라 (신 28:1-6)

Deuteronomy 28:1-6

1 If you fully obey the Lord your God and carefully keep all his commands that I am giving you today, the Lord your God will set you high above all the nations of the world.

이퓨 훌리 오베이더 로드 유어갓 앤 케얼플리 킵 올 히스 커멘즈 댓 아엠 기빙 유 투데이 더 로드 유어갓 윌 셋유 하이 어보브 올 더 네이션스 어브더 월드

2 You will experience all these blessings if you obey the Lord your God

유윌 익스피뤼언스 올 디스 블레싱스 이프 유 오베이 더 로드 유어 갓

3 Your towns and your fields will be blessed.

유어타운스 앤 유어필즈 윌비 블레스드

4 Your children and your crops will be blessed. The offspring of your herds and flocks will be blessed.

유어 칠드런 앤 유어 크롭스 윌비 블레스드. 더 옵스프링 어브유어 헐즈앤 플락스 윌비 블레스드

5 Your fruit baskets and breadboards will be blessed.

유얼 프룻 바스켓츠 앤 브레드보즈 윌비 블레스드

6 Wherever you go and whatever you do, you will be blessed.

웨얼에버 유 고 앤 왓에버 유 두 유 윌비 블레스드

하브루타 질문

1. 세계 모든 민족 위에 뛰어나게 하시는 하나님의 명령은 무엇인가요?

   ---

2. 하나님의 말씀을 지켜 행하면 세계 최고의 민족이 되거나 약속하신 복을 받을 수 있나요?

   ---

3. 하나님의 명령과 말씀을 듣는 것은 쉬운데 지켜 행하는 것이 매우 어렵습니다. 특히 한국교회는 하나님의 명령과 말씀을 지켜 행하지 못한다는 약점이 있습니다. 그 약점을 극복하는 방법은 무엇인가요?

> **부모님들을 위한 해설**

신명기 28장에는 하나님의 백성에게 주어지는 복과 저주가 기록되어 있습니다. 1절부터 14절까지는 하나님의 복이, 15절부터 68절까지는 저주가 자세히 기록되어 있습니다. 놀라운 것은 복보다 저주가 더 구체적이고, 더 무섭고, 더 많다는 사실입니다. 하나님의 말씀은 아는 것이 아닌 실천하는 것이 매우 중요하다는 사실을 알아야 합니다. 따라서 하나님의 말씀을 듣고 순종하여 복을 받는 하나님의 자녀가 되어야 합니다. 하나님의 복은 위대합니다. 하나님의 말씀을 듣고 지켜 행하는 사람에게 하나님은 세계 모든 민족 위에 뛰어나게 하시며, 도시에서도 복을 받고, 시골에서도 복을 받고, 나와 관련된 모든 것들이 복을 받습니다. 자녀와 토지의 소산과 짐승의 새끼와 소와 양의 새끼가 복을 받고, 우리가 사용하는 기구들인 광주리와 떡 반죽 그릇까지도 복을 받을 것이라고 하셨습니다.

실제로 유대인들이 하나님의 말씀을 듣고 실천할 때 그들은 하나님의 복을 받았습니다. 그러나 그들이 불순종하고 하나님의 말씀에서 떠났을 때 그들에게는 상상할 수 없을 정도로 가혹한 심판과 어려움을 당하게 됩니다.

우리는 선택해야 합니다. 복과 생명을 선택하든지, 저주와 죽음을 선택하든지 둘 중의 하나를 선택하는 것은 우리의 몫입니다. 저주와 죽음은 너무나 고통스럽습니다. 복과 생명을 선택하십시오. 그 방법은 바로 '하나님의 말씀을 삼가 듣는 것'에서 부터 시작됩니다.

13-17. 하나님을 경외하는 법을 배우라

시편 34:11-15

11 너희 자녀들아 와서 내 말을 들으라 내가 여호와를 경외하는 법을 너희에게 가르치리로다

12 생명을 사모하고 연수를 사랑하여 복 받기를 원하는 사람이 누구뇨

13 네 혀를 악에서 금하며 네 입술을 거짓말에서 금할지어다

14 악을 버리고 선을 행하며 화평을 찾아 따를지어다

15 여호와의 눈은 의인을 향하시고 그의 귀는 그들의 부르짖음에 기울이시는도다

(시 34:11-15)

Psalms 34:11-15

11 Come, my children, and listen to me, and I will teach you to fear the Lord.
컴 마이 칠드런 앤 리쓴투미 엔 아윌 티츄 투 퓌어더 로드

12 Does anyone want to live a life that is long and prosperous?
더쓰 에니원 원투 리뷔어 라이프댓 이즈 롱앤 프로스퍼러스?

13 Then keep your tongue from speaking evil and your lips from telling lies!
덴 킵 유어텅 프럼 스피킹 이블앤 유어립스 프럼 텔링 라이스!

14 Turn away from evil and do good. Search for peace, and work to maintain it.
턴어웨이 프럼 이블앤 두 굿, 설취포 피스앤 워크투 메인테인잇.

15 The eyes of the Lord watch over those who do right, his ears are open to their cries for help.
디 아이즈 어브더 로드 왓취 오버 도우쓰 후두롸잇, 히즈 이어즈 아 오픈투 데어 크라이스퍼 헬프

하브루타 질문

1. 하나님을 찾는 것과 여호와를 경외하는 법은 어떤 차이가 있나요?

   _____

   _____

2. 생명을 사모하고 연수를 사랑하여 복 받기를 원하는 사람이 해야 할 일은 무엇인가요?

   _____

   _____

3. 왜 하나님은 혀를 악에서 금하고, 거짓말을 금하고, 악을 버리고 선을 행하며 화평을 찾는 자를 향하시고 부르짖음에 귀를 기울이시나요?

   _____

   _____

4. _____

   _____

> 부모님들을 위한 해설

하나님을 경외하고 복 받는 것은 하나님 백성의 특권이자 의무입니다. 하나님을 믿는 사람들이 복을 받지 못하고 세상 속에서 불쌍한 처지에 머무르는 것은 자신에게 주어진 특권을 누리지 못하는 것입니다. 그럼 하나님의 복은 어떻게 받아 누릴 수 있을까요? 그것은 바로 하나님의 백성이 하나님의 백성다워질 때 가능한 일입니다. 하나님의 백성답게 살아갈 때 하나님은 복을 내리십니다.

지금 사회는 크리스천과 교회를 향해 엄청난 손가락질과 비난을 퍼붓고 있습니다. 그 이유는 우리가 하나님 백성답게 살아가지 못하고 있기 때문입니다. 물론 잘못된 비난, 비난을 위한 비난도 적지 않지만, 대부분은 우리 크리스천들이 본이 되지 못한 삶 때문입니다. 실제로 일일이 열거할 수 없을 정도로 하나님의 이름을 욕되게 하는 일을 자행하고 있습니다.

왜 그런 현상들이 발생했을까요? 그 이유는 대부분의 크리스천들이 하나님의 말씀에 순종하지 않기 때문입니다. 만약 우리 크리스천들이 하나님의 말씀에 순종한다면 빛과 소금이 되어 영향력이 넘치는 사람들이 될 것입니다.

우리 크리스천들은 하나님의 말씀에 순종해야 합니다. 세상 사람들과 똑같은 기준을 가지고 살면 안 됩니다. 악한 말을 해서는 안 됩니다. 거짓말을 해서는 안 됩니다. 악한 행동을 해서는 안 됩니다. 분열을 일으켜서는 안 됩니다. 이것은 하나님의 명령이며 성경의 가르침입니다. 하나님은 불꽃같은 눈으로 우리를 지켜보십니다.

18-20. 하나님을 사랑하라

요한일서 5:2-4

2 우리가 하나님을 사랑하고 그의 계명들을 지킬 때에 이로써 우리가 하나님의 자녀를 사랑하는 줄을 아느니라

3 하나님을 사랑하는 것은 이것이니 우리가 그의 계명들을 지키는 것이라 그의 계명들은 무거운 것이 아니로다

4 무릇 하나님께로부터 난 자마다 세상을 이기느니라 세상을 이기는 승리는 이것이니 우리의 믿음이니라 (요일 5:2-4)

1 John 5:2-4

2 We know we love God's children if we love God and obey his commandments.

위노 위러브 갓스 칠드런 이프위 러브갓 앤 오베이 히즈 컴멘드멘츠

3 Loving God means keeping his commandments, and his commandments are not burdensome.

러빙 갓 민스 키핑 히즈 컴멘드멘츠 앤 히즈 컴맨드멘츠 아낫 버든썸

4 For every child of God defeats this evil world, and we achieve this victory through our faith.

포 에브리 차일드 어브갓 디핏트스 디즈 이벌 월드 앤위 어취브디스 빅토리 드루 아워훼이쓰

하브루타 질문

1. 하나님을 사랑하는 것은 무엇을 할 때 증명할 수 있나요?

2. 하나님께로부터 난 자마다 세상을 이긴다고 했는데 승리의 비결은 무엇인가요?

3. 하나님께로부터 난 사람이라면 본문의 말씀처럼 세상을 이긴다고 하셨습니다. 과연 여러분은 세상을 이기고 있나요? 아니면 지고 있나요?

4.

> 부모님들을 위한 해설

입술로 하나님을 사랑하는 것은 너무나 쉬운 일입니다. 입술로는 하나님을 사랑한다고 하지만, 실제로는 하나님을 사랑하지 않는 사람이 많이 있습니다. 그것은 2,000년 전 바리새인들이나 사두개인들만의 모습이 아닙니다. 오늘 우리의 모습이기도 합니다. 예수님은 이사야 선지자의 예언을 인용하시면서 "이르시되 이사야가 너희 외식하는 자에 대하여 잘 예언하였도다 기록하였으되 이 백성이 입술로는 나를 공경하되 마음은 내게서 멀도다"(막 7:6)라고 말씀하셨습니다.

하나님을 사랑하는 것은 찬양시간에 두 팔을 벌리면서 "하나님 사랑해요!"라고 고백하는 것이 아닙니다. 또는 찬양인도자가 "여러분! 하나님을 사랑하십니까?"라는 질문에 "아멘!"이라고 대답하는 것이 하나님을 사랑하는 것이 아닙니다.

하나님을 사랑하는 것은 감정적인 감상에 그치는 것이 아닙니다. 하나님의 계명, 즉 하나님의 말씀을 듣고 지키는 것입니다. 하나님의 계명을 듣고 지키는 것이 바로 하나님을 사랑하는 것입니다. 하나님에 대한 사랑은 우리의 선택이 아닌 하나님의 선택입니다. 하나님이 명령하신 대로 하는 것이 바로 하나님 사랑법입니다.

신명기 6장 5-6절을 보면, "너는 마음을 다하고 뜻을 다하고 힘을 다하여 네 하나님 여호와를 사랑하라 오늘 내가 네게 명하는 이 말씀을 너는 마음에 새기고…"라고 말씀하십니다. 즉 마음을 다하고 뜻을 다하고 힘을 다하여 하나님을 사랑하는 것은 바로 그 말씀을 마음에 새기는 것부터 시작해야합니다. 사랑은 입으로 하는 것이 아니라 마음과 뜻과 힘을 다하여 하는 행동입니다. 이것이 바로 세상을 이기는 능력의 비결입니다.

21. 먼저 그의 나라와 의를 구하라

마태복음 6:33

33 그런즉 너희는 먼저 그의 나라와 그의 의를 구하라 그리하면 이 모든 것을 너희에게 더하시리라 (마 6:33)

Matthew 6:33

33 Seek the Kingdom of God above all else, and live righteously, and he will give you everything you need.

씩더 킹덤 어브갓 어보브 올엘스, 앤리브 롸이쳐슬리 앤 히윌 깁유 에브리씽 유니드

하브루타 질문

1. 그의 나라와 그의 의를 구하라고 하셨는데 어떤 것인지 설명해 보세요?

---

2. 먼저 하나님의 나라와 하나님의 의를 구할 때 어떤 약속을 주셨나요?

---

3. 이방인의 기도와 하나님의 백성의 기도는 어떻게 달라야 하나요?

4.

5.

6.

7.

> 부모님들을 위한 해설

예수님은 기도에는 두 종류가 있다고 하셨습니다. 바로 '하나님의 백성의 기도'와 '이방인의 기도'입니다. 하나님의 백성과 이방인들의 차이는 바로 구하는 것부터 다릅니다. 이방인들의 기도는 '무엇을 먹을까? 무엇을 마실까? 무엇을 입을까?'와 같이 자신의 안위만을 구합니다. 이방인들의 기도는 본능적인 기도이며 그들에게 하나님의 나라와 하나님의 의는 전혀 중요하지 않습니다. 오로지 나와, 내 가족, 내 사업, 내 자녀만을 위한 기도입니다.

하나님의 백성의 기도는 다릅니다. 하나님의 백성은 본능적인 기도를 뛰어넘는 것입니다. 본능인 무엇을 먹고, 무엇을 마시고, 무엇을 입는 의식주의 문제를 뛰어넘어야 합니다. 의식주를 뛰어넘는 기도를 할 수 있는 것은 하나님을 전적으로 신뢰할 때 가능한 것입니다.

아직도 의식주의 문제를 놓고 기도하는 사람들이 있습니다. 그러한 기도는 이방인의 기도이며 본능적인 기도입니다. 이방인이란 하나님을 믿지 않는 사람을 의미합니다. 동시에 이방인도 기도한다는 사실입니다.

하나님의 백성이라면, 하나님의 나라와 하나님의 의를 구해야 합니다. 하나님의 백성이라고 먹을 것, 마실 것, 입을 것이 필요하지 않다는 것이 아닙니다. 육신을 가진 하나님의 백성들에게 동일하게 필요합니다. 그러나 그런 것들은 이미 하나님께서 채워주시겠다고 약속하셨기 때문에 믿어야 합니다.

오늘부터 본능적인 기도를 뛰어넘어 보시기 바랍니다. 우리가 의식주를 위한 기도, 즉 본능적인 것을 구하지 말아야 하는 이유는 그런 문제를 놓고 기도하다가 정작 중요한 하나님의 나라와 하나님의 의를 잃어버리기 때문입니다.

멋진 인생을 가꾸라 (20절)

02

22-24. 힘써 대장부가 되라

열왕기상 2:1-3

1 다윗이 죽을 날이 임박하매 그의 아들 솔로몬에게 명령하여 이르되

2 내가 이제 세상 모든 사람이 가는 길로 가게 되었노니 너는 힘써 대장부가 되고

3 네 하나님 여호와의 명령을 지켜 그 길로 행하여 그 법률과 계명과 율례와 증거를 모세의 율법에 기록된 대로 지키라 그리하면 네가 무엇을 하든지 어디로 가든지 형통할지라 (왕상 2:1-3)

1 Kings 2:1-3

1 As the time of King David's death approached, he gave this charge to his son Solomon

애즈더타임어브 킹데이비즈 데쓰 어프로취드, 히게이브 디스차쥐 투히스썬 썰러먼

2 I am going where everyone on earth must someday go. Take courage and be a man.

아임 고잉웨어 에브리원 온 얼쓰 머스트 섬데이고. 테익 커리쥐 앤비어 맨

3 Observe the requirements of the Lord your God, and follow all his ways. Keep the decrees, commands, regulations, and laws written in the Law of

Moses so that you will be successful in all you do and wherever you go

업저브 더 리콰어멘츠 어브더 로드유어갓, 엔 팔로우 올히쓰 웨이쓰, 킵더 디크리스, 컴맨즈, 레귤레이션스, 앤로우쓰 뤼튼 인더로어브 모제쓰 쏘댓 유 윌비 썩세쓰풀 인올유두 앤 웨어레버 유고

하브루타 질문

1. 다윗은 솔로몬에게 대장부가 되라고 했는데, 어떻게 해야 대장부가 될 수 있나요?

2. 대장부가 되고 하나님의 명령을 지켜 그 길로 행하라는 말은 무슨 뜻인가요?

3. 아버지 다윗은 아들 솔로몬에게 하나님의 명령을 지켜 행하면 어디로 가든지 형통하게 된다고 했는데, 과연 솔로몬은 하나님의 명령을 끝까지 지켜 행했나요?

> 부모님들을 위한 해설

다윗은 그의 아들 솔로몬에게 역사에 길이 남는 유언을 남겼습니다. 그 내용은 다음과 같습니다.

첫째로 힘써 대장부가 되라.

둘째로 하나님의 명령을 지켜 행하되 반드시 성경(Torah)에 기록된 대로 지키라.

셋째로 그대로 순종할 때 무엇을 하든지 어디로 가든지 형통할 것이다.

다윗의 유언은 우리에게도 신앙의 지침, 삶의 지침이 되어야 합니다. 우리는 하나님을 믿는 사람답게 대장부가 되어야 합니다. 즉, 시시한 인생이 되어선 안 된다는 것입니다. 자신만의 욕구를 충족하기 위해 발버둥치는 이 세상의 모습을 따라가는 졸장부가 되어선 안 됩니다. 구글(Google)의 창업자인 래리 페이지(Larry Page)는 이렇게 말했습니다.

"지금까지 누구도 해결하지 못했던 중요한 문제로 눈을 돌리면 세상을 위한 훨씬 더 가치 있는 무언가를 창조할 수 있다."

유대인 기업인 구글(Google)의 홈페이지에는 "항상 기대를 능가하는 서비스를 제공하는 구글에게 최고란 끝이 아닌 시작일 뿐이다"라고 적혀 있습니다. 세계 모든 사람을 서비스하겠다는 가치를 두는 사람에게는 기적이 일어납니다.

이런 대장부의 삶의 기준은 하나님의 말씀입니다. 하나님의 말씀은 우리가 이 세상을 대장부로 살아가는 방법을 제시하고 있습니다. 하나님의 말씀에 따라 시시한 인생, 지엽적인 문제에 붙들려 살아가는 초라한 인생이 아닌 멋진 대장부의 삶을 살아갑시다.

25-29. 솔로몬의 잠언

잠언 1:1-5

1 다윗의 아들 이스라엘 왕 솔로몬의 잠언이라
2 이는 지혜와 훈계를 알게 하며 명철의 말씀을 깨닫게 하며
3 지혜롭게, 공의롭게, 정의롭게, 정직하게 행할 일에 대하여 훈계를 받게 하며
4 어리석은 자를 슬기롭게 하며 젊은 자에게 지식과 근신함을 주기 위한 것이니
5 지혜 있는 자는 듣고 학식이 더할 것이요 명철한 자는 지략을 얻을 것이라 (잠 1:1-5)

Proverbs 1:1-5

1 These are the proverbs of Solomon, David's son, king of Israel.

디즈아 더 프로벌브스 어브 썰러먼, 데이비즈썬 킹어브 이즈리얼.

2 Their purpose is to teach people wisdom and discipline, to help them understand the insights of the wise.

데어 퍼포스 이스 투 티취 피플 위스덤 앤 디써플린, 투헬프뎀 언더스탠드 더 인싸이츠어브더 와이즈

3 Their purpose is to teach people to live disciplined and successful lives, to help them do what is right, just, and fair.

데어 퍼풔스 이스 투 티취 피플 투리브 디써플린드 앤 썩세스플 라이브스, 투헬프뎀 두왓 이쓰뤗잇, 저스트, 앤페어

4 These proverbs will give insight to the simple, knowledge and discernment to the young.

디즈 프로벌브스 윌기브 인싸잇 투더 심플, 널리지앤 디썰멘트 투더영

5 Let the wise listen to these proverbs and become even wiser. Let those with understanding receive guidance

렛더 와이즈 리쓴투디쓰 프로벌브스 앤 비컴 이븐 와이저. 렛도우즈 윗 언더스텐딩 리씨브 가이덴스

> **하브루타 질문**

1. 솔로몬이 잠언을 기록한 목적은 무엇인가요?

   _____
   _____
   _____

2. 잠언의 행동지침을 설명해 보세요?

   _____
   _____
   _____

3. 잠언의 유익은 무엇인가요?

   _____
   _____
   _____

> **부모님들을 위한 해설**

다윗의 아들 이스라엘 왕 솔로몬의 잠언입니다. 솔로몬의 잠언의 목적은 분명합니다. 지혜와 훈계와 명철의 말씀을 알고 깨달아 지혜롭게, 공의롭게, 정의롭게 정직하게 살아가는 방법을 제시하기 위함입니다.

지혜와 훈계를 알게 하며 명철의 말씀을 깨닫는 것은 곧 하나님의 말씀에 귀를 기울인다는 것입니다. 하나님의 말씀이 지혜이고, 훈계이며, 명철의 말씀이기 때문입니다. 이것이 바로 잠언의 기록목적입니다.

한국인들은 여전히 지식중심의 교육을 합니다. 그러나 유대인들은 지혜중심의 교육을 합니다. 지혜의 중요성을 그 어느 민족보다도 중요하게 여깁니다. 생존의 위기를 겪으면서 그들이 체득한 것은 지식이 아닌 지혜를 추구하는 것이었습니다.

나치시대 때 유대인은 특별 신분증을 가지고 다녀야 했습니다. 신분증이 없으면 즉시 수용소로 끌려가 처형당할 수 있었습니다. 그런데 한 사람이 신분증을 가지고 있지 않았습니다. 마침 앞에서 나치 독일군이 검문검색을 하기 위해 다가오고 있었습니다. 신분증을 가지고 있는 유대인이 말했습니다.

"여보게 내가 도망 칠테니 자네는 태연히 걸어가게"

나치 독일군이 가까워지자 별안간 토끼처럼 달리기 시작했습니다. 그러자 나치 독일군이 "멈춰! 멈춰!"를 외치며 달리는 유대인 뒤를 쫓아갔습니다. 한참을 달리던 유대인은 멈춰 서서 태연하게 신분증을 보여주었습니다.

나치 독일군은 숨을 헐떡이면서 "왜 도망쳤느냐?"고 묻자 그는 "나는 병원을 다니고 있는데 의사가 매일 한 번씩 달리기를 하라고 해서 이렇게 달리기를 한 것입니다. 당신이 쫓아오는 것을 알기는 했지만 당신도 나와 같은 병이 걸린 거라 생각했습니다." 그래서 신분증이 없는 유대인 남자는 무사할 수 있었다고 합니다. 이렇게 지혜는 지식보다 유용한 것입니다.

잠언의 저자인 솔로몬을 가리켜 지혜의 왕이라고 부릅니다. 동서고금을 막론하고 지혜의 왕으로 불리는 솔로몬의 잠언을 통해 이 세상을 지혜롭고 아름답게 살아가는 방식을 배워야 할 것입니다.

30. 믿는 자의 본이 되라

디모데전서 4:12

12 누구든지 네 연소함을 업신여기지 못하게 하고 오직 말과 행실과 사랑과 믿음과 정절에 있어서 믿는 자에게 본이 되어 (딤후 4:12)

1 Timothy 4:12

12 Don't let anyone think less of you because you are young. Be an example to all believers in what you say, in the way you live, in your love, your faith, and your purity.

돈 렛 에니원 띵크 레쓰 어브유 비코오쥬아영. 비엔 익젬플 투올 빌리벌쓰 인 왓 유세이, 인더웨이 유리브, 인유어럽, 유어훼이쓰, 앤유어 퓨리티.

하브루타 질문

1. 사람들은 다른 사람을 외모로 평가합니다. 그 이유가 무엇인지 설명해 보세요.

------

2. 우리가 믿는 자들에게 본이 되어야 할 5가지 내용은 무엇인가요?

_____
_____
_____

3. 세상 사람들은 우리 크리스천에 대해 실망하고 있습니다. 그것은 말, 행실, 사랑, 믿음, 정절에 있어서 본이 되지 못하기 때문입니다. 어떻게 이 문제를 해결할 수 있을까요?

_____
_____

4. _____
_____
_____

> **부모님들을 위한 해설**

사람들은 다른 사람을 외모로 평가합니다. 외모로 평가한다는 것은 그 사람의 직업, 학력, 경제력, 자동차, 사회적 위치, 외모 등으로 평가하는 것을 의미합니다. 그 사람의 내면의 가치를 외면하고 겉으로 드러난 것으로 상대방을 평가하는 세상입니다. 이것이 바로 사람들이 다른 사람을 평가하는 기준입니다.

이러한 외적 평가 속에서 사람들은 외적 조건들을 충족하려고 노력합니다. 좋은 직업을 추구하고, 높은 경제력을 추구하고, 좋은 자동차를 타려고 하고, 사회적으로 인정받으려 하고, 외모를 꾸미기 위해 수술도 마다하지 않습니다. 외적 조건에 충족하지 못한 사람들을 업신여기고 무시합니다.

특히 유대사회나 한국사회에서는 나이를 가지고도 상대방을 평가하려고 합니다. 나이가 많은 사람은 나이가 적은 사람을 업신여기려 합니다. 나이가 많고 적음이 평가지수가 아님에도 그런 것으로도 사람들을 업신여기고 낮은 평가를 하는 것이 사람들입니다.

우리는 이러한 현실을 부정해선 안 됩니다. 사람은 외모밖에 볼 수 없는 존재입니다. 하나님은 분명히 말씀하십니다. "여호와께서 사무엘에게 이르시되 그의 용모와 키를 보지 말라 내가 이미 그를 버렸노라 내가 보는 것은 사람과 같지 아니하니 사람은 외모를 보거니와 나 여호와는 중심을 보느니라 하시더라"(삼상 16:7) 우리는 하나님이 아니기 때문에 사람의 외모를 취할 수밖에 없습니다. 크리스천이라고 해도 예외는 없습니다. 그러나 우리 크리스천들은 이것보다 더 높은 가치가 있음을 알아야 합니다. 그것은 바로 사도바울이 말씀한 말과 행실과 사랑과 믿음과 정절입니다. 모든 크리스천이 추구해야 할 가치입니다. 비록 세상 사람들은 외모를 보는 것으로 그치지만 우리 크리스천들은 더 높은 내적 가치인 말과 행실과 사랑과 믿음과 정절에 있어서 믿는 자에게 본이 되는 것입니다. 이것이 진정한 크리스천의 모습입니다.

우리 크리스천은 말을 삼가야 합니다. 행동을 조심해야 합니다. 사랑하며 살아야 합니다. 믿고 신뢰해야 합니다. 정절을 지켜야 합니다. 비록 우리가 외적 기준을 충족하지 못했다 하더라도 내적인 신앙적 가치를 지키는 삶을 살아야 합니다. 이것이 세상을 이기는 능력입니다.

31-32. 지혜에 주의하라

잠언 5:1-2

1 내 아들아 내 지혜에 주의하며 내 명철에 네 귀를 기울여서
2 근신을 지키며 네 입술로 지식을 지키도록 하라 (잠 5:1-2)

Proverbs 5:1-2

1 My son, pay attention to my wisdom listen carefully to my wise counsel.
마이썬, 페이 어텐션 투마이 위스덤 리쓴 케어플리 투마이 와이즈 카운슬

2 Then you will show discernment, and your lips will express what you've learned.
덴 유윌 쑈 디썰먼트, 앤유어 립스 윌 익스프레스 왓유브 런드

하브루타 질문

1. 내 지혜에 주의한다는 말은 무슨 뜻인가요?

---

2. 왜 명철에 귀를 기울여야 하며 근신을 지키며 네 입술로 지식을 지켜야 하나요?

3. 더글러스 맥아더 장군의 "작전에 실패한 군인은 용서할 수 있어도 경계에 실패한 군인은 용서할 수 없다."는 말의 의미와 오늘의 말씀의 의미를 비교하여 설명해 보세요.

4.

5.

> **부모님들을 위한 해설**

잠언 저자인 솔로몬이 반복해서 하는 이야기는 지혜와 명철을 얻으라는 것입니다. 잠언 저자는 내 지혜에 주의하며 내 명철에 귀를 기울이라고 말합니다. 또 근신을 지키며 네 입술로 지식을 지키라고 말하고 있습니다. 그러면 네가 늘 분별력을 갖게 되어 네 입은 지혜로운 말만 하게 될 것이라고 말씀합니다.

이어지는 말씀에서 음녀의 접근에 조심해야 합니다. 음녀의 특징은 처음엔 달콤하고 기름처럼 부드럽고 미끄러우나 나중에는 쑥처럼 쓰디쓸 뿐입니다. 칼의 두 날처럼 우리를 찔러 쓰러지게 할 뿐입니다.

그러나 근신은 우리에게 지혜와 명철을 줌으로 우리를 오래 살게 하고, 부귀를 누리게 하고, 우리를 높이고, 평강으로 인도합니다. 그러나 음녀는 우리의 재산과 생명을 앗아갑니다. 우리의 명예를 잃어버리게 합니다. 육신이 병들거나 나이가 들어 쇠하여질 때는 이미 늦습니다.

그런 때가 오기 전에 지금 돌이켜야 합니다. 지금 회개하고 날마다 근신해야 합니다. 날마다 말씀묵상으로 깨어 기도하여 사탄의 세력이 침입해 들어오지 못하도록 해야 합니다. 우리는 근신해야 합니다. 근신하지 않으면 마치 싸우는 군인이 무장해제하는 것과 같기 때문입니다.

더글러스 맥아더(Douglas MacArthur) 장군은 "작전에 실패한 군인은 용서할 수 있어도 경계에 실패한 군인은 용서할 수 없다."라고 했습니다. 전쟁에서는 승리할 수도 있고 패배할 수 있지만 경계, 즉 근신하지 않는 것은 용서할 수 없다는 것입니다. 우리 크리스천들은 경계에 태만하여 싸워보지도 못하고 패배하는 일이 없어야 합니다.

33-34. 지혜를 얻으라

잠언 8:34-35

34 누구든지 내게 들으며 날마다 내 문 곁에서 기다리며 문설주 옆에서 기다리는 자는 복이 있나니

35 대저 나를 얻는 자는 생명을 얻고 여호와께 은총을 얻을 것임이니라 (잠 8:34-35)

Proverbs 8:34-35

34 Joyful are those who listen to me, watching for me daily at my gates, waiting for me outside my home!

조이플 아 도우즈 후 리쓴투미, 워칭 휘미 데일리 엣 마이 게이츠, 워이팅 휘미 아웃사이드 마이홈!

35 For whoever finds me finds life and receives favor from the Lord.

휘 후에버 파인즈미 파인즈 라이프 앤 리씨브스 훼이버 프럼더 로드

> 하브루타 질문

1. 말씀을 들을 때 우리는 어떤 마음으로 들어야 하나요?

---

2. 말씀을 들을 때 우리는 어떤 자세로 들어야 하나요?

3. 본문에는 '나를 얻는다'라는 말이 나옵니다. 여기서 '나'는 누구인가요?

4.

5.

> 부모님들을 위한 해설

많은 사람들이 소중한 것들을 바라볼 여유조차 가지지 못한 채 안개와 같이 곧 사라질 것을 얻기 위해 발버둥 치며 분주히 살아갑니다. 그리고 익숙함에 속아 소중함을 깨닫지 못하면 훗날 내 곁을 떠난 후에야 비로소 소중함을 깨닫고 돌이킬 수 없는 뒤늦은 후회를 하게 됩니다.

지금은 전 세계적으로 유튜브(Youtube)의 시대라고 할 수 있습니다. 전 세계 사람들이 유튜브라는 바다에서 살아가고 있습니다. 유튜브는 유익한 정보가 많지만 동시에 사람을 익사시키는 가짜 정보의 바다이기도 합니다.

우울증보다 무서운 것은 유튜브 바다에서 자신의 수영실력만 믿고 헤엄치다가 익사하는 것입니다. 우울증과 유튜브 중독의 공통점은 죽는 줄 모르고 빠져드는 것입니다. 유튜브에서 가짜 정보를 얻거나, 하루 종일 유튜브에 빠져 있거나, 자신이 해야 할 노력을 하지 않고 유튜브에만 매달리는 것은 유튜브 바다에서 익사하는 것과 같습니다. 유튜브를 인정하지 말라는 것이 아닙니다. 급변하는 시대를 인정하지 말라는 것이 아닙니다. 우리 크리스천은 유튜브를 잘 활용해야 하고 유튜브를 선한 도구로 사용해야 합니다. 유튜브에서 빠져 익사하는 사람이 아닌 유튜브의 바다를 항해하는 전투선을 만들어야 합니다. 이것이 크리스천의 참 지혜입니다.

참 지혜를 얻으며 하나님을 인격적으로 만난 사람은 복이 있습니다. 하나님을 만나고 하나님으로부터 친히 그의 음성을 듣는 자는 생명을 얻은 사람입니다. 영생을 이미 누리는 사람입니다. 은총을 얻은 사람입니다.

반면 지혜의 근본이신 하나님을 잃어버린 자는 가장 불행한 사람입니다. 자신의 영혼을 파멸로 이끄는 자기패배적인 사람은 어리석고, 더 나아가 하나님을 미워하며 복음을 싫어하는 사람은 사망과 마귀를 더 좋아하는 사람입니다. 이런 사람들은 영원한 심판의 열매를 거둘 것입니다.

35-37. 성도에게 마땅한 것

에베소서 5:1-3

1 그러므로 사랑을 받는 자녀 같이 너희는 하나님을 본받는 자가 되고

2 그리스도께서 너희를 사랑하신 것 같이 너희도 사랑 가운데서 행하라 그는 우리를 위하여 자신을 버리사 향기로운 제물과 희생제물로 하나님께 드리셨느니라

3 음행과 온갖 더러운 것과 탐욕은 너희 중에서 그 이름조차도 부르지 말라 이는 성도에게 마땅한 바니라 (엡 5:1-3)

Ephesians 5:1-3

1 Imitate God, therefore, in everything you do, because you are his dear children.

이미테이트 갓, 데얼포, 인 에브리띵 유두, 비코오쥬아 히쓰 디어 칠드런.

2 Live a life filled with love, following the example of Christ. He loved us and offered himself as a sacrifice for us, a pleasing aroma to God.

리브어 라이프 필드 위더럽, 휠로잉더 이그젬플 어브 크라이스트. 히 러브더스 앤 어퍼드 힘쎌프 애즈어 쌔크리파이스 포어쓰, 어 플리징 어로마 투갓.

3 Let there be no sexual immorality, impurity, or greed among you. Such sins have no place among God's people.

렛 데어비 노 섹슈얼 이모랄리티, 임퓨리티, 오얼 그리드 어몽유, 써치 씬쓰 해브노 플레이스 어몽 갓츠피플

하브루타 질문

1. 사랑을 받는 자녀들이 지향해야 할 목표는 무엇인가요?

2. 우리는 사랑받은 자로서 어떻게 사랑 가운데서 살아가야 하나요?

3. 크리스천들이 어떻게 살아야 할지 삶의 지침들을 설명해 보세요.

4.

> 부모님들을 위한 해설

하나님의 사랑으로 구원을 받은 사람들이 지향해야 할 삶이 있습니다. 그것은 바로 자신을 구원하신 하나님을 본받는 삶을 살아가는 것입니다. 여기서 '하나님을 본받는 삶'이란 하나님의 거룩함을 닮는 성화(聖化)의 삶을 의미합니다.

그러나 우리 크리스천은 하나님의 거룩함을 닮는 성화의 삶을 살아야 하지만 '사랑의 삶'을 먼저 실천해야 한다는 것입니다. 하나님은 사랑이시기 때문입니다. 성화의 삶을 산다고 하면서 사랑이 없는 삶은 진정으로 하나님을 본받는 삶이라고 할 수 없습니다. 예수 그리스도는 자신을 희생하면서 우리를 사랑하셨습니다. 예수님은 우리를 위하여 십자가에서 자신을 버리셨습니다. 자신의 몸을 제물로 드려 하나님과 우리 사이에 다리를 놓아주셨습니다. 우리는 그 은혜로 구원받고 하나님의 자녀가 되었습니다. 우리를 사랑하셨기 때문입니다.

오늘 말씀은 우리 크리스천이 예수님처럼 다른 사람을 위해 죽으라고 명령하지 않습니다. 우리는 그렇게 할 수도 없습니다. 그러나 우리가 할 수 있는 것이 있습니다. 사랑 가운데에서 행하는 것입니다. 십자가를 지는 것도 아니고 생명을 바치라는 것이 아닙니다. 우리는 사랑받은 사람으로서 다른 형제, 자매들을 사랑으로 대하는 것입니다. 더 나아가 성적 부도덕적인 행동과 온갖 순결하지 못한 행동과 탐욕을 행해서는 안 됩니다. 크리스천들은 그런 것을 거론하는 것마저 경계해야 합니다. 이는 성도, 즉 크리스천들에게 마땅한 의무인 것입니다. 이것이 진정한 크리스천의 삶의 지침입니다.

38-40. 부모님에게 순종하라

에베소서 6:1-3

1 자녀들아 주 안에서 너희 부모에게 순종하라 이것이 옳으니라

2 네 아버지와 어머니를 공경하라 이것은 약속이 있는 첫 계명이니

3 이로써 네가 잘되고 땅에서 장수하리라 (엡 6:1-3)

Ephesians 6:1-3

1 Children, obey your parents because you belong to the Lord, for this is the right thing to do.

칠드런, 오베이 유어 패런츠 비코오쥬 빌롱 투더로드, 휘 디스이스더 롸잇띵 투두

2 "Honor your father and mother." This is the first commandment with a promise

어너 유어 파더앤 마더, 디스이스더 훠스트 컴맨드먼트 위더 프로미스

3 If you honor your father and mother, "things will go well for you, and you will have a long life on the earth."

이퓨 어너 유어 파더앤 마더, 띵스 윌고 웰포유, 앤유윌 해버 롱라이프 온디 얼쓰

하브루타 질문

1. 왜 부모님에게 순종해야 하나요?
   _____
   _____
   _____

2. 하나님이 약속하신 약속 있는 첫 계명은 무엇인가요?
   _____
   _____
   _____

3. 순종과 공경의 관계는 무엇이며, 또 어떤 차이가 있나요?
   _____
   _____
   _____

4. _____
   _____
   _____

> 부모님들을 위한 해설

사람은 누구나 부모가 있습니다. 부모님에 의해 태어나 성장한 사람들은 성장을 감사하는 마음과 고마운 마음을 가져야 합니다. 스스로 성장하는 사람은 없습니다. 부모님들은 자녀들을 위해 자신의 모든 것을 포기할 정도로 헌신하는 분들입니다. 따라서 자녀 된 우리들은 감사하는 마음뿐 아니라 부모님이 노쇠해지면 봉양하는 효도를 해야 합니다. 자신을 키워준 부모님을 외면하고 오로지 자기 자녀들만을 돌봐선 안 됩니다. 자기 자녀들에게 하는 것의 1/10만 해도 효도라고 말할 정도입니다.

조류 중 가장 백안시 되는 새는 까마귀입니다. 생김새가 음흉한 느낌을 주는데다 울음소리도 보통 새의 지저귐과는 달리 흉측합니다. 이 때문에 까마귀의 출현이나 울음소리는 불길한 징조로 여겨지고 있습니다. 또 잡식성이어서 동물은 물론 인간의 시체도 먹이로 삼는다고 합니다. 그래서 돌연사나 객사 등을 비하하는 뜻으로 '까마귀밥이 된다'는 말도 생겼습니다.

하지만 우리가 알고 있는 것과는 달리 까마귀는 키워준 부모를 알고, 부모가 죽을 날이 약 6개월 정도 남았다고 판단되면 그때부터 먹이를 물어서 소화가 잘되도록 위에 넣고 불려서 먹여 준다고 합니다. 그냥 먹이를 물어다 드리는 것이 아니고 소화가 잘되도록 불려서 먹여준다고 합니다. 까마귀가 오랫동안 살다가 부모가 노쇠했을 때 부모를 다시 찾아 봉양하는 것은 사람 이상입니다. 이런 효도를 고사성어에서는 반포지효(反哺之孝)라고 합니다. 되씹어서 어미에게 주는 효의 교훈이라는 의미입니다.

41. 모든 일에 부모님에게 순종하라

골로새서 3:20

20 자녀들아 모든 일에 부모에게 순종하라 이는 주 안에서 기쁘게 하는 것이니라 (골 3:20)

Colossians 3:20

20 Children, always obey your parents, for this pleases the Lord.

칠드런, 엘웨이스 오베이 유어 패런쓰, 훠디스 플리이스더 로드

하브루타 질문

1. 자녀들은 부모님에게 어떤 태도를 가져야 하나요?

---

2. 주 안에서 기쁘게 하는 것은 무엇인가요?
_____
_____
_____

3. 여러분은 과연 모든 일에 부모님에게 순종하고 있나요?
_____
_____
_____

4. _____
_____
_____

5. _____
_____
_____

> **부모님들을 위한 해설**

자녀들은 부모에게 순종해야 합니다. 자녀들이 지켜야 할 첫 번째 계명은 '모든 일에 부모에게 순종하는 것'입니다. 자녀들이 독립적인 사고능력과 인격을 갖추기까지 유일하게 해야 할 일은 '그 부모에게 순종하는 일'입니다. 그 이유는 그들은 아직 독립적인 인격이나 생각을 할 수 있는 능력이 없기 때문입니다. 아직 많은 부분을 부모로부터 배워야 하기 때문입니다.

하나님은 자신을 대신해서 부모에게 책임과 권한을 주셨습니다. 부모는 자녀들이 독립된 인격체로 성장하기 전까지 자녀들에 대한 책임과 권한을 감당해야 합니다. 하나님의 말씀을 교육하고, 마땅히 행할 길을 자녀들에게 가르쳐주고, 사회적인 능력을 갖춰 나갈 수 있도록 돕는 역할을 감당해야 합니다.

그러므로 자녀들은 부모에게 순종해야 합니다. 자녀들은 자신이 부모보다 더 똑똑하고 지혜롭다고 착각합니다. 자신의 능력으로 얼마든지 세파(世波)를 감당할 수 있을 것이라고 생각합니다. 그러나 그것은 세상의 이치를 모르는 소견입니다. 눈에 보이는 것이 다가 아닙니다. 세상은 그리 만만하지 않습니다. 부모님 아래에서 충분히 학습하고 훈련받아야만 비로소 세상에 나갈 수 있습니다.

바울은 자녀가 부모에게 순종하는 것이 하나님을 기쁘시게 한다고 했습니다. 그 이유는 자녀를 허락하신 분이 하나님이시기 때문입니다. 이것은 하나님의 창조질서입니다. 부모에게 순종하는 것은 하나님의 창조질서가 가정에서 이루어지는 것입니다.

하나님의 사람들의 특징(27절)

03

42-43. 하나님과 사람에게 사랑스러운 예수님

누가복음 2:51-52

51 예수께서 함께 내려가사 나사렛에 이르러 순종하여 받드시더라 그 어머니는 이 모든 말을 마음에 두니라

52 예수는 지혜와 키가 자라가며 하나님과 사람에게 더욱 사랑스러워 가시더라 (눅 2:51-52)

Luke 2:51-52

51 Then he returned to Nazareth with them and was obedient to them. And his mother stored all these things in her heart.

덴 히 리턴드투 나자렛 윗뎀 앤 워즈 오비디언 투뎀, 앤 히스 마더 스토어드올 디즈 띵스 인허 하알트

52 Jesus grew in wisdom and in stature and in favor with God and all the people.

지저스 그루인 위즈덤 앤인 스테춰 앤인 훼이버 윗갓 앤 올더 피플

하브루타 질문

1. 예수님은 하나님이신데 왜 육신의 부모님에게 순종하여 받드셨나요?

2. 유년시절의 예수님은 하나님과 사람에게 어떤 사람이셨나요?

3. 내가 하나님과 사람 앞에 사랑스러운 사람이 되기 위해서 어떻게 해야 하나요?

4.

> 부모님들을 위한 해설

인간의 몸을 입고 세상에 오신 예수님은 부모님에게 순종의 삶을 살았습니다. 예수님은 하나님의 본체이셨지만 하나님과 동등하게 생각하지 않으시고 겸손한 인간의 삶을 살아가셨습니다.

대표적인 것이 바로 예수님의 유년시절입니다. 예수님의 유년시절은 성경에 많이 언급되어 있지 않습니다. 그러나 우리는 '순종하여 받드시더라'는 이 짧은 사실만으로도 예수님이 어떤 삶을 사셨는지 알 수 있습니다.

예수님은 12세가 되었을 때 성전에서 랍비들과 하브루타를 하신 후 나사렛에 내려 오셨습니다. 그 후 예수님은 부모님에게 순종하는 삶을 사셨습니다. 예수님은 하나님이셨지만 사람들과 같이 되셨고, 사람의 모양으로 나타나셨고, 죽기까지 복종했다고 빌립보서는 증언하고 있습니다.

예수님은 키가 자랄 뿐 아니라 지혜도 함께 자라가면서 하나님과 사람에게 더욱 사랑스러워 가셨습니다. 우리에게 모범적인 삶을 보여주셨습니다. 우리 자녀들은 순종하는 삶을 통해 하나님과 사람 앞에 사랑받는 자녀가 되어야 합니다.

44-46. 하나님 보시기에 아름다운 모세

사도행전 7:20-22

20 그 때에 모세가 났는데 하나님 보시기에 아름다운지라 그의 아버지의 집에서 석 달 동안 길리더니

21 버려진 후에 바로의 딸이 그를 데려다가 자기 아들로 기르매

22 모세가 애굽 사람의 모든 지혜를 배워 그의 말과 하는 일들이 능하더라(행 7:20-22)

Acts 7:20-22

20 At that time Moses was born a beautiful child in God's eyes. His parents cared for him at home for three months.

앳댓타임 모제스 워즈 본어 뷰리풀 차일드인 갓스 아이스. 히스 페런츠 케어드포힘 엣홈포 쓰리만쓰

21 When they had to abandon him, Pharaoh's daughter adopted him and raised him as her own son.

왠데이 햇투 어밴던 힘, 패러오스 도우터 어돕티드 힘 앤 뢔이즈드 힘 애즈허 오운썬

22 Moses was taught all the wisdom of the Egyptians, and he was powerful in both speech and action.

모제스 워즈 토우트 올더 위즈덤 어브더 이집션스, 앤히워즈 파워플인 보스 스피취앤 액션

하브루타 질문

1. 모세는 하나님이 보시기에 어떤 아이였나요?

   _____
   _____
   _____

2. 모세는 애굽 사람들 앞에서 어떤 삶을 살았나요?

   _____
   _____
   _____

3. 여러분은 열심히 공부하고 있으며 말과 하는 일에 능한 사람이 되기 위해 노력을 하고 있나요?

   _____
   _____
   _____

> **부모님들을 위한 해설**

예수님의 유년시절도 그러했듯이 모세도 하나님 보시기에 아름다운 아이였습니다. 성경은 모세의 유년시절을 자세히 언급하지 않지만 '아름다운지라'라는 문장으로 모세의 삶을 그려내고 있습니다. 물론 3개월 미만의 아이의 모습은 모든 사람에게 아름다울 수 있지만, 중요한 것은 하나님 보시기에 아름다웠다는 사실입니다.

바로의 딸의 아들이 되어 애굽 궁전의 삶을 살아갈 때도 모세는 성실했습니다. 성경은 '애굽 사람의 모든 지혜를 배워 그의 말과 하는 일들이 능하더라'고 묘사하고 있습니다. 지혜를 배웠고, 말과 일에서 능할 정도로 성실한 삶을 보여주고 있습니다.

'능하다'는 것은 시간이 지난다고 자연스럽게 얻어지는 것이 아닙니다. 철저한 노력의 산물입니다. '학문에는 왕도(王道)가 없다'는 말이 있는 것처럼 노력하지 않으면 능한 결과를 얻을 수 없습니다.

하나님의 사람이라고 하지만 세상 사람들보다 못한 사람들이 있습니다. 세상 사람들보다 노력하지 않는 사람들입니다. 세상 사람들도 자신의 유익을 위해서도 밤낮을 가리지 않고 노력합니다. 그런데 하나님의 사람이라고 하면서도 노력하지 않는 사람은 아름답지 못한 사람입니다.

아름다운 크리스천은 어떤 사람입니까? 그것은 바로 겸손하고 성실하며 자기의 일에 능한 사람이 되는 것입니다. 자기의 일에 관련된 책을 읽고 배우는 사람들입니다. 책을 읽을 때 산보하듯 읽지 말고 전투하듯 읽어야 합니다. 한 권을 읽어도 온전히 자기의 것으로 만들어야 합니다. 크리스천은 하나님을 아는 것부터 시작하여 자기의 일에서 능한 사람이 되어야 합니다. 자기의 일에 능하지 않은 크리스천은 다른 사람들에게 영향을 미치지 못합니다.

47-49. 요셉을 형통하게 하신 하나님

창세기 39:21-23

21 여호와께서 요셉과 함께 하시고 그에게 인자를 더하사 간수장에게 은혜를 받게 하시매

22 간수장이 옥중 죄수를 다 요셉의 손에 맡기므로 그 제반 사무를 요셉이 처리하고

23 간수장은 그의 손에 맡긴 것을 무엇이든지 살펴보지 아니하였으니 이는 여호와께서 요셉과 함께 하심이라 여호와께서 그를 범사에 형통하게 하셨더라 (창 39:21-23)

Genesis 39:21-23

21 But the Lord was with Joseph in the prison and showed him his faithful love. And the Lord made Joseph a favorite with the prison warden.

벗더 로드워즈 위드 죠셉 인더 프리즌 앤 쇼우드 힘 히스 훼이스풀 러브. 앤더로드 메이드 죠셉 어 훼이버릿 위더 프리즌 워든.

22 Before long, the warden put Joseph in charge of all the other prisoners and over everything that happened in the prison.

비풔롱, 더 워든 풋 죠셉인 촤지 어볼디 아더 프리즈너스 앤 오버 에브리띵 댓 해픈드 인더 프리즌.

23 The warden had no more worries, because Joseph took care of everything. The Lord was with him and caused everything he did to succeed.

더 워든 해드노모어 워리스, 비코오즈 죠셉 툭케어어브 에브리띵. 더 로드워즈 윗힘 앤 코오즈드 에브리띵 히디드 투 썩시드

하브루타 질문

1. 하나님께서 요셉과 함께 하시고 인자를 더한 결과 어떤 현상이 일어났나요?

2. 세상적인 형통과 성경적인 형통의 차이를 설명해 보세요.

3. 우리는 어떻게 형통의 삶을 살 수 있을까요?

4.

> 부모님들을 위한 해설

요셉은 파란만장한 삶을 살았습니다. 아버지의 사랑은 독차지했지만 형들의 시기로 종으로 팔려 애굽으로 왔습니다. 그는 하나님 앞에서 죄를 범하지 않았고 유혹에 넘어가지 않았습니다. 하나님의 사람들의 특징은 유혹에 넘어가지 않는 것입니다. 유혹에 넘어가는 순간 하나님과의 관계는 깨어지고 하나님이 함께 하는 삶이 무너지게 됩니다. 그러나 보디발의 아내의 유혹을 거절한 대가는 무서울 만큼 처참했습니다. 결국 감옥에 갇히는 신세가 되고 말았습니다. 당시 감옥의 환경은 혹독했습니다. 감옥에 갇힌 사람들은 인생 자체를 포기할 정도로 처절했습니다.

요셉도 그의 삶이 끝났다고 생각할 정도로 힘들었지만 요셉은 다른 사람들과 달랐습니다. 다른 사람은 자신의 범죄로 감옥에 갇혔지만 요셉은 의로움을 지키려다 감옥에 갇힌 것입니다. 이것이 요셉과 다른 죄수들과의 차이입니다.

하나님은 요셉과 함께 하셨고, 사람들에게 은혜를 받게 하셨고, 더 나아가 '형통'하게 하셨습니다. 그럼 형통이란 무엇일까요? 성경에서 말하는 형통은 세상이 말하는 형통과 다릅니다. 세상의 형통은 '만사형통'처럼 무슨 일이든 막힘이 없는 것을 의미합니다. 세상 사람들은 요셉이 옥에 갇힌 것만으로 형통하지 않다고 말할 것입니다. "감옥에 갇혔는데 무슨 형통이야?", "요셉이 감옥에 갇힌 것은 하나님의 심판을 받는 거야."라고 말할 것입니다. 심지어 크리스천들도 그렇게 생각할 수 있습니다. 그것은 바로 형통을 막힘이 없는 세상적 기준으로 이해하기 때문입니다.

그러나 성경적 형통이란 하나님이 함께 하시는 것입니다. 옥에 갇혔어도 하나님이 함께 하시면 형통입니다. 어디에 있든지 하나님이 함께 하시면 그 자체가 형통입니다. 요셉은 감옥에 갇혔으나 하나님이 함께 하셨습니다. 그것은 바로 형통의 길이었습니다. 요셉에게 감옥은 이집트 총리가 되는 훈련장이었습니다. 그 후 요셉의 삶을 지켜보면 하나님의 형통이 어떤 것인가를 분명히 알 수 있습니다.

50-51. 뜻을 정한 다니엘

다니엘 1:8-9

8 다니엘은 뜻을 정하여 왕의 음식과 그가 마시는 포도주로 자기를 더럽히지 아니하리라 하고 자기를 더럽히지 아니하도록 환관장에게 구하니
9 하나님이 다니엘로 하여금 환관장에게 은혜와 긍휼을 얻게 하신지라 (단 1:8-9)

Daniel 1:8-9

8 But Daniel was determined not to defile himself by eating the food and wine given to them by the king. He asked the chief of staff for permission not to eat these unacceptable foods.

벗 대니얼 워즈 디터민드 낫투 디파일 힘셀프 바이 이팅 더푸드 앤 와인 기븐투뎀 바이더킹. 히 애스크 더 칩어브스텦 포 퍼미션 낫투잇디스 언억셉터블 푸즈

9 Now God had given the chief of staff both respect and affection for Daniel.

나우 갓 헤드 기븐더 칩어브스텦 보쓰 리스펙 앤 어펙션 포 대니얼.

> 🧍 **하브루타 질문**

1. 왜 다니엘은 왕의 음식을 거절했나요?

_____

_____

_____

2. 다니엘이 뜻을 정했을 때 하나님이 하신 일은 무엇인가요?

3. 여러분은 어떤 뜻을 정하여 살아가고 있으며, 지속적으로 뜻을 지키며 살아가고 있나요?

4.

5.

> 부모님들을 위한 해설

다니엘은 죽을 각오로 왕의 음식을 거부하기로 뜻을 정했습니다. 왕의 음식은 율법규례에 어긋나는 음식이었기 때문이었습니다. 다니엘은 율법규례에 어긋난 음식으로 자신을 더럽히지 않겠다고 결단했습니다.

다니엘은 느부갓네살왕이 먹는 음식(기름진 고기)을 먹을 수가 없었습니다. 그 음식과 포도주는 바벨론신에게 바쳐진 것이기 때문이었습니다. 둘째로, 그 음식 중에는 피를 다 쏟아내지 않고 잡은 고기였으며,(레 17:10~14) 셋째로, 율법에서 부정하다고 하는 고기(예를 들어, 돼지고기나 조류)도 들어 있기 때문이었습니다.

결국 다니엘은 왕의 산해진미를 먹는 것을 거부할 수밖에 없었던 것입니다. 바벨론종교에 동화하지 않는 최소한의 조치는 왕이 먹는 음식과 포도주를 먹지 않는 것이었습니다. 특별히 그것이 자신의 신앙으로 일탈시키는 행위라는 것은 다니엘이 직접 사용한 단어 속에서도 발견할 수 있는데, 그것은 '더럽히지'라는 단어입니다. 히브리어로 '가알'이라는 단어인데, '더럽히다, 불결하게 하다'는 뜻 외에도 '신성모독하다'는 뜻이 들어있습니다.

왕의 음식을 먹는 것은 하나님과 하나님의 율법을 모독하는 행위라는 것을 다니엘은 알고 있었습니다. 그래서 다니엘은 환관장에게 왕의 진미와 포도주를 먹지 않겠다는 청원을 넣은 것이었습니다.

그렇다면 다니엘이 넣은 청원은 장차 그에게 어떤 결과를 각오하는 것이었을까요? 이런 결단은 죽음을 각오하는 결단이었습니다. 그러나 하나님은 환관장에게 애정 어린 친절과 호의, 인간적 연민과 동정을 받게 하십니다. 그것은 다니엘의 마음을 보신 하나님의 은혜였습니다. 하나님은 이런 사람을 사랑하시고 은혜를 베풀어 주십니다.

52-55. 번성하는 이삭

창세기 26:19-22

19 이삭의 종들이 골짜기를 파서 샘 근원을 얻었더니

20 그랄 목자들이 이삭의 목자와 다투어 이르되 이 물은 우리의 것이라 하매 이삭이 그 다툼으로 말미암아 그 우물 이름을 에섹이라 하였으며

21 또 다른 우물을 팠더니 그들이 또 다투므로 그 이름을 싯나라 하였으며

22 이삭이 거기서 옮겨 다른 우물을 팠더니 그들이 다투지 아니하였으므로 그 이름을 르호봇이라 하여 이르되 이제는 여호와께서 우리를 위하여 넓게 하셨으니 이 땅에서 우리가 번성하리로다 하였더라 (창 26:19-22)

Genesis 26:19-22

19 Isaac's servants also dug in the Gerar Valley and discovered a well of fresh water.

아이젝스 서번츠 올소 더그인더 그라벨리 앤 디스커버드 어 윌 어브 프레쉬 워러

20 But then the shepherds from Gerar came and claimed the spring. "This is our water," they said, and they argued over it with Isaac's herdsmen. So Isaac named the well Esek (which means "argument").

벗댄더 쉐퍼즈 프럼 그라 케임 앤 클레임 더 스프링. 디스이즈 아워 워러, 데이세드, 앤 데이 아규드 오버잇 윗 아이젝스 허즈맨. 쏘 아이젝 네임더 윌 에섹(위치민스 아규먼트)

21 Isaac's men then dug another well, but again there was a dispute over it. So Isaac named it Sitnah (which means "hostility").

아이젝스 맨덴 더그 어너더 윌, 벗 어겐 데어워즈어 디스퓨트 오버잇. 쏘 아이젝 네임잇 싯나(위치민스 하스틀리티)

22 Abandoning that one, Isaac moved on and dug another well. This time there was no dispute over it, so Isaac named the place Rehoboth (which means "open space"), for he said, "At last the Lord has created enough space for us to prosper in this land."

에벤던잉 댓원, 아이잭 무브던 앤 더그 어너더 윌. 디스타임 데어워즈 노 디스퓨트 오버잇, 쏘 아이잭 네임더 플레이스 르호봇(위치민스 오픈 스페이스) 포잇세드, "엣 라스트 더 로드 해즈 크리에이티드 이납 스페이스 포어쓰 투 프라스퍼 인디스 랜드"

하브루타 질문

1. 이삭은 다툼이 있을 때 어떻게 해결했나요?

---

2. 이삭이 양보한 이유는 무엇인가요?

---

3. 왜 이삭은 다른 우물을 파면서 그 우물의 이름을 '르호봇'이라고 명칭했나요?

4.

5.

6.

7.

> 부모님들을 위한 해설

이삭은 아브라함의 아들로 특별한 일을 행한 기록이 없습니다. 그러나 이삭은 진정한 하나님의 사람의 모습을 보여주고 있습니다. 이삭은 양보할 줄 아는 아름다운 사람이었습니다. 그랄 목자들과 이삭의 목자들이 다투어 우물을 빼앗으려고 할 때 이삭은 조용히 양보했습니다. 이삭에게도 힘이 있었으나 끝까지 싸우지 않고 양보했습니다. 양보는 상대방에 대한 미덕이며 더 큰 싸움으로 가는 것을 막는 지혜로운 처신입니다. 우물은 유목민들에게 생명 그 자체입니다. 우물이 없으면 사람도 그렇지만 양이나 동물들에게 물을 먹일 수 없습니다. 그렇게 생명선과 같이 중요한 우물을 양보하는 것은 생명을 포기하는 것처럼 힘든 일입니다. 이삭은 양보하고 또 양보했습니다. 그러나 이삭은 양보에 끝나지 않고 열심히 우물의 근원을 찾아 다시 우물을 팠습니다. 결국 하나님은 이삭에게 '르호봇'의 은혜를 주셨습니다. 온유한 사람은 땅을 기업으로 받게 하신다는 하나님의 말씀이 실현되는 장면입니다.

56-58. 하나님의 이름으로 가는 다윗

사무엘상 17:45-47

45 다윗이 블레셋 사람에게 이르되 너는 칼과 창과 단창으로 내게 나아오거니와 나는 만군의 여호와의 이름 곧 네가 모욕하는 이스라엘 군대의 하나님의 이름으로 네게 나아가노라

46 오늘 여호와께서 너를 내 손에 넘기시리니 내가 너를 쳐서 네 목을 베고 블레셋 군대의 시체를 오늘 공중의 새와 땅의 들짐승에게 주어 온 땅으로 이스라엘에 하나님이 계신 줄 알게 하겠고

47 또 여호와의 구원하심이 칼과 창에 있지 아니함을 이 무리에게 알게 하리라 전쟁은 여호와께 속한 것인즉 그가 너희를 우리 손에 넘기시리라 (삼상 17:45-47)

1 Samuel 17:45-47

45 David replied to the Philistine, "You come to me with sword, spear, and javelin, but I come to you in the name of the Lord of Heaven's Armies-the God of the armies of Israel, whom you have defied.

데이빗 리플라이드 투더 필리스틴 "유캄투미 윗 쏘드, 스피어, 앤 째블린, 벗 아이컴 투유 인더네임 어브더 로드어브 헤븐스 아미스더 갓 어브더 아미스 어브 이즈리얼, 훔유 햅 디파이드.

46 Today the Lord will conquer you, and I will kill you and cut off your head. And then I will give the dead bodies of your men to the birds and wild animals, and the whole world will know that there is a God in Israel!

투데이더 로드윌 콴커 유, 앤 아이윌 킬유 앤 컷오프 유어헤드. 앤덴 아윌 깁더 데드 바디스 어브유어맨 투더버즈 앤 와일드 애니멀스, 앤더 홀월드 윌노 댓 데어이즈어 갓인 이즈리얼!

47 And everyone assembled here will know that the Lord rescues his people, but not with sword and spear. This is the Lord's battle, and he will give you to us!"

앤 애브리원 어셈블드 히어 윌 노우 댓더 로드 레스큐스 히스피플, 벗낫 윗 쏘드앤 스피어. 디스이스더 로오즈 배들, 앤히 윌 깁유투어스!"

하브루타 질문

1. 블레셋 사람 골리앗은 무엇을 들고 나왔으며 다윗은 무엇을 들고 나아갔나요?

2. 골리앗이 들고 온 칼과 창과 단창, 그리고 다윗이 들고 온 만군의 여호와의 이름이 맞붙은 결과 어떻게 되었나요?

3. 전쟁의 승패가 칼과 창, 현대 전쟁에서는 총, 미사일, 핵무기 같은 초현대 무기에 있지 않고 하나님께 있음을 믿으시나요?

4.

> 부모님들을 위한 해설

세상의 모든 일은 힘의 원리로 운영됩니다. 힘이 강한 사람이 약한 사람을 제압하고, 힘이 강한 기업이 약한 기업을 제압하고, 힘이 강한 나라가 약한 나라를 제압합니다. 이렇듯 세상은 철저한 힘의 원리입니다. 약육강식의 세계입니다.

그러나 세상의 힘의 원리가 통하지 않는 세계가 있습니다. 그것은 바로 하나님의 나라입니다. 세상의 모든 것은 힘의 원리로 운영되지만 하나님의 나라는 만군의 왕이신 하나님의 이름과 하나님의 구원하심으로 운영됩니다.

다윗은 골리앗을 만났을 때 그가 가진 칼과 창과 단창으로 승부하려고 하지 않았습니다. 다윗은 하나님의 이름과 하나님의 구원하심으로 칼과 창과 단창을 제압했습니다. 더 나아가 다윗은 이러한 사실을 모든 사람에게 알게 했습니다. 결국 다윗은 승리했고 전쟁은 하나님께 속한 것임을 만방이 알게 했습니다.

세계에서 가장 작은 나라 중에 하나가 바로 이스라엘입니다. 1948년 독립한 이스라엘은 가장 작고 변방에 불과한 나라였습니다. 그러나 그들은 자타가 인정하는 세계에서 가장 강한 나라입니다. 왜 그럴까요? 그것은 바로 하나님을 믿는 나라이기 때문입니다. 1967년 6월 5일 새벽, 전쟁이 시작되었습니다. 이스라엘은 20만이라는 작은 병력으로 중동의 이집트를 비롯한 다국적 아랍연합군과 수차례 싸워 백전백승을 했습니다. 프랑스 전투기들로 구성된 이스라엘 공군은 공격 개시 3시간 안에 아랍 측 공군기지를 공습하여 무려 400대의 전투기들을 파괴하였고 전쟁 발발과 함께 이스라엘 공군은 제공권을 완전히 장악합니다. 결국 '6일 전쟁'이라고 하지만 요르단은 불과 3일 만에, 이집트는 4일 만에, 시리아를 5일 만에 완전 정복했습니다.

여기서 2가지 질문이 있습니다. 첫 번째 질문은 "왜 6일 전쟁이었을까요?" 그것은 바로 안식일에는 안식일을 지켜야 하기 때문에 6일 만에 끝낸 것입니다. 두 번째 질문은 "지금도 유대인들은 강한가?"입니다.

지금 세계를 지배하는 것은 유대인 젊은이들입니다. 그들은 총과 칼, 전투기가 아닌 혁신적인 제품을 만들어서 세계를 장악해 가고 있습니다. 우리에게 친숙한 페이스북, 페이팔, IBM, 유튜브, 구글, 이베이 등이 바로 유대인 기업입니다. 9명의 이스라엘 젊은이들이 창업한 페이팔(Paypal, 전자상거래를 쉽게 하는 툴 개발업체)은 2002년 미국 이베이에 18억불에 매각되면서 이 비용을 재투자하여 유튜브를 개발하게 합니다. 유튜브는 2019년 현재 200조원의 가치를 지니고 있습니다. 이런 유대인 젊은이들이 엄청난 돈과 기술을 이스라엘로 들여와 젊은이들의 창업을 지원하고 있습니다. 그러나 그들은 지금도 다윗과 같이 고백하고 있습니다. '역사'(history)란 사람의 역사가 아닌 하나님의 역사(His+story)라고 말입니다.

59-68. 선악 분별의 지혜를 구한 솔로몬

열왕기상 3:4-13

4 이에 왕이 제사하러 기브온으로 가니 거기는 산당이 큼이라 솔로몬이 그 제단에 일천 번제를 드렸더니

5 기브온에서 밤에 여호와께서 솔로몬의 꿈에 나타나시니라 하나님이 이르시되 내가 네게 무엇을 줄꼬 너는 구하라

6 솔로몬이 이르되 주의 종 내 아버지 다윗이 성실과 공의와 정직한 마음으로 주와 함께 주 앞에서 행하므로 주께서 그에게 큰 은혜를 베푸셨고 주께서 또 그를 위하여 이 큰 은혜를 항상 주사 오늘과 같이 그의 자리에 앉을 아들을 그에게 주셨나이다

7 나의 하나님 여호와여 주께서 종으로 종의 아버지 다윗을 대신하여 왕이 되게 하셨사오나 종은 작은 아이라 출입할 줄을 알지 못하고

8 주께서 택하신 백성 가운데 있나이다 그들은 큰 백성이라 수효가 많아서 셀 수도 없고 기록할 수도 없사오니

9 누가 주의 이 많은 백성을 재판할 수 있사오리이까 듣는 마음을 종에게 주사 주의 백성을 재판하여 선악을 분별하게 하옵소서

10 솔로몬이 이것을 구하매 그 말씀이 주의 마음에 든지라

11 이에 하나님이 그에게 이르시되 네가 이것을 구하도다 자기를 위하여 장수하기를 구하지 아니하며 부도 구하지 아니하며 자기 원수의 생명을 멸하기도 구하지 아니하고 오직 송사를 듣고 분별하는 지혜를 구하였으니

12 내가 네 말대로 하여 네게 지혜롭고 총명한 마음을 주노니 네 앞에도 너와 같은 자가 없었거니와 네 뒤에도 너와 같은 자가 일어남이 없으리라

13 내가 또 네가 구하지 아니한 부귀와 영광도 네게 주노니 네 평생에 왕들 중에 너와 같은 자가 없을 것이라 (왕상 3:4-13)

1 Kings 3:4-13

4 The most important of these places of worship was at Gibeon, so the king went there and sacrificed 1,000 burnt offerings.

더 모스트 임포턴트 어브디즈 플레이스스어브 워쉽 워즈앳 기브온, 쏘 더킹 웬데어 앤 쌔크라파이스드 원 따우전드 번트 오퍼링스.

5 That night the Lord appeared to Solomon in a dream, and God said, "What do you want? Ask, and I will give it to you!"

뎃나잇 더로드 어피어드 투 썰러먼 인어드림, 앤 갓세드 "왓두유원트? 애스크 앤 아윌 기빗 투유."

6 Solomon replied, "You showed great and faithful love to your servant my father, David, because he was honest and true and faithful to you. And you have continued to show this great and faithful love to him today by giving him a son to sit on his throne.

썰러먼 리플라이드, "유 쑈우드 그레이트 엔 페이스풀 럽 투유어 서번트 마이 파더, 데이빗, 비코오스 히워즈 어니스트 앤 트루 앤 페이스풀 투유. 앤유 햅 컨티뉴드 투쑈 디스 그레이트 앤 페이스풀 럽 투힘 투데이 바이 기빙힘 어 썬 투 씻 언히스 뜨론.

7 "Now, O Lord my God, you have made me king instead of my father, David, but I am like a little child who doesn't know his way around.

"나우 오 로드 마이갓, 유햅 메이드미 킹 인쎄드어브 마이 파더, 데이빗, 벗 아임 라익 어 리를 차일드 후 다즌 노 히스 웨이 어롸운드.

8 And here I am in the midst of your own chosen people, a nation so great and numerous they cannot be counted!

엔 히어 아이엠 인더 밋스트 어브유어 오운 초우즌 피플, 어 네이션 쏘 그레이트 앤 뉴머러스 데이 케낫비 카운티드!

9 Give me an understanding heart so that I can govern your people well and know the difference between right and wrong. For who by himself is able to govern this great people of yours?"

깃미언 언더스텐딩 허트 소댓 아이캔 가번 유어피플 윌 앤 노우더 디퍼런스 빗윈 롸잇앤롱. 포후바이 힘셀프이스 에

이블투 가번 디스 그레잇 피플 어브 유어스?"

10 The Lord was pleased that Solomon had asked for wisdom.

더 로드워즈 플리즈드댓 썰러먼 해드애스크 휘 위즈덤

11 So God replied, "Because you have asked for wisdom in governing my people with justice and have not asked for a long life or wealth or the death of your enemies

쏘 갓 리플라이드 "비카오스 유 해브 애스크트 휘 위즈덤 인 가버닝 마이피플 윗 저스티스 앤 해브낫 애스크포러. 롱 라이프 오아 웰스 오아 더 데쓰 어브 유어 애니미쓰

12 I will give you what you asked for! I will give you a wise and understanding heart such as no one else has had or ever will have!

아윌 기뷰 왓츄 애스크휘! 아윌 기뷰 어 와이즈앤 언더스탠딩 허트 써치애즈 노원엘스 해즈해드 오아 에버윌 해브!

13 And I will also give you what you did not ask for-riches and fame! No other king in all the world will be compared to you for the rest of your life!

앤 아윌 올소 기뷰 왓유딘 낫 애스크 휘 리취스 앤 훼임! 노 아더 킹인 올더 월드 윌비 컴패어드투유 휘더 레스트어브 유어라이프!

하브루타 질문

1. 일천번제를 드린 솔로몬이 꿈에 나타나신 하나님께 구한 것은 무엇인가요?

------

2. 솔로몬이 하나님께 선악을 분별하는 지혜를 구했습니다. 왜 솔로몬은 선악을 분별

하는 지혜를 구했으며 선악을 분별하는 지혜가 왜 중요한가요?

_____

_____

3. 하나님은 선악을 분별하는 지혜를 구한 솔로몬을 기뻐하셨습니다. 그럼 하나님께서 솔로몬에게 주신 복은 무엇인가요?

_____

_____

_____

> 부모님들을 위한 해설

다윗의 아들 솔로몬이 하나님께 일천 번제를 드렸을 때 하나님께서는 "내가 너에게 무엇을 줄꼬?"라고 물으셨습니다. 이때 솔로몬은 자신의 안락을 구하지 않고 다스리는 자로서 책임을 수행하기 위해 솔로몬이 백성을 잘 다스리기 위한 분별의 지혜를 구했습니다. 이것이 하나님의 마음을 흡족하게 했습니다. 결국 하나님께서는 구하지도 않은 부와 영광도 솔로몬 왕에게 선물로 주시고 그에게 복을 주셨습니다.

솔로몬은 듣는 마음을 달라고 했습니다. 듣는 것은 중요합니다. 잘 들어야 판단도 제대로 내릴 수가 있기 때문입니다. 왜 솔로몬은 자기가 잘 들으면 되는데 굳이 듣는 마음을 달라고 했을까요? 이는 그가 그만큼 듣는 것을 중요하게 여겼기 때문입니다. 무엇보다도 듣는 것은 정말 중요합니다. 듣는다는 것 자체가 겸손함을 내포하고 있는 것입니다. 듣는 것은 다른 사람에 대한 존중과 사랑의 표현이기도 합니다.

그러나 듣는다는 것의 가장 중요한 의미는 자신의 지혜를 맹신하지 않는다는 것입니다. 사람들은 누구나 자신이 제일 잘 안다고 생각합니다. 자신의 판단이 가장 옳다고 여깁니다. 그러나 솔로몬은 그렇지 않았습니다. 지혜의 왕 솔로몬은 자신이 알고 모르는 것이 무엇인지를 아는 사람이었습니다. 이것은 인지 심리학 용어로 메타인지(Metacognition)이라고 합니다.

솔로몬은 메타인지가 높은 사람이었습니다. 내가 아는 것이 무엇이고, 내가 모르는 것이 무엇인지를 알았기에 하나님의 음성을 듣기를 원한 것입니다.

우리는 솔로몬처럼 이렇게 기도해야 합니다. "내가 아는 것과 모르는 것을 구분하게 하소서."(Please make me know the difference between what I know and what I don't know.)

잠언의 말씀에 귀를 기울이라(l) 17절

04

69-71. 하나님을 인정하라

잠언 3:5-7

5 너는 마음을 다하여 여호와를 신뢰하고 네 명철을 의지하지 말라

6 너는 범사에 그를 인정하라 그리하면 네 길을 지도하시리라

7 스스로 지혜롭게 여기지 말지어다 여호와를 경외하며 악을 떠날지어다 (잠 3:5-7)

Proverbs 3:5-7

5 Trust in the Lord with all your heart do not depend on your own understanding.

트라스트 인더 로드 윗 올유어 허트 두낫 디펜드 온유어 오운 언더스텐딩

6 Seek his will in all you do, and he will show you which path to take.

씩 히스윌 인 올유듀, 앤 히윌 쑈유 위치패스 투테이크

7 Don't be impressed with your own wisdom. Instead, fear the Lord and turn away from evil.

돈비 임프레스드 위드 유어온 위즈덤. 인스테드, 피어 더로드 앤 턴어웨이 프럼 이블.

하브루타 질문

1. 자신의 명철과 스스로 지혜롭게 여기지 말아야 하는 이유는 무엇인가요?

2. 범사에 하나님을 인정할 때 하나님은 어떻게 하시나요?

3. 우리는 현대인들이 자신을 스스로 지혜롭게 여기는 세대 속에 살고 있습니다. 또 인터넷과 스마트폰은 우리에게 수많은 정보들을 제공하고 있습니다. 이러한 시대 속에서 여러분은 하나님을 경외하고 악에서 떠날 결단을 하고 있나요?

> 부모님들을 위한 해설

하나님을 믿는 것에 '대충'은 존재하지 않습니다. 마음을 다하여 하나님을 신뢰해야 합니다. 하나님을 마음을 다하여 신뢰하지 않는 결정적인 이유는 자신의 명철을 의지하기 때문입니다. 자신의 지혜를 믿고, 자신의 생각을 믿기 때문에 하나님을 온전히 신뢰하기 힘든 것입니다. 따라서 우리는 우리 속에 있는 대충(嬉蟲)이라는 벌레를 잡아야 합니다. 대충은 모든 부분을 좀먹는 벌레입니다. 대충 믿고, 대충 기도하고, 대충 일하고, 대충 신뢰하는 것은 영적인 교만이며 실패의 원인입니다. 내가 교만한지 겸손한지를 분별하는 방법이 있습니다. 그것은 바로 '내가 안다고 생각한다' 또는 '내가 보는 것이 정확하다'라고 느끼고 있다면 그것이 바로 교만입니다. 교만이 마음 속에 자리를 잡으면 세상을 다 안다고 생각합니다. 정치인보다 정치를 잘 알고, 목회자보다 목회를 잘 알고, 축구선수보다 축구를 잘 알고, 음식전문가보다 음식을 잘 안다고 생각합니다. 그래서 쉽게 평가합니다. 과연 그럴 수 있을까요? 결코 그럴 수는 없습니다. 만약 그런 마음이 든다면 즉시로 회개해야 합니다. 이미 심각한 교만인 영적인 괴사(壞死) 상태이기 때문입니다. 괴사는 신체 조직이나 세포가 부분적으로 죽어서 썩는 현상으로 방치하면 더 큰 문제를 야기합니다. 현재 한국에서 일어나는 사회적 문제는 바로 이런 교만함이라는 괴사가 원인입니다. 괴사된 마음을 살리는 유일한 방법은 회개하는 것입니다. 우리는 하나님을 전적으로 신뢰해야 합니다. 하나님을 인정하는 삶이란 하나님을 온전히 신뢰하는 것입니다. 우리가 하나님을 온전히 신뢰할 때부터 하나님은 우리의 길을 지도하십니다. 솔로몬이 하나님께 듣는 마음을 달라고 요청했을 때 하나님은 솔로몬의 길을 지도하셨습니다. 하나님을 온전히 신뢰할 때 엄청난 시너지 효과를 얻을 수 있습니다. 하나님은 솔로몬에게 주셨던 그 모든 복을 그를 전적으로 신뢰하는 사람들에게 주십니다. 이 과정에서 하나님을 전적으로 신뢰하는 적(敵)이 있음을 알아야 합니다. 그것은 스스로 자신을 지혜롭게 여기는 것입니다. 우리의 지혜는 매우 협소하고 부족하기만 합니다. 하나님을 겸손하게 신뢰해야 합니다.

72-75. 네 마음속을 지키라

잠언 4:20-23

20 내 아들아 내 말에 주의하며 내가 말하는 것에 네 귀를 기울이라

21 그것을 네 눈에서 떠나게 하지 말며 네 마음속에 지키라

22 그것은 얻는 자에게 생명이 되며 그의 온 육체의 건강이 됨이니라

23 모든 지킬 만한 것 중에 더욱 네 마음을 지키라 생명의 근원이 이에서 남이니라
　　(잠 4:20-23)

Proverbs 4:20-23

20 My child, pay attention to what I say. Listen carefully to my words.

마이 차일드 페이 어텐션 투 왓아이세이. 리쓴 케어플리 투마이 워어즈

21 Don't lose sight of them. Let them penetrate deep into your heart,

돈루스 싸잇어브뎀. 렛뎀 패너트레이트 딥인투 유어허트

22 for they bring life to those who find them, and healing to their whole body.

훠데이 브링라이프 투도우즈 후화인드뎀, 앤 힐링투 데어 홀바디

23 Guard your heart above all else, for it determines the course of your life.

가드유어허트 어바브 올엘스, 휫잇 디터민스 더 코스어브 유어라이프

하브루타 질문

1. 여기서 '내 말', '내가 말하는 것'이 무엇인가요?

   ---

2. 그것을 얻는 자에게 무엇이 주어지나요?

   ---

3. 모든 지킬 만한 것 중에 더욱 마음을 지켜야 하는 이유는 무엇인가요?

   ---

4. ---

> 부모님들을 위한 해설

하나님 말씀은 얻는 사람에게 생명이 되며 그 사람의 온 육체의 건강이 됩니다. 하나님 말씀을 가지고 해야 할 일은 항상 말씀을 삶의 우선순위에 두는 것입니다. 즉, 말씀을 잘 듣고 마음속에 간직하는 것입니다. 하나님 말씀은 온 육체의 건강을 지켜내는 효력 있는 약과 같습니다. 우리는 효력 있는 약과 같은 하나님 말씀 앞에 이렇게 고백해야 합니다.

나는 하나님의 말씀에 주의합니다.
나는 하나님의 말씀을 내 삶의 첫자리에 둡니다.
나는 하나님의 말씀에 귀를 기울여 듣습니다.
나는 하나님의 말씀을 내 마음속에 간직합니다.
하나님의 말씀은 나의 온 육체에 약이 된 것을 믿고 선포합니다. 아멘.

76-81. 개미에게 배우라

잠언 6:6-11

6 게으른 자여 개미에게 가서 그가 하는 것을 보고 지혜를 얻으라

7 개미는 두령도 없고 감독자도 없고 통치자도 없으되

8 먹을 것을 여름 동안에 예비하며 추수 때에 양식을 모으느니라

9 게으른 자여 네가 어느 때까지 누워 있겠느냐 네가 어느 때에 잠이 깨어 일어나겠느냐

10 좀 더 자자, 좀 더 졸자, 손을 모으고 좀 더 누워 있자 하면

11 네 빈궁이 강도 같이 오며 네 곤핍이 군사 같이 이르리라 (잠 6:6-11)

Proverbs 6:6-11

6 Take a lesson from the ants, you lazybones. Learn from their ways and become wise!

테이커 레슨 프럼더 앤츠, 유레이지 레이지본스, 런 프럼 데어 웨이즈 앤 비컴와이즈!

7 Though they have no prince or governor or ruler to make them work,

도우데이 해브노 프린스 오어 가버너 오어 룰러 투메이커 뎀워크

8 they labor hard all summer, gathering food for the winter.

데이 레이버 하드 올 썸머, 개더링 후드 휘더 윈터.

9 But you, lazybones, how long will you sleep? When will you wake up?

벗유, 레이즈본스, 하우롱 윌유 슬립? 웬 윌유 웨이컵?

10 A little extra sleep, a little more slumber, a little folding of the hands to rest

어 리들 엑스트라 슬립, 어 리들모 슬럼버, 어 리들 홀딩 어브더 핸즈 투레스트

11 then poverty will pounce on you like a bandit scarcity will attack you like an armed robber.

덴 파버리 윌 파운스 언 유라익어 밴딧 스케어서티 윌 어택 유라익 언 아암드 라버.

> 하브루타 질문

1. 사람이 심지어 개미에게 가서 배워야 할 것은 무엇인가요?

2. 게으른 자가 자주 하는 말은 무엇이며 결과는 무엇인가요?

3. 사람들은 게으름의 결과 때문에 고통을 당하면서도 여전히 게으른 말과 행동을 하는 이유가 무엇인가요?

> 부모님들을 위한 해설

매일 아침 여러분의 통장에 86,400원을 입금해 주는 은행이 있다고 상상해 보세요. 그러나 그 통장의 돈은 당일에 찾아 쓰지 않으면 잔액이 남지 않고 다 없어져 버립니다. 여러분이라면 그 돈을 어떻게 하시겠습니까? 당연히 아침부터 그 돈을 다 찾아서 열심히 쓰던지 아니면 무언가 가치 있는 일에 사용하겠죠?

시간은 우리에게 마치 이런 통장과도 같습니다. 매일 아침 우리는 86,400초를 부여받습니다. 매일 우리가 사용하지 못하고 버려진 시간은 그냥 없어져 버립니다. 잔액은 없습니다. 더 많이 사용할 수도, 다시 찾을 수도 없습니다.

매일 아침 하나님은 당신에게 새로운 시간을 넣어주십니다. 그 날의 시간을 가치 있게 사용하지 못하면, 손해는 오로지 자기 자신이 보게 되는 것입니다. 돌아갈 수도 없고, 내일로 연기할 수도 없습니다. 우리 모두는 오늘 현재의 잔고를 갖고 살아갈 뿐입니다.

어떤 사람은 86,400초로 선한 일을 하기도 하고, 공부를 하기도 하고, 남을 돕는 일을 하기도 하고, 생명을 살리는 일을 하기도 하고, 역사에 길이 남는 일을 하기도 합니다. 그러나 어떤 사람은 똑같은 86,400초로 스마트 폰이나 보고, 낮잠이나 자고, 멍하게 있고, 게임에 몰두하면서 소중한 시간을 낭비하는 사람이 있습니다.

랄프 W 에머슨이 한 말을 기억하세요. "내가 헛되이 보낸 오늘 하루는 어제 죽어간 이가 그토록 살고 싶었던 내일이다."(Today which I wasted is the tomorrow which was so craved for by the yesterday's dead.)

모든 결과는 자신이 감당해야 합니다. 어떤 사람이 풍성한 결과에 기뻐하는 순간 어떤 사람은 보람된 열매 없이 텅 빈 인생을 슬퍼하고 있습니다. 86,400초라는 소중한 시간을 후회 없이 사용하는 사람이 되어야 하겠습니다.

82-83. 나를 찾고 사랑하라

> 잠언 8:17-18
>
> **17** 나를 사랑하는 자들이 나의 사랑을 입으며 나를 간절히 찾는 자가 나를 만날 것이니라
>
> **18** 부귀가 내게 있고 장구한 재물과 공의도 그러하니라 (잠 8:17-18)

> Proverbs 8:17-18
>
> **17** "I love all who love me. Those who search will surely find me.
>
> "아이 러브 올 후러브미. 도우스 후 써치 윌 슈얼리 화인미
>
> **18** I have riches and honor, as well as enduring wealth and justice.
>
> 아이햅 리치이스 앤 아너, 애스웰애스 인듀링 웰스앤 저스티스.

하브루타 질문

1. 나를 사랑하고 나를 간절히 찾는다고 하는데 여기서 '나'는 누구인가요?

---

2. 나에게는 또 무엇이 있다고 했나요?

3. 잠언 8장은 말씀에 대한 중요성과 함께 말씀의 근원이 누구인지 잘 설명하고 있습니다. 1-36절까지를 읽고 암송하십시오. 그리고 그 말씀을 묵상하고 결과를 나누어 보세요.

4.

5.

> 부모님들을 위한 해설

미국의 사진기술자인 이스트만(George Eastman)은 저렴하고 간편한 카메라를 발명했습니다. 그는 이 카메라의 이름을 짓기 위해 며칠 동안 고민했으나 묘안이 떠오르지 않았습니다. 어느 날. 그는 한 친구로부터 사람들에게 가장 강력한 느낌을 주는 알파벳은 'K'라는 말을 들었습니다. 그런데 그가 가장 사랑하는 어머니의 이름도 'K'로 시작된다는 공통점을 발견했습니다.

이에 그는 새로 만든 카메라의 앞과 끝을 K로 고정한 후 이에 알파벳을 중간에 끼워 넣어 보았습니다. 그 결과 가장 강렬하고 부르기 쉬운 단어인 '코닥'(KODAK)이 되었습니다. 이 카메라는 전 세계에서 폭발적인 인기를 모았습니다.

그러나 일부 전문가들의 소유물이었던 필름 카메라를 대중에게 보급한 회사인 코닥은 2012년 역사 속으로 사라지게 됩니다. 1975년 코닥의 한 엔지니어가 디지털 카메라를 개발합니다. 코닥의 경영진들이 내린 결론은 "해 오고 있던 일이나 잘하자"였습니다. 결국 2009년 필름에 대한 미련을 버렸지만, 132년 역사의 코닥은 결국 파산되고 말았습니다. 코닥이 몰락한 이유는 변화보다는 안정을 택한 결과입니다.

기계와 상품은 손으로 만듭니다. 그러나 사업은 머리로 합니다. 작은 지혜 하나가 사업의 성패를 가릅니다. 따라서 사람들이 먼저 간절히 구해야 할 것은 지혜입니다. 지혜를 가볍게 여기는 교만한 사람은 지혜를 얻을 수 없으며. 지혜가 주는 여러 가지 유익을 누릴 수도 없습니다. 지혜를 사랑하고 소중히 여기는 사람이 지혜의 사랑을 입고 지혜를 간절히 찾는 사람만이 지혜를 만날 수 있습니다.

본문에 나오는 '나'는 지혜를 의미하지만 동시에 예수 그리스도를 의미하기도 합니다. 참된 지혜가 예수 그리스도이기 때문입니다. 이 세상에서 우리가 찾아야 할 분은 예수 그리스도입니다. 예수 그리스도를 만나는 자세는 간절함입니다.

84-85. 하나님을 경외하는 지혜의 근본

> 잠언 9:9-10
>
> 9 지혜 있는 자에게 교훈을 더하라 그가 더욱 지혜로워질 것이요 의로운 사람을 가르치라 그의 학식이 더하리라
> 10 여호와를 경외하는 것이 지혜의 근본이요 거룩하신 자를 아는 것이 명철이니라
> (잠 9:9-10)

> Proverbs 9:9-10
>
> 9 Instruct the wise, and they will be even wiser. Teach the righteous, and they will learn even more.
> 인스트럭더 와이즈, 앤데이윌 비이븐와이저, 티춰더 롸이쳐스, 앤데이 윌런 이븐모어
> 10 Fear of the Lord is the foundation of wisdom. Knowledge of the Holy One results in good judgment.
> 피어 어브더 로드이스더 화운데이션 어브 위즈덤. 날리지 어브더 홀리 원리솔트인 굿저지먼트

하브루타 질문

1. 지혜 있는 자와 의로운 자에게 교훈을 더하면 어떤 효과가 있나요?

---

2. 왜 하나님을 경외하는 것이 지혜의 근본인가요?

3. 여러분은 하나님을 경외하고 거룩한 자를 아는 삶을 살고 있나요?

4.

5.

> 부모님들을 위한 해설

미국의 16대 대통령 에이브러햄 링컨은 국민들에게 찬사만 받은 것이 아닙니다. 독설가들은 링컨을 향해 매력 없는 사람, 무식한 사람, 독선적인 사람이라고 공격했습니다. 그러나 그는 독설가에게 맞서 직접적인 대응을 하지 않았습니다. 혹독한 공격을 받는 날이면 그는 밤늦도록 백악관의 기도실에서 큰소리로 기도했습니다. 링컨은 뇌물에 대한 유혹도 많이 받았습니다.

그러나 링컨은 단 한 번도 불의한 돈을 받지 않았습니다. 링컨의 정직성을 지켜준 것은 '도적질하지 말라'는 어머니의 훈계였습니다. 집무실에는 다음과 같은 성구가 담긴 액자가 걸려있었습니다. "마음을 강하게 하고 담대히 하라, 두려워 말며 놀라지 말라 하나님이 너와 함께 하느니라" 링컨의 정직과 인내는 성경에서 나온 것이었습니다. 지혜 있는 사람은 잘못을 지적 받으면 즉시 잘못을 고치고, 그것을 지적해 준 사람에게 감사하며 더욱 존경하고 따릅니다. 신앙의 발전은 지혜의 발전이며, 인격의 성숙입니다. 거친 돌덩이를 정으로 다듬어서 아름다운 조각상을 만드는 것처럼 우리의 다듬어지지 않은 부분을 말씀으로 찍어내어 다듬어야 합니다. 우리의 어리석음을 찍어내고, 교만을 찍어내고, 완악한 마음을 갈아 곱게 다듬어서 지혜로운 마음과 겸손한 마음을 가진 성숙한 인격자, 장성한 크리스천이 되는 방법은 하나님의 말씀에 귀를 기울이는 것입니다.

잠언의 말씀에 귀를 기울이라(II) 15절

05

86-87. 말을 조심하라

잠언 12:17-18

17 진리를 말하는 자는 의를 나타내어도 거짓 증인은 속이는 말을 하느니라

18 칼로 찌름 같이 함부로 말하는 자가 있거니와 지혜로운 자의 혀는 양약과 같으니라
(잠 12:17-18)

Proverbs 12:17-18

17 An honest witness tells the truth a false witness tells lies.

언 어니스트 윗니스 텔스더 트루쓰 어 휠스 윗니스 텔스라이스.

18 Some people make cutting remarks, but the words of the wise bring healing.

섬 피플 메익 카팅 리마크스, 벗 더워드 어브더 와이즈 브링 힐링

하브루타 질문

1. 진리를 말하는 자와 거짓 증인의 차이는 무엇인가요?

   ---

2. 상처를 주는 말을 하는 사람과 양약과 같이 좋은 말을 하는 사람의 차이는 무엇인가요?

   ---

3. 말은 그 사람의 인격이며 미래입니다. 성경은 말에 대한 중요성과 위험성을 자주 언급하고 있습니다. 여러분은 말을 할 때 진리를 말하며, 지혜롭게 말하며, 진실하게 말하고 있나요?

> 부모님들을 위한 해설

요즘은 유튜브, 페이스북, 트위터, 카카오톡, 인스타그램 같은 1인 미디어 시대입니다. 누구나 자기의 주장을 이런 플랫폼을 통해 다른 사람들에게 알릴 수 있습니다. 이러한 이유로 지금 이 세상은 매우 시끄럽고 위기에 빠져 있습니다. 가짜 뉴스와 다른 사람을 공격하는 일들이 빈번하게 벌어집니다. 마치 피 냄새를 맡은 굶주린 상어처럼 문제가 발생한 사람, 잘못이 발견된 사람을 찾아내어 갈기갈기 찢어버리는 세상입니다. 이러한 가운데 진리를 말하는 사람을 찾아보기는 힘듭니다. 공격적이고, 거짓을 말하고, 칼로 찌름 같이 함부로 말하고 공격함으로서 세상 모든 사람들은 가해자가 되는 동시에 피해자가 되고 있습니다. 여기에 진영논리로 인해 양극화 현상이 가속화되고 있습니다.

진영논리(陣營論理)란 자신이 속한 조직의 이념은 무조건 옳고, 다른 조직의 이념은 무조건적으로 배척하는 논리를 말합니다. 어느 부분은 옳지만 어느 부분은 틀릴 수 있는 것입니다. 그럼에도 진영논리는 세상을 내편 아니면 적으로 몰고 가고 있습니다.

이러한 시대를 사는 크리스천들은 어떻게 해야 할 것인가요? 핍박을 받던 시대에 크리스천들이 진리를 외쳤던 것처럼, 이렇게 혼탁한 시대인 지금 우리는 진리만을 말해야 합니다. 가짜뉴스가 내 입에서 재생되어선 안 됩니다. 내 진영은 옳고 다른 진영은 잘못되었다는 진영논리를 말해선 안 됩니다. 함부로 말해서 안 됩니다. 칼로 찌름 같이 남들을 공격하는 것은 하나님의 심판을 받는 악한 일입니다.

88. 신뢰할 수 없는 사람의 눈

잠언 14:12

12 어떤 길은 사람이 보기에 바르나 필경은 사망의 길이니라 (잠 14:12)

Proverbs 14:12

12 There is a path before each person that seems right, but it ends in death.

데얼이스어 패스 비휘 이치 퍼슨댓 심스 롹잇, 벗 잇 엔즈인 데쓰

🗨️ 하브루타 질문

1. 어떤 길은 사람이 보기에는 바른 길이지만 사망의 길이라는 사실을 인정하나요?

---

2. 사람의 눈을 절대적으로 신뢰할 수 있나요?

---

3. 여러분은 어떻게 길을 선택해야 하며, 선택의 기준은 무엇인가요?

4.

5.

6.

> 부모님들을 위한 해설

우리는 우리의 눈이 옳다고 생각합니다. 우리가 보는 것이 옳다고 여깁니다. 우리의 생각이 옳다고 생각합니다. 우리의 판단이 옳다고 생각합니다. 우리의 계획이 옳다고 생각합니다. 내가 아는 것이 진실이라고 생각합니다.

그러나 성경은 그렇게 말하지 않습니다. 어떤 길은 사람이 보기에 바르지만 그 길은 사망의 길이라고 말씀하십니다. 결론적으로 우리 눈, 생각, 판단, 계획을 신뢰해서는 안 됩니다. 우리의 생각대로 되는 것도 없고, 계획대로 이루어지는 것도 없습니다. 사람들의 생각은 모두 허무하고, 불완전하고, 피상적입니다. 우리는 본질상 죄인이기 때문에 우리가 보고 느끼는 것은 죄이며 거짓이고 허상입니다. 인지 심리학자들은 이구동성으로 우리가 옳다고 주장하는 것에 수많은 인지적 오류와 착각들이 담겨 있다고 말하고 있습니다.

그럼에도 교만에 쉽게 동화된 우리는 우리의 말과, 생각과 체험이 모두 옳다는 허상에서 벗어나지 못합니다. 이것을 가리켜 '인지적 오류'라고 말합니다. 분명히 인지하긴 하지만 오류적인 관점에서 세상을 본다는 것입니다. 인지적 오류는 오류적 결과를 낳습니다. 세상의 잘못된 결과들은 모두 인지적 오류에서 기인한 것입니다.

우리는 한 치의 오차도 없는 나침반인 하나님의 말씀에 귀를 기울여야 합니다. 하나님의 말씀은 지혜이며, 삶의 올바른 관점이며, 능력입니다.

89-91. 걸음을 하나님께 맡기라

잠언 16:1,3,9

1 마음의 경영은 사람에게 있어도 말의 응답은 여호와께로부터 나오느니라

3 너의 행사를 여호와께 맡기라 그리하면 네가 경영하는 것이 이루어지리라

9 사람이 마음으로 자기의 길을 계획할지라도 그의 걸음을 인도하시는 이는 여호와시니라 (잠 16:1,3,9)

Proverbs 16:1,3,9

1 We can make our own plans, but the Lord gives the right answer.

위캔 메익 아워 오운 플랜스, 벗더 로드 기브스 더 라잇 앤써

3 Commit your actions to the Lord, and your plans will succeed.

커미트 유어 액션스 투더로드, 앤유어 플랜스 윌 썩시드

9 We can make our plans, but the Lord determines our steps.

위캔 메익 아워 플랜스, 벗더 로드 디터민스 아워 스텝스

하브루타 질문

1. 마음의 경영은 사람에게 있어도 성취하는 분은 누구신가요?

2. 나의 행사를 하나님께 맡겨야 하는 이유는 무엇인가요?

3. 여러분은 자신의 생각과 계획대로 행동합니까? 모든 행사를 하나님께 맡기고 하나님의 뜻이 있을 때까지 참고 기다리시나요?

4.

5.

> 부모님들을 위한 해설

오늘 말씀은 사람이 어떤 일을 계획하고 노력해도 하나님께서 허락하시지 않으면 안 된다고 말씀하고 있습니다. 그러나 사람들은 쉽게 인정하지 않으려 합니다. 심지어 하나님을 믿는 크리스천들도 마찬가지입니다.

정말 크리스천 된 우리들은 모든 일이 하나님의 허락하심 속에서 이루어진다고 인정하며 살아가고 있을까요? 실제로 그렇지 않습니다. 입으로는 '하나님을 믿고 의지한다'고 하면서도 실제 삶과 신앙을 따로 분리하며, 삶에서 나타나는 현상을 우연이라 여기며 지나치는 일이 허다합니다. 큰 일이 있을 때만 하나님을 찾으며 작은 일에는 하나님의 역사하심을 인정하지 않습니다. 우연이나 자기 노력의 결과로 인정합니다.

운칠기삼(運七技三)이란 말이 있습니다. 사람이 아무리 열심히 노력한다 해도 운이 따르지 않으면 안 된다는 뜻입니다. 하나님을 모르는 무신론자일지라도 그러한 삶의 이치를 알고 있습니다. 운이라는 것은 하나님의 허락하심이라는 것을 모르고 사람들이 하는 말입니다. 온갖 노력과 정성과 힘을 다해도 하나님이 허락지 않으시면 이루어지지 않습니다. 참새 한 마리도 마음대로 되지 않습니다.

예수님은 "참새 두 마리가 한 앗사리온에 팔리지 않느냐 그러나 너희 아버지께서 허락하지 아니하시면 그 하나도 땅에 떨어지지 아니하리라"(마 10:29)고 하셨습니다. 모든 것이 하나님의 주권 아래 있습니다.

이러한 하나님의 역사를 점점 더 세미하게 느끼며 매사에 하나님을 인정하며 살아갈 때 형통의 은혜를 얻게 됩니다. 우리의 생각과 마음까지도 감찰하시는 하나님을 인정하며 살아갈 때 우리의 삶은 풍성해질 것입니다.

92. 마음을 다스리는 자

잠언 16:32

32 노하기를 더디하는 자는 용사보다 낫고 자기의 마음을 다스리는 자는 성을 빼앗는 자보다 나으니라 (잠 16:32)

Proverbs 16:32

32 Better to be patient than powerful; better to have self-control than to conquer a city.

배럴 투비 페이션 텐 파워플, 배럴 투해브 셀프콘트롤 덴투 칸쿼어씨티.

하브루타 질문

1. 여러분은 노하기를 더디 하는 사람인가요?

---

2. 쉽게 노하거나 자기의 마음을 다스리지 못하는 이유는 무엇인가요?

3. 노하기를 더디 하고, 자기의 마음을 다스리는 것의 유익을 말해 보세요.

4.

5.

> **부모님들을 위한 해설**

우리는 어떻게 가정 안에서 크리스천으로 살 수 있을까요? 이 문제에 대답하기 위해서, 우리는 먼저 크리스천은 어떤 사람인가를 이해해야 합니다. 크리스천은 예수님을 사랑하는 사람입니다. 예수님을 사랑하기 때문에 그 말씀에 순종하는 사람입니다. 진정한 크리스천은 "너희가 나를 사랑하면 나의 계명을 지키리라"(요 14:15)에 순종하는 사람입니다. 크리스천은 양심 속에 울리는 조용한 그리스도의 음성 앞에 자기 자신을 복종시키는 사람입니다.

"자아를 굴복한다"(self-goverment)의 KJV의 의미는 자아가 예수님께 지배된다는 것을 의미합니다. 나는 말씀을 통하여 내 자신을 굴복시킵니다. 그러나 내 자아는 말씀을 거절하려고 하고 예수님으로부터 등을 돌리게 합니다. 그러므로 사도 바울은 "나는 날마다 죽노라"라고 말할 수밖에 없었습니다. 사도 바울 역시 자기 자신을 부인하고 굴복하지 않는 한, 진정한 크리스천의 삶을 살아갈 수 없다는 사실을 간증하였던 것입니다. 자신을 부인하지 않으며 자아가 그리스도께 지배되지 않는 사람이 어떻게 가정 안에서 참된 크리스천으로 살 수 있을까요? 어떻게 부부지간에 또는 자녀들을 사랑과 인내와 동정으로 대할 수 있을까요?

그것은 전혀 불가능한 이야기입니다. 오늘날 교회와 세상에서 존경받는 수많은 크리스천들이 가정 안에서 크리스천으로 살지 못하고 있는 현실을 보게 됩니다. 우리의 신앙이 가정 안에서 실현되지 못할 때 신앙은 위선적이고 무능력한 것이 될 수밖에 없다는 사실을 깨달아야만 합니다.

93-94. 혀의 열매

잠언 18:8,21

8 남의 말하기를 좋아하는 자의 말은 별식과 같아서 뱃속 깊은 데로 내려가느니라

21 죽고 사는 것이 혀의 힘에 달렸나니 혀를 쓰기 좋아하는 자는 혀의 열매를 먹으리라 (잠 18:8,21)

Proverbs 18:8,21

8 Rumors are dainty morsels that sink deep into one's heart.
루머쓰 아 덴인티 머쎌스 댓 싱크딥 인투 원스 허트

21 The tongue can bring death or life, those who love to talk will reap the consequences
더 텅 캔 브링데쓰 오어 라이프, 도우즈 후러브 투톡 윌 립더 콴서컨스

하브루타 질문

1. 사람들이 남의 말하기를 좋아하는 이유는 무엇인가요?

---

2. '발 없는 말이 천리를 간다'는 말이 있듯이 루머나 나쁜 이야기가 별식 같이 매력적인 이유는 무엇인가요?

_____
_____
_____

3. 죽고 사는 것이 혀에 달렸다는 것은 무슨 뜻인가요?

_____
_____
_____

4. _____
_____
_____

5. _____
_____
_____

> 부모님들을 위한 해설

요즘 SNS(페이스북, 트윗, 인스타그램, 블로그, 카페 등)에는 남을 비판하고 공격하는 말들이 난무합니다. 남을 비판하는 이야기는 마치 잘 요리된 특별한 음식 같아서 많은 사람들이 좋아하므로 전파 속도가 빠르며 영향력도 매우 큽니다. 맛있기 때문입니다. 그럼 왜 우리는 다른 사람들을 험담하기를 좋아하는가요? 그 이유를 몇 가지만 정리해봅니다.

첫째로, 자신이 주목받고 사랑받고 싶다는 이유입니다. 그런데 그 욕구가 충족되지 못했을 때 다른 사람을 험담합니다. 그런 사람들은 남의 약점을 부각시켜 상대적으로 우월감을 갖고자 합니다. 이런 사람은 불쌍히 여겨야 할 대상입니다.

둘째로, 마음이 악한 사람입니다. 험담하는 이유는 마음속에 악함이 흘러넘치기 때문입니다. 모든 입술의 말은 마음에서부터 나옵니다. 즉 마음이 악하면 악한 말이 나옵니다. 이런 사람은 가까이 하면 안 되는 사람입니다.

논리가 정확하고, 바른 말 같고, 상대를 위하는 것처럼 보여도 결국 다른 사람을 험담하는 사람은 악한 사람입니다. 그런 사람은 가까운 사람부터 일면도 없는 연예인, 그리고 정치인, 심지어 대통령까지도 험담의 대상일 뿐입니다. 칼을 든 자 칼로 망하고, 입으로 흥한 자 입으로 망하게 되어 있습니다. 다시 강조하지만, 입으로 흥한 자는 입으로 망하게 됩니다. 다른 사람에 대해 진심어린 칭찬 외에 어떤 말도 삼가야 할 것입니다.

셋째로, 생각이 없기 때문입니다. 생각이 없는 사람은 하고 싶은 말을 다합니다. 그것이 어떤 결과를 가져올지를 전혀 알지 못합니다. 생각이 없이 말하는 사람들은 성경의 경고를 들어야 합니다. 생각 없이 던진 말들이 결국 자신에게 화가 될 것이기 때문입니다.

95-96. 자기 동작의 여부

잠언 20:11-12

11 비록 아이라도 자기의 동작으로 자기 품행이 청결한 여부와 정직한 여부를 나타내느니라

12 듣는 귀와 보는 눈은 다 여호와께서 지으신 것이니라 (잠 20:11-12)

Proverbs 20:11-12

11 Even children are known by the way they act, whether their conduct is pure, and whether it is right.

이븐 칠드런 아 노운 바이더웨이 데이액, 웨더 데아 콘닥트 이스 퓨어앤웨더 잇스라잇

12 Ears to hear and eyes to see, both are gifts from the Lord.

이어스투히어 앤 아이스투씨, 보스아 기브츠 프롬더 로드.

하브루타 질문

1. 비록 아이라도 자기의 동작으로 결과가 드러난다는 말은 무슨 뜻인가요?

_____

_____

_____

2. '하나를 보면 열을 안다'라는 말이 있듯이 그 사람의 품행과 정직이 드러나는 이유는 무엇인가요?

3. 인과응보(因果應報)라는 단어의 의미와 어떤 연관이 있나요?

4.

5.

> **부모님들을 위한 해설**

아이들이 거짓말을 할 때 몇 가지 공통된 특징이 있습니다. 눈을 마주칠 때 눈동자가 흔들리거나 말을 갑자기 더듬습니다. 평소와 다른 얌전한 모습을 보이거나 가볍게 던지는 말에 갑작스레 흥분하여 언성이 높아지는 모습을 보이는 등 이전에는 자연스러웠던 행동들이 부자연스럽고 어색해집니다. 그리고 무언가 숨기는 것이 있으면 흘끔흘끔 주변 눈치를 살핍니다.

행여나 자신의 잘못이 드러나게 되면, 공격성을 드러내거나 혹은 자신의 잘못을 합리화 시키고자 주변 친구들의 과거 잘못과 허물들을 일러바치는 모습을 보곤 합니다. 아이들은 자신의 거짓과 실수를 숨기고 이를 외면하려 하지만 어른들의 눈에는 이러한 아이들의 속마음이 여실히 드러날 때가 많습니다.

이를 통해 사람들과 하나님 앞에서 나의 거짓과 약점, 허물을 숨기며 그럴듯해 보이는 모습으로 포장하여 위선되고 가식적인 삶을 살았던 지난 삶을 되돌아보게 됩니다. 그리고 일상에서 아무런 생각 없이 무의식적으로 행해졌던 사소해 보이는 말과 행동의 습관들 속에 숨겨져 있는 나의 죄성 조차 하나님께서는 이미 보고 계심을 깨닫게 됩니다.

97. 왕 앞에 서는 사람

> 잠언 22:29
>
> **29** 네가 자기의 일에 능숙한 사람을 보았느냐 이러한 사람은 왕 앞에 설 것이요 천한 자 앞에 서지 아니하리라 (잠 22:29)

> Proverbs 22:29
>
> **29** Do you see any truly competent workers? They will serve kings rather than working for ordinary people.
>
> 두유씨 애니 투룰리 캄퍼틴트 워커스? 데이 윌 서브킹스 레더댄 워킹휘 오디내리피플.

하브루타 질문

1. 어떤 사람이 왕 앞에 선다고 했나요?

---

2. 자기의 일에 능숙하다는 말의 의미는 무엇인가요?

----

3. 왕 앞에 서는 사람, 천한 자 앞에 서는 사람의 차이는 무엇인가요?

----

4. --

----

5. --

> **부모님들을 위한 해설**

크리스천이 하나님의 사람으로 살아가는 방법은 바로 '자기의 일에 능숙한 사람'이 되는 것입니다. '자기의 일에 능숙한 사람'이란 말은 '자기 사업에 열심인 사람', '자기 일에 뛰어난 사람', '자기 공부에 능숙한 사람'을 말합니다.

강철왕 카네기가 철강업에 정열을 쏟고 있을 당시였습니다. 공장을 수시로 순시하던 그는 한 사람의 철공을 특히 눈여겨보았습니다. 그 철공은 말이 없었습니다. 맡은 바 자신의 일에 충실했습니다. 그 자세는 언제나 진지하고 자신감이 넘쳐 흘렀습니다. 카네기는 생각했습니다.

"저 사람이야말로 이 회사를 맡겨도 책임 있게 운영할 수 있겠다."

카네기는 그를 사장실로 불러서 회사를 위해 공장장의 일을 맡아 달라고 자기의 결심을 말했습니다. 어리둥절해진 철공은 사장을 쳐다보더니 고개를 저었습니다.

"사장님, 난 다른 일은 못합니다. 평생 해본 일이라곤 쇳물에서 철관을 뽑는 일밖에 없는데요. 철공 일에는 제가 대통령입니다. 다른 일은 사양하겠습니다. 지금 하는 일을 계속하게 해주십시오."

어리둥절해진 것은 카네기이었습니다. 하지만 곧 그는 그 심정을 이해할 수가 있었습니다.

"그렇소, 내가 생각이 부족했소. 당신이야말로 우리 회사의 가장 중요한 보배입니다. 당신이 세계 제일의 철공이니 오늘부터 대통령의 월급을 주겠소." 그래서 그 철공은 대통령이 받는 월급과 같은 액수의 월급을 받게 되었고, 카네기 회사에서 가장 연봉이 많은 사원이 되었습니다. 카네기는 이렇게 긍지 있는 사원을 후대하여 마침내 강철왕의 자리에 오른 것입니다.

98-100. 바른 행실의 유익

잠언 23:19-21

19 내 아들아 너는 듣고 지혜를 얻어 네 마음을 바른 길로 인도할지니라

20 술을 즐겨 하는 자들과 고기를 탐하는 자들과도 더불어 사귀지 말라

21 술 취하고 음식을 탐하는 자는 가난하여질 것이요 잠자기를 즐겨 하는 자는 해어진 옷을 입을 것임이니라 (잠 23:19-21)

Proverbs 23:19-21

19 My child, listen and be wise, Keep your heart on the right course.

마이 차일드 리쓴앤비 와이즈, 킵 유어허트 온더라잇 코스

20 Do not carouse with drunkards or feast with gluttons,

두낫 커라우스 위드 드랑커드 오어 피스트 위드 글랏인,

21 for they are on their way to poverty, and too much sleep clothes them in rags.

훠데이아 온데어웨이 투 파버티, 앤투마치 슬립 클로우즈 뎀인 렉스

하브루타 질문

1. 여러분의 마음을 바른 길로 인도하는 원천은 무엇인가요?

   ----

2. 술과 고기를 즐겨하는 사람들과 더불어 사귀지 말아야 하는 이유는 무엇인가요?

   ----

3. 여러분은 어떤 길을 걸어가길 원하나요?

   ----

4. _____

> 부모님들을 위한 해설

우리나라의 술 소비량이 일인당 14.8리터로 세계 13위라고 합니다. 그리고 소주와 같은 증류수, 즉 독주 소비량은 우리나라가 단연 세계 1위입니다. 우리나라 사람들은 소주 896만 5천병, 맥주 952만 7천병을 하루에 마셔버립니다. 젊은이도 늙은이도, 여자도 남자도 술을 지나치게 많이 마십니다. 우리나라의 술 문화는 먹고 취하는 문화입니다. 한두 잔으로는 성이 안차서 2차, 3차까지 마셔야 직성이 풀립니다. 그래서 술로 인하여 발생하는 개인적 사회적인 문제가 얼마나 많은지 모릅니다. 그럼 술의 폐해는 무엇일까요?

첫째로, 술이 국민건강에 치명적인 해를 입히고 있습니다. 술은 암의 중요한 원인이 되고 그 외에 뇌혈관질환과 간질환 등 많은 질병의 원인이 되고 있습니다. 술 때문에 한 해에 약 2조 8천억 원의 의료비가 들어간다고 합니다.

둘째로, 술은 각종 범죄를 유발합니다. 한 해 동안, 술에 취해서 벌어지는 범죄가 약 15만 건이고 그중에서 강력범죄가 3만 건이나 됩니다. 또 음주교통사고가 1년에 2만 8천 건이고 이 사고로 사망자가 1천 명, 부상자가 5만 5천 명이 발생합니다.

셋째로, 술은 개인을 파멸에 이르게 합니다. 우리나라에 한 해 동안 알코올중독으로 전문병원에서 치료를 받는 사람이 약 33만 명입니다.

오늘 말씀은 술을 즐기고 고기를 탐하는 자들을 멀리하라고 말씀하십니다. 술을 즐기는 자는 어리석은 자이며 그는 결국 가난하게 된다고 하시면서 술을 즐겨하는 자와 고기를 탐하는 사람을 가까이 하면 하나도 이로울 것이 없기 때문에 가까이 사귀지 말라고 하셨습니다. 고기를 탐한다는 것은 식탐을 의미합니다.

하브루타의 10가지 목적

1. 말씀의 의미를 깨닫고 실천하기 위함이다.
2. 틀림이 아닌 다름을 생각할 수 있는 능력을 배양하기 위함이다.
3. 성경암송과 메타인지(Metacognition)의 능력을 극대화하기 위함이다.
4. 창의력과 상상력을 가진 사람으로 양육하기 위함이다.
5. 좋은 질문을 만드는 능력과 생각하는 근육을 키우기 위함이다.
6. 경청 능력과 대화의 기술을 배양하기 위함이다.
7. 두루뭉술하고 주마간산(走馬看山)식의 학습태도를 버리고 명확한 사람을 만들기 위함이다.
8. 가족공동체와 인간관계에서 건강한 애착을 통해 평생을 함께 할 친구를 형성하게 하기 위함이다.
9. 크리스천으로 설득의 능력, 관계의 능력, 소통의 능력을 극대화함으로서 법조계, 언론계, 정계, 문화계, 학계, 경제계, 금융계 등에서 선한 영향력을 끼치는 사람으로 양성하기 위함이다.
10. 테필린복음(Tefillin Gospel)의 세 번째 명령인 신앙계승에 100% 성공하기 위함이다.

2부
Hope

1 •• 복 있는 사람들의 조건(16절)
2 •• 여호와는 나의 목자시니(25절)
3 •• 시편 37편 전편 상(20절)
4 •• 시편 37편 전편 하(20절)
5 •• 하나님을 의지하라(29절)

복 있는 사람의 조건(16절)

01

1-6. 복 있는 사람은 묵상의 사람

시편 1:1-6

1 복 있는 사람은 악인들의 꾀를 따르지 아니하며 죄인들의 길에 서지 아니하며 오만한 자들의 자리에 앉지 아니하고
2 오직 여호와의 율법을 즐거워하여 그의 율법을 주야로 묵상하는도다
3 그는 시냇가에 심은 나무가 철을 따라 열매를 맺으며 그 잎사귀가 마르지 아니함 같으니 그가 하는 모든 일이 다 형통하리로다
4 악인들은 그렇지 아니함이여 오직 바람에 나는 겨와 같도다
5 그러므로 악인들은 심판을 견디지 못하며 죄인들이 의인들의 모임에 들지 못하리로다
6 무릇 의인들의 길은 여호와께서 인정하시나 악인들의 길은 망하리로다 (시 1:1-6)

Psalms 1:1-6

1 Oh, the joys of those who do not follow the advice of the wicked, or stand around with sinners, or join in with mockers.

오, 더조이스어브 도우즈 후드낫 활로우디 어드바이스 어브더 위키드, 오어 스탠드어라운드 윗 시너스, 오어 조인인 윗 마커스.

2 But they delight in the law of the Lord, meditating on it day and night.

벗데이 딜라이틴더로 어브더로드, 메드테이팅 온잇 데이앤나잇.

3 They are like trees planted along the riverbank, bearing fruit each season. Their leaves never wither, and they prosper in all they do.

데이아 라이크트리스 플랜티드 어롱더 리버뱅크, 베어링 프룻 이치시즌, 데아 리브스네버 위더, 앤데이 프라스퍼 인 올데이두.

4 But not the wicked! They are like worthless chaff, scattered by the wind.

벗낫더 위키드! 데이아라이크 워스레쓰 차프, 스케러드 바이더윈드

5 They will be condemned at the time of judgment. Sinners will have no place among the godly.

데이윌비 컨뎀드 앳더타임 어브 저지먼트, 시너스 윌 해브 노플레이스 어몽더 가들리.

6 For the Lord watches over the path of the godly, but the path of the wicked leads to destruction.

휘더 로드 워치스 오버더패쓰 어브더 가들리, 벗더 패쓰 어브더 위키드리즈 투 디스트럭션

하브루타 질문

1. 복 있는 사람의 전제조건은 무엇인가요?(1절)

---

2. 복 있는 사람의 핵심조건은 무엇인가요?(2절)

---

3. 시편 1편이 말씀하는 의인은 어떤 사람이고, 악인은 어떤 사람인가요?

4.

5.

6.

7.

> 부모님들을 위한 해설

시편 1편은 시편 전체에서 가장 중요합니다. 시편의 관문이며, 프롤로그이며, 전체 시편의 주제이기도 합니다. 시편 1편의 주제는 '복 있는 사람은'입니다. 시편 1편은 복 있는 사람이 어떤 사람이며, 하나님이 어떤 사람에게 복을 주시는가를 설명하고 있습니다. 동시에 하나님의 말씀을 가볍게 여기는 사람들에 대해서도 엄격한 심판의 기준을 제시합니다. 복 있는 사람은 어떤 사람일까요?

복 있는 사람의 전제적 조건은 세 부류의 사람인 악인, 죄인, 그리고 오만한 자와 결별하는 것입니다. 세 부류의 사람은 다음과 같습니다.

악인(레솨임) - 도덕적인 면에서 가치기준이 없는 사람들로 육신의 정욕에 사로잡힌 사람들, 즉 사람과의 관계가 어그러진 사람들입니다.

죄인(핫타임) - 행동적인 면으로 죄를 짓는 사람으로, 거침없이 죄를 범하는 사람들, 즉, 하나님과의 관계가 어그러진 사람들입니다.

오만한 자(레침) - 하나님을 믿는 것이나 말씀에 대해 하찮게 여기고 무시하는 사람들, 하나님을 믿는 사람을 조롱하며 무시하는 사람들, 거룩하고 진실한 것을 농담거리로 여기며 하나님을 모독하는 사람들입니다.

복 있는 사람의 핵심조건은 무엇일까요? 하나님의 말씀을 즐거워하고 그 말씀을 밤낮으로 암송하는 것입니다. 하나님은 그런 사람을 사랑하시며 시냇가에 심은 나무처럼 계절을 따라 열매를 맺게 하십니다. 잎사귀가 마르지 아니하며 모든 일에 형통하게 하십니다.

7-11. 어찌 그리 아름다운지요

시편 8:1-5

1 여호와 우리 주여 주의 이름이 온 땅에 어찌 그리 아름다운지요 주의 영광이 하늘을 덮었나이다

2 주의 대적으로 말미암아 어린 아이들과 젖먹이들의 입으로 권능을 세우심이여 이는 원수들과 보복자들을 잠잠하게 하려 하심이니이다

3 주의 손가락으로 만드신 주의 하늘과 주께서 베풀어 두신 달과 별들을 내가 보오니

4 사람이 무엇이기에 주께서 그를 생각하시며 인자가 무엇이기에 주께서 그를 돌보시나이까

5 그를 하나님보다 조금 못하게 하시고 영화와 존귀로 관을 씌우셨나이다 (시 8:1-5)

Psalms 8:1-5

1 O Lord, our Lord, your majestic name fills the earth! Your glory is higher than the heavens.

오 로드, 아워 로드, 유어 메저스틱 네임 휠스 디 얼쓰! 유어 글로리이스 하이어덴 더헤븐스

2 You have taught children and infants to tell of your strength, silencing your enemies and all who oppose you.

유헤브 토우트 칠드런앤 인팬츠 투텔 어브유어 스트렝쓰, 싸일렌싱 유어 에니미스 앤홀후 오포오쥬

3 When I look at the night sky and see the work of your fingers the moon and the stars you set in place

웬 아이 룩엣 더 나잇스카이 앤 씨 더 웍 어브유어 핑거스 더문 앤 더 스타스 유셋인 플레이스

4 what are mere mortals that you should think about them, human beings that you should care for them?

왓아 미어모털스 댓 유 슈드 띵커바웃뎀, 휴먼 비잉스댓 유 슈드 케어훠뎀

5 Yet you made them only a little lower than God and crowned them with glory and honor.

옛 유메이드 뎀 온리 리를 로워 댓갓 앤 크라운드 뎀 윗 글로리 앤 아너

하브루타 질문

1. 온 땅에 가장 아름다운 이름은 무엇이며 하늘을 덮고 있는 것은 무엇인가요?

2. 하나님께서 원수들과 보복자들을 잠잠하게 하실 때 누구의 입을 통해 권능을 세우시나요?

3. 하나님께서 사람을 어떻게 생각하시고, 어떻게 돌보시나요?

> **부모님들을 위한 해설**

기도의 시작은 찬양입니다. 모든 기도의 문은 하나님을 찬양하는 것으로 시작해야 합니다. 시편기자는 하나님을 찬양하고 있습니다. 하나님이 창조하신 땅과 하늘이 어찌 그리 아름다운지 시편기자는 감탄하면서 하나님을 찬양하고 있습니다.

먼저, 여호와의 이름이 아름답다고 했습니다. '주의 이름이 어찌 그리 아름다운지요'라고 하였습니다. 하나님의 이름이 아름답다고 하는 것은 발음이나 뜻이 아름답다는 말이 아닙니다. 하나님의 이름으로 행하신 일이 아름답다는 말입니다.

'아이들의 입으로 권능을 세우심이여'라고 하는 말은 '아이들도 주의 위엄을 찬양하게 한다'는 말입니다. 이 말씀은 어린 아이조차도 천지에 가득한 하나님의 아름다운 이름과 그분의 영광을 보고 알게 된다는 말씀입니다. 이처럼 그분의 아름다운 이름과 영광을 아는 자는 찬양하게 됩니다.

우리가 살고 있는 이 세계는 저절로 주어진 공간과 물질이 아닙니다. 처음부터 원래 있었던 것이 아닙니다.(벧후 3:6) 하나님이 친히 지으신 것들입니다.(창 1:1) 뿐만 아니라 천지만물을 주관하시고 운행하고 계십니다.(시 19:6) 손목에 차는 시계 하나에도 분명한 제작자가 있듯이 우주를 통치하시고 한 치의 오차 없이 운행하시는 분이 하나님이십니다.

과연 그렇다면, 누구를 위해, 무엇을 위해 만들었을까요? 바로 우리를 위해서입니다. 사람이 하늘을 바라보면 우리를 향한 하나님의 사랑을 알 수 있습니다. 우리를 향한 하나님의 생각입니다. '사람이 무엇이기에 주께서 그를 생각하시며'라고 하셨습니다. 그리고 우리를 향한 하나님의 사랑은 돌보심입니다. '인자가 무엇이기에 주께서 그를 돌보시나이까'라고 하셨습니다. 하나님께서 하늘에 해와 달과 별들을 달아두신 것은 우리를 돌보시기 위함이라는 것입니다. 우주의 존재와 질서 있는 하나님의 신묘막측함이 우리를 돌보시는 증거입니다.

12-16. 주의 장막과 성산에 오를 사람

시편 15:1-5

1 여호와여 주의 장막에 머무를 자 누구오며 주의 성산에 사는 자 누구오니이까
2 정직하게 행하며 공의를 실천하며 그의 마음에 진실을 말하며
3 그의 혀로 남을 허물하지 아니하고 그의 이웃에게 악을 행하지 아니하며 그의 이웃을 비방하지 아니하며
4 그의 눈은 망령된 자를 멸시하며 여호와를 두려워하는 자들을 존대하며 그의 마음에 서원한 것은 해로울지라도 변하지 아니하며
5 이자를 받으려고 돈을 꾸어 주지 아니하며 뇌물을 받고 무죄한 자를 해하지 아니하는 자이니 이런 일을 행하는 자는 영원히 흔들리지 아니하리이다 (시 15:1-5)

Psalms 15:1-5

1 Who may worship in your sanctuary, Lord? Who may enter your presence on your holy hill?

후 메이 워십 인유어 생츄어리, 로드? 후 메이 엔터 유어 프레젠스 온 유어 홀리힐?

2 Those who lead blameless lives and do what is right, speaking the truth from sincere hearts.

도우스 후 리드 블램레스 라이브스 앤두 왓이스 롸잇, 스피킹더 트루 프럼 씬씨어 허트스.

3 Those who refuse to gossip or harm their neighbors or speak evil of their friends.

도우스 후 리퓨즈 투 가십 오어 함 데어 네이버스 오어 스픽 이블 어브 데어 후렌즈.

4 Those who despise flagrant sinners, and honor the faithful followers of the Lord, and keep their promises even when it hurts.

도우스 후 디스파이스 훌레그랜트 씨너스, 앤 아너 더 훼이스풀 팔로워쓰 어브더 로드 앤 킵데어 프라미스스 이븐 왠 잇허츠

5 Those who lend money without charging interest, and who cannot be bribed to lie about the innocent. Such people will stand firm forever.

도우스 후 렌드머니 윗다웃 차징 인터레스트, 앤 후캔낫비 브라이브 투 라이 어바웃디 인어센트. 서치 피플 윌 스탠 펌 훠레버.

하브루타 질문

1. 하나님의 장막과 성산에 오를 사람의 기준은 무엇인가요?

2. 하나님이 기뻐하시는 사람의 선행 11가지를 정리해 보세요.

3. 이런 선행을 하는 사람에게는 어떤 보상이 있나요?

> **부모님들을 위한 해설**

하나님과 함께 거할 자가 누구인지 묻습니다. 질문에 대한 대답이 11가지 조건을 제시하고 있습니다. 먼저 적극적인 측면 세 가지를 제시합니다.

첫째, 정직하게 행하는 사람입니다.
둘째, 공의를 실천해야 하는 사람입니다.
셋째, 이웃과의 관계에서는 도덕적인 규범을 준수하는 사람입니다.
성전에 들어갈 수 있는 조건들 중에 세 가지 소극적 측면들을 나열하고 있는데 앞 절의 조건들을 자세히 설명합니다.
넷째, 남을 중상모략하기 위해 그 혀를 놀리지 않는 사람입니다.
다섯째, 이웃에게 악한 행위를 하지 않는 사람입니다.
여섯째, 그 이웃을 비방하지 않는 사람입니다.
일곱째, 하나님을 비방하는 사람을 멀리하는 사람입니다.
여덟째, 하나님을 믿는 형제자매들을 귀하게 여기는 사람입니다.
아홉째, 마음에 작정한 것은 손해가 되더라도 지키는 사람입니다.
열 번째, 이자를 받으려고 고리대금업을 하지 않는 사람입니다.
열한 번째, 뇌물을 받고 무죄한 자를 해하지 않는 사람입니다.
예수 그리스도를 믿음으로 구원을 받습니다. 그러나 그것이 끝이 아닙니다. 구원받은 사람이 행할 길이 있습니다. 그것은 바로 하나님이 제정하신 헌신의 삶을 살아가는 것입니다. 헌신의 삶은 구원받은 사람들이 마땅히 행할 길입니다. 이런 사람을 하나님께서 요동치 않게 해주십니다. 이런 사람이 4차 산업혁명의 시대에도 꼭 필요한 하나님의 사람입니다.

여호와는 나의 목자시니 (25절)

02

17-22. 하나님은 나의 목자

시편 23:1-6

1 여호와는 나의 목자시니 내게 부족함이 없으리로다

2 그가 나를 푸른 풀밭에 누이시며 쉴 만한 물 가로 인도하시는도다

3 내 영혼을 소생시키시고 자기 이름을 위하여 의의 길로 인도하시는도다

4 내가 사망의 음침한 골짜기로 다닐지라도 해를 두려워하지 않을 것은 주께서 나와 함께 하심이라 주의 지팡이와 막대기가 나를 안위하시나이다

5 주께서 내 원수의 목전에서 내게 상을 차려 주시고 기름을 내 머리에 부으셨으니 내 잔이 넘치나이다

6 내 평생에 선하심과 인자하심이 반드시 나를 따르리니 내가 여호와의 집에 영원히 살리로다 (시 23:1-6)

Psalms 23:1-6

1 The Lord is my shepherd. I have all that I need.

더 로드이스 마이 쉐퍼드 아이해브 올댓 아이 니드

2 He lets me rest in green meadows he leads me beside peaceful streams.

히 렛쓰 미 레스트인 그린 메도우스 히 리즈미 비사이드 피스풀 스트림스.

3 He renews my strength. He guides me along right paths bringing honor to his name.

히 리뉴스 마이 스트렝쓰, 히 가이드미 어롱 롯잇 패스 브링잉 어너 투 히스네임

4 Even when I walk through the darkest valley, I will not be afraid, for you are close beside me. Your rod and your staff protect and comfort me.

이븐 웬아이 웍 드루 더 다크스트 벨리, 아윌낫비 어프레이드, 휘유아 클로우즈 비사이드미, 유아 라드앤 유아 스텝 프로텍트 앤 컴퍼트미

5 You prepare a feast for me in the presence of my enemies. You honor me by anointing my head with oil. My cup overflows with blessings.

유 프리페어드 피스트 휘미 인더 프레젠스 어브마이 에니미스, 유 아너미 바이 어노인팅 마이 헤드 윗오일. 마이 컵 오버플로스 위드 블레싱스,

6 Surely your goodness and unfailing love will pursue me all the days of my life, and I will live in the house of the Lord forever.

슈얼리 유어 굿니스 앤 언훼일링 러브 윌 퍼슈미 올더데이스 어브마이라이프, 앤 아윌 리브인더 하우스 어브더로드 훠에버.

하브루타 질문

1. 하나님은 나의 목자이십니다. 하나님은 우리를 어떻게 인도하시나요?

2. 시편 23편에서 하나님을 목자로 묘사하고 우리를 양으로 묘사했는데 그 이유는 무엇인가요?

----

3. 시편 23편은 하나님이 나의 목자이심을 고백하는 가장 아름다운 시이며 인생지침서이기도 합니다. 이 말씀만으로 우리는 세상을 승리하기에 충분합니다. 이 말씀을 내 말씀으로 받아들이고 삶의 방향으로 정하기 위해 이 말씀을 어떻게 적용할 것인가요?

----

4. ----

> **부모님들을 위한 해설**

다윗은 하나님과 사람의 관계를 목자와 양으로 생각했습니다. 사실 이것은 놀라운 발견입니다. 시편 100편 4절에도 "여호와가 우리 하나님이신 줄 너희는 알지어다 그는 우리를 지으신 이요 우리는 그의 것이니 그의 백성이요 그의 기르시는 양이로다"라고 했습니다. 예수님도 자기 자신을 가리켜 '선한 목자'라 하셨습니다. 하나님과 우리 사이를 목자와 양으로 표현한 것은 얼마나 적절한 표현인지 모릅니다.

양은 지혜롭지 못한 짐승입니다. 다른 짐승들은 밖에 나갔다가도 집을 찾아 올 수 있습니다. 개는 아주 멀리 갔다가도 자기 집을 찾아옵니다. 닭도 밭에 나가 놀다가 저녁이 되면 돌아옵니다. 하지만 양은 그렇지 못합니다.

양은 이기적이고 미련합니다. 다른 양이 잘 되는 것을 싫어합니다. 겨울에는 떨어져서 잠을 잡니다. 그러나 무더운 여름에는 붙어서 잠을 잡니다. 마치 우리 사람들과 같습니다. 그러다 지쳐 쓰러져 죽습니다. 양은 목자 없이는 집을 찾지 못합니다. 길을 잃어버린 양은 목자에 의해서만 양의 우리로 돌아올 수 있습니다.

양에게 가장 필요한 것은 목자입니다. 영국의 청교도들은 "하나님의 백성은 자기 자신이 아니라 하나님에 의해 살아갈 때만 평안을 얻는다"고 말했습니다. 그렇습니다. 사실 우리는 우리 스스로 우리를 위해서 무엇인가 할 수 있다고 착각할 때가 많습니다. 그러나 얼마 가지 않아 자신의 무력함을 깨닫게 됩니다. 성 아우구스티누스가 회개한 뒤 처음으로 고백한 말이 의미심장합니다.

"하나님이여, 당신은 당신을 위해 우리 인간을 지으셨기 때문에 당신 품에 안기기 전엔 참된 만족도, 참된 평안도 없었습니다."

그러는 동시에 양은 의존적인 짐승입니다. 우리도 마찬가지입니다. 그러므로 우리가 '하나님은 나의 목자'라고 할 때에만 인도함을 받는 것입니다. 우리가 기억할 것은 하나님을 '나의 목자'라고 고백하려면 먼저 나 자신이 양과 같이 어리석다는 것을 인정해야 합니다. 그런데 사람들은 그 사실을 인정하려 하지 않습니다. 양과 같이 예외 없이 교만해서입니다.

23-28. 모든 것이 다 하나님의 것

시편 24:1-6

1 땅과 거기에 충만한 것과 세계와 그 가운데에 사는 자들은 다 여호와의 것이로다

2 여호와께서 그 터를 바다 위에 세우심이여 강들 위에 건설하셨도다

3 여호와의 산에 오를 자가 누구며 그의 거룩한 곳에 설 자가 누구인가

4 곧 손이 깨끗하며 마음이 청결하며 뜻을 허탄한 데에 두지 아니하며 거짓 맹세하지 아니하는 자로다

5 그는 여호와께 복을 받고 구원의 하나님께 의를 얻으리니

6 이는 여호와를 찾는 족속이요 야곱의 하나님의 얼굴을 구하는 자로다 (셀라) (시 24:1-6)

Psalms 24:1-6

1 The earth is the Lord's, and everything in it. The world and all its people belong to him.

디 어쓰 이스 더 로드스, 앤 에브리씽 인잇, 더 월드앤 올 잇스피플 빌롱 투힘.

2 For he laid the earth's foundation on the seas and built it on the ocean depths.

훠히 레이드 디 어스 화운데이션 온더 시스 앤 빌트잇 온디 오션 뎁스.

3 Who may climb the mountain of the Lord? Who may stand in his holy place?

후메이 클라임더 마운틴 어브더 로드? 후메이 스텐스 인히스 홀리 플레이스?

4 Only those whose hands and hearts are pure, who do not worship idols and never tell lies.

온리 도우스 후스 핸즈 앤 허츠 아 퓨어, 후두낫 워십 아이돌스 앤 네버 텔라이스.

5 They will receive the Lord's blessing and have a right relationship with God their savior.

데이 윌 리시브 더 로오즈 블레싱 앤 해브어 롸잇 릴레이션쉽 위드갓 데어 세이비어

6 Such people may seek you and worship in your presence, O God of Jacob.

써치 피플 메이 씨크 유 앤 워십 인유어 프레젠스, 오 갓어브 제이콥

하브루타 질문

1. 땅과 온 세계와 그 안에 사는 사람들의 주인은 누구인가요? 그리고 그 사실을 인정하고 받아들이시나요?

2. 하나님의 산과 그분의 거룩한 곳에 설 수 있는 사람은 어떤 사람인가요?

3. 그런 사람에게 주시는 하나님의 은혜는 무엇인가요?

> **부모님들을 위한 해설**

오늘의 시는 다윗에 의해 지어진 것은 분명하지만 언제, 어떤 배경에서 지어졌는지는 확인되지 않습니다. 그러나 이 시의 전반에 나타나는 축제적 분위기와 영광의 왕의 입성에 대한 찬양의 내용으로 보아 언약궤를 예루살렘 시온 산에 안치할 때 이 시를 지은 것으로 주장하는 학자들이 많습니다. 그럼 우리는 자연을 통해 무엇을 깨달아야 할까요?

첫째, 여호와의 주권을 인정해야 합니다. 강과 바다 위에 육지를 창조하신 하나님의 위대하신 능력을 인정하고 찬양함이 얼마나 당연한 일인가요? 온 세상이 주님의 것입니다.

둘째, 복 받을 자의 자격을 알아야 합니다. 복을 받을 자격은 무엇인가요? 이 위대한 창조주 하나님의 거룩하심을 깨닫고 온 세상에 가득한 주권자의 솜씨를 찬양하며 영광을 돌리는 사람입니다. 뜻을 허탄한데 두지 아니하고 청결한 마음으로 거룩한 성산에서 하나님을 예배해야 합니다.

셋째, 성결하고 성숙한 신앙을 가져야 합니다. 온 세상 것이 여호와의 것임을 알고 그 전능하심과 거룩하심에 고개 숙여 찬양하며 감사하는 신앙의 사람이 되어야 합니다. 모든 것이 내 것인 양 욕심을 부리지 말아야 합니다. 하나님께 성결하고 이웃에게 사랑을 베풀며 그 분의 의를 힘입기 위해 믿음으로 베풀어야 합니다.

내가 가지고 살아가는 모든 것이 하나님의 것임을 인정해야 합니다. 지금 내가 손에 쥐고 있는 물질이 모두 하나님의 것임을 인정해야 합니다. 나의 생명도 하나님의 것임을 알아야 합니다. 나의 일거수일투족이 모두 하나님의 손에 달려 있다는 사실을 인정해야 합니다. 하나님이 부르시는 날 모든 것을 내려놓을 수밖에 없음을 일찍 알아야 합니다.

그렇다면 오직 우리에겐 감사 밖에 할 것이 없습니다. 모든 것을 주신 하나님께 감사하며 살아갑시다.

29-34. 죄를 자복하는 사람의 복

시편 32:1-6

1 허물의 사함을 받고 자신의 죄가 가려진 자는 복이 있도다

2 마음에 간사함이 없고 여호와께 정죄를 당하지 아니하는 자는 복이 있도다

3 내가 입을 열지 아니할 때에 종일 신음하므로 내 뼈가 쇠하였도다

4 주의 손이 주야로 나를 누르시오니 내 진액이 빠져서 여름 가뭄에 마름 같이 되었나이다(셀라)

5 내가 이르기를 내 허물을 여호와께 자복하리라 하고 주께 내 죄를 아뢰고 내 죄악을 숨기지 아니하였더니 곧 주께서 내 죄악을 사하셨나이다(셀라)

6 이로 말미암아 모든 경건한 자는 주를 만날 기회를 얻어서 주께 기도할지라 진실로 홍수가 범람할지라도 그에게 미치지 못하리이다 (시 32:1-6)

Psalms 32:1-6

1 Oh, what joy for those whose disobedience is forgiven, whose sin is put out of sight!

오! 왓조이 휘 도우스 후스 디쏘비디언스 이스 휘기븐, 후스 씬이스 펏아웃 어브 사이트!

2 Yes, what joy for those whose record the Lord has cleared of guilt, whose lives are lived in complete honesty!

예스. 왓조이 휘 도우스 후스 레커드 더로드 해즈 클리어드 어브 길트, 후스 라이브스 리브드인 컴플리트 어니스티!

3 When I refused to confess my sin, my body wasted away, and I groaned all day long.

웬 아이 리퓨즈 투 컨패스 마이씬, 마이바디, 웨이스트디드 어웨이, 앤 아이 그라운드 올데이롱.

4 Day and night your hand of discipline was heavy on me. My strength evaporated like water in the summer heat.

데이앤나잇 유어핸드 어브 디써플린 워즈 헤비온미, 마이 스트렝스 이바포레이디드 라이크 워러 인더썸머 히트

5 Finally, I confessed all my sins to you and stopped trying to hide my guilt I said to myself, "I will confess my rebellion to the Lord." And you forgave me! All my guilt is gone.

파이널리 아이 컨패스드 올마이 씬쓰 투유 앤 스탑드 트라잉투 하이드 마이길트 아이세드 투 마이셀프, "아윌 컨패스 마이 리벨리온 투더로드." 앤유 훠게이브 미! 올마이 길트이스 곤.

6 Therefore, let all the godly pray to you while there is still time that they may not drown in the floodwaters of judgment.

데어훠, 렛올더 가들리 프레이 투유 와일 데어이즈 스틸타임 댓 데이 메이낫 드라운 인더 홀러드 워러스 어브 져지먼트.

하브루타 질문

1. 어떤 사람이 복이 있나요?

_____

_____

2. 우리가 우리의 죄를 자복하고 회개하면 어떤 은혜를 주시나요?

_____

_____

3. 경건한 사람들이 하나님 앞에서 행해야 할 일은 무엇일까요?

4.

5.

6.

7.

> **부모님들을 위한 해설**

오늘의 시에서 다윗은 하나님 앞에서 결코 죄를 숨길 수 없다는 사실을 말해 주고 있습니다. 우리들이 과거에 지은 죄는 눈에 보이지 않습니다. 그러나 우리의 죄는 하나님의 진노로 나타나고, 근심이 되어 심령을 여름 가뭄과 같이 메마르게 합니다. 심지어 양심의 심한 고뇌로 인하여 하루 종일 신음하게 만들어 육체적 질병까지도 발병하게 됩니다.

이러한 다윗의 진술은 실제로 자신의 죄를 자백하지 않았을 때의 쓰라린 경험을 설명한 것입니다. 여기서 우리 모두는 과거의 죄를 사함 받지 못하고는 결단코 그 어떤 조건하에서도 참된 행복을 누릴 수 없다는 사실을 알아야 합니다.

한편 겸손한 마음으로 되돌아와 자백하고 회개했을 때 죄는 한 순간에 가려지고 사함을 받게 됩니다. 죄를 자백하고 진정으로 회개하면 하나님은 죄에 대한 책임을 일절 묻지 않으십니다. 죄를 사하고 등 뒤로 던지십니다. 이것이 기독교 사상의 핵심입니다.

이 내용을 통해 인간이 가장 비참하게 되는 길과 인간이 가장 행복하게 될 수 있는 두 길을 동시에 보게 됩니다. 곧 저주와 복의 길이 오직 하나님과의 관계에서 결정된다는 사실을 발견하게 됩니다. 하나님과의 관계에 있어서 그 하나는 강퍅한 마음으로 자신의 본질을 숨기는 것이며 다른 하나는 겸손히 하나님 앞에 자신의 모든 것을 솔직하게 보이고 하나님의 자비하심을 바라보는 것입니다.

35-37. 선택된 백성의 복

시편 33:10-12

10 여호와께서 나라들의 계획을 폐하시며 민족들의 사상을 무효하게 하시도다
11 여호와의 계획은 영원히 서고 그의 생각은 대대에 이르리로다
12 여호와를 자기 하나님으로 삼은 나라 곧 하나님의 기업으로 선택된 백성은 복이 있도다 (시 33:10-12)

Psalms 33:10-12

10 The Lord frustrates the plans of the nations and thwarts all their schemes.
더 로드 후러스트레이츠 더 플랜스 어브더 네이션스 앤 드웰츠 올데어 스킴스

11 But the Lord's plans stand firm forever, his intentions can never be shaken.
벗더 로오즈 플랜스 스탠드 펌 훠에버, 히스 인텐션스 캔 네버비 쉐이쿤.

12 What joy for the nation whose God is the Lord, whose people he has chosen as his inheritance.
홧 조이훠 더네이션 후스 갓이스더 로드, 후스 피플 히해즈 초우즌애즈 히스 인헤리텐스

하브루타 질문

1. 세상 모든 나라들의 모든 계획과 생각을 주관하시는 분은 누구인가요?

------

2. 공산주의의 사상은 무엇이며 왜 무너져야 하나요?

3. 하나님을 자기 하나님으로 삼은 나라가 복이 있는 이유는 무엇인가요? 그리고 실제로 하나님을 자기 하나님으로 삼은 나라는 어떤 나라인가요?

4.

5.

6.

> 부모님들을 위한 해설

데이브 브리스(Dave Breese)란 크리스천이 저술한 "무덤 속에서 세상을 움직이는 일곱 사람"에는 현대 공산주의 이론을 정립한 칼 마르크스가 포함되어 있습니다. 이 사상은 사유재산을 부인하고, 자본주의 붕괴를 꾀하며, 물질을 공평하게 분배한다는 명목으로 피비린내 나는 혁명과 투쟁을 앞세웠습니다.

그러나 공평과 평등보다는 독재자가 군림하고, 특수계층이 지배했으며, 노동자와 농민들을 착취와 가난에 시달리게 했습니다. 무엇보다도 개인과 국가들에게 엄청난 피해와 학살을 자행하도록 했습니다. 결과 공산주의를 채택한 나라는 이미 무너졌고 앞으로도 무너지게 될 것입니다.

구소련에선 공산주의자였던 스탈린이 권력을 잡고는 수백 만 명을 숙청했으며, 강제이주를 시킴으로 수천 만 명이 질병이나 굶주림으로 사망하게 했습니다. 중국에서는 모택동에 의해서 숙청되고 희생된 인민들이 얼마나 많은지 헤아릴 수 없을 정도입니다. 캄보디아에선 폴 포트가 농민천국을 구현한다며 크메르루주를 통해 총인구 800만 명 중에서 200만 명 가까운 지식인, 정치인, 군인, 부유층을 학살했습니다.

그 때 학살된 사람들은 안경을 썼다고, 손에 굳은살이 없다고, 키가 크거나 뚱뚱하다고, 피아노를 치거나 영어를 할 줄 안다고, 국제 경기에 참여한 경험이 있다고 죽였습니다. 공산주의 하나의 사상으로 인해서 독재자가 생겨나고, 강압적인 통치 속에 무고한 사람들이 수천 만 명 또는 수억 명이 희생됐습니다. 이 공산주의 사상이야말로 반드시 지구상에서 사라져야 합니다. 궁극적으로 공산주의 사상을 무효하게 하시는 분은 누구신가요?

시편기자는 그분이 바로 하나님이심을 고백합니다. '무효하게 하신다'는 히브리어로 '누'인데 '헛되게 하다', '허락하지 않으신다', '제지하고 좌절하게 하다'는 뜻을 가졌습니다. 하나님은 이런 사상을 영원히 허락지 않으시며 무효하게 하실 것입니다.

38-41. 하나님이 건지신다

시편 33:16-19

16 많은 군대로 구원 얻은 왕이 없으며 용사가 힘이 세어도 스스로 구원하지 못하는도다
17 구원하는 데에 군마는 헛되며 군대가 많다 하여도 능히 구하지 못하는도다
18 여호와는 그를 경외하는 자 곧 그의 인자하심을 바라는 자를 살피사
19 그들의 영혼을 사망에서 건지시며 그들이 굶주릴 때에 그들을 살리시는도다
(시 33:16-19)

Psalms 33:16-19

16 The best-equipped army cannot save a king, nor is great strength enough to save a warrior.

더 베스트 이큅드 아미 캔낫 세이브어 킹, 너어 이스 그레이트 스트렝쓰 이납투 세이버 워리어

17 Don't count on your war-horse to give you victory-for all its strength, it cannot save you.

돈 카운트 온 유어 워호스 투기뷰 빅토리휘 올이츠 스트렝스, 잇캔낫 세이브유

18 But the Lord watches over those who fear him, those who rely on his unfailing love.

벋더로드 워치스 오버 도우스 후 피어 힘, 도우스 후 릴라이 온히스 언훼일링 러브.

19 He rescues them from death and keeps them alive in times of famine.

히 레스큐스 뎀 프럼 데쓰 앤 킵스 뎀 얼라이브인 타임즈어브 훼민.

하브루타 질문

1. 많은 사람들이 권력과 명예라는 목표를 향해 열심히 달려가는 이유는 무엇인가요?

2. 왜 사람들은 권력과 명예의 성취가 자신을 구원할 수 있다고 생각하나요?

3. 사람들을 살피사 영혼을 사망에서 건져주시고 살리시는 분은 누구인가요?

4.

5.

> **부모님들을 위한 해설**

구원은 오직 하나님 손에 있습니다. 많은 군대로 구원받을 수 없고, 천하장사라고 해서 구원받는 것이 아닙니다. 구원받는데 훈련된 군마(軍馬)가 필요하지 않고 세계를 정복할 만큼의 군대를 보유했어도 구원받을 수 없습니다. 구원은 하나님의 절대 권한에 있습니다.

우리는 다윗의 고백에 귀를 기울여야 합니다. "여호와의 구원하심이 칼과 창에 있지 아니함을 이 무리에게 알게 하리라 전쟁은 여호와께 속한 것인즉 그가 너희를 우리 손에 넘기시리라"(삼상 17:47)

세상의 어떠한 힘도 결코 하나님을 대적할 수 없습니다. 아무리 강한 군대를 가졌다고 하여도 또한 좋은 군마와 같은 무기를 가졌다고 하여도 하나님의 힘에 대항할 수 있는 사람은 없고 스스로 구원할 수 없는 연약한 인간에 불과합니다. 아무리 강한 사람도 결코 하나님의 손을 벗어나거나 이길 수 없습니다.

미국은 세계 최고의 강대국이지만 그들은 하나님을 인정합니다. 대통령이 성경에 손을 올리고 취임선서를 하는 것은 결코 우연이 아닙니다. 하나님 말씀대로 통치하겠다는 것입니다. 대통령의 국정연설은 마치 부흥사의 설교와 같습니다. 우리는 '아멘'으로 화답하지만 미국인들은 '할렐루야'로 화답합니다. 미국인들은 어려운 일이 있을 때마다 "하나님 미국을 축복하소서!"(God Bless America!)라고 하나님의 도움을 구합니다. 하나님께서는 하나님을 주님으로 높이고 경외하는 사람들을 돌보시고, 주님의 사랑을 사모하는 사람들은 지켜 주십니다. 따라서 세상의 힘 있는 자들을 두려워하여 하나님을 멀리하는 어리석음을 범하지 말아야 할 것입니다. 하나님을 높이고 그분의 사랑에 소망을 두는 성도가 되는 것이 올바른 길입니다.

시편 37편 전편(상) (20절)

42-47. 의인과 악인의 삶

시편 37:1-6

1 악을 행하는 자들 때문에 불평하지 말며 불의를 행하는 자들을 시기하지 말지어다
2 그들은 풀과 같이 속히 베임을 당할 것이며 푸른 채소 같이 쇠잔할 것임이로다
3 여호와를 의뢰하고 선을 행하라 땅에 머무는 동안 그의 성실을 먹을 거리로 삼을지어다
4 또 여호와를 기뻐하라 그가 네 마음의 소원을 네게 이루어 주시리로다
5 네 길을 여호와께 맡기라 그를 의지하면 그가 이루시고
6 네 의를 빛 같이 나타내시며 네 공의를 정오의 빛 같이 하시리로다 (시 37:1-6)

Psalms 37:1-6

1 Don't worry about the wicked or envy those who do wrong.

돈워리 어바웃 더 위키드 오어 엔비 도우스 후두롱

2 For like grass, they soon fade away. Like spring flowers, they soon wither.

훠 라익 그라스, 데이수운 훼이드 어웨이. 라익 스프링 플라워즈, 데이 수운 위더.

3 Trust in the Lord and do good. Then you will live safely in the land and prosper.

트러스트 인더로드 앤 두굿, 덴 유윌리브 세이플리 인더랜드 앤 프라스퍼.

4 Take delight in the Lord, and he will give you your heart's desires.

테이크 딜라이트 인더로드, 앤 히윌 기뷰 유어허트스 디자이어스

5 Commit everything you do to the Lord. Trust him, and he will help you.

커밋 에브리씽 유두 투더로드, 트라스트힘, 앤 히윌 헬프유

6 He will make your innocence radiate like the dawn, and the justice of your cause will shine like the noonday sun.

히윌 메이큐어 이노센스 레이디에이트 라이크더 돈, 앤더 저스티스 어브유어 카스 윌 샤인 라이크더 눈데이 썬.

하브루타 질문

1. 악한 자들에 대해 염려하지 말고 잘못하는 자들을 부러워하지 말아야 하는 이유는 무엇인가요?

---

2. 하나님을 의뢰하고 선을 행하는 삶에 하나님은 어떤 은혜를 주시나요?

---

3. 우리의 길을 하나님께 맡기면 어떤 결과가 주어지나요?

4.

5.

6.

7.

> **부모님들을 위한 해설**

악인에 대해 불평하지 말라는 권고는 이 시편 말씀의 주제입니다. 악인의 잘됨은 도저히 이해되지 않는 사실입니다. 악인이 망하는 것이 당연한 것으로 여기는 우리에게 악인의 형통은 도저히 이해할 수 없는 사실입니다.

그때 우리는 불평이 나올 수밖에 없습니다. "하나님 도대체 이럴 수가 있습니까?", "이것은 말도 안 되는 것입니다.", "하나님이 살아 계시다면 이럴 수는 없습니다."

그러나 하나님은 분명히 말씀하십니다. 우리가 눈으로 보는 것과 하나님의 심판은 다르다고 말씀하십니다. 악인들은 풀이 곧 베임을 당하는 것과 푸른 채소가 곧 쇠잔하여지는 것과 같다고 비유합니다.

이러한 사실을 깨달은 다윗은 불평하는 것 대신 여호와를 의뢰하며 선을 행하라고 말하고 있습니다. 하나님을 기뻐하라는 명령과 함께 그 명령을 준행하는 자에게 주어질 약속이 무엇인지 밝히고 있습니다. '의인은 흥하고 악인은 망한다'는 것이 하나님의 분명한 법칙입니다. 다만 우리가 생각하는 것보다 시간이 더 걸릴 수 있습니다. 그 이유는 악인도 회개하고 돌아오기를 기다리는 하나님의 사랑 때문입니다.

따라서 하나님을 기뻐하는 성숙한 성도는 자기의 길을 하나님께 맡깁니다. 자기의 모든 일에 대한 결과를 하나님의 뜻에 맡깁니다. 참고 기다리는 자의 기대를 하나님께서는 저버리지 않으십니다.

하나님께서는 의지하는 자에게 의를 빛같이 나타내 주시고 또 공의를 대낮의 해같이 환하게 비취십니다. 다윗은 새벽의 빛으로 인해 곧 쫓겨나는 밤의 어둠처럼 하나님을 의지하는 자들의 당하는 괴로움과 수치는 곧 사라진다고 선언하고 있습니다.

48-52. 악을 만들지 말고 땅을 차지하라

시편 37:7-11

7 여호와 앞에 잠잠하고 참고 기다리라 자기 길이 형통하며 악한 꾀를 이루는 자 때문에 불평하지 말지어다

8 분을 그치고 노를 버리며 불평하지 말라 오히려 악을 만들 뿐이라

9 진실로 악을 행하는 자들은 끊어질 것이나 여호와를 소망하는 자들은 땅을 차지하리로다

10 잠시 후에는 악인이 없어지리니 네가 그 곳을 자세히 살필지라도 없으리로다

11 그러나 온유한 자들은 땅을 차지하며 풍성한 화평으로 즐거워하리로다 (시 37:7-11)

Psalms 37:7-11

7 Be still in the presence of the Lord, and wait patiently for him to act. Don't worry about evil people who prosper or fret about their wicked schemes.

비스틸 인더 플레젠스 어브더 로드, 앤 웨이트 페이션리 훠힘 투액, 돈워리 어바웃 이블피플 후 프라스퍼 오어 후렛 어바웃 데어 위키드 스킴스.

8 Stop being angry! Turn from your rage! Do not lose your temper it only leads to harm.

스탑비잉 앵그리! 턴프럼 유어 레이지! 두낫 루스 유어 템퍼 잇 온리 리드스 투 하암.

9 For the wicked will be destroyed, but those who trust in the Lord will possess the land.

훠더 위키드 윌비 디스트로이드, 벗 도우스 후 트러스트 인더로드 윌 퍼제스 더 랜드

10 Soon the wicked will disappear. Though you look for them, they will be gone.

수운 더 위키드 윌 디서피어. 도우 유룩 훠 뎀, 데윌비곤.

11 The lowly will possess the land and will live in peace and prosperity.

더 로울리 윌 퍼제스 더랜드 앤 윌 리빈 피스 앤 프라스페리티.

하브루타 질문

1. 하나님 앞에서 참고 기다려야 하는 이유는 무엇인가요?

2. 악인의 최종 결과는 무엇이며 그들을 끊어지게 하시는 분은 누구신가요?

3. 어떤 사람이 땅을 차지하나요?

> **부모님들을 위한 해설**

불평하기는 쉽습니다. 억울할 때가 많습니다. 그러나 불평하지 말라고 말씀하십니다. 그 이유는 나 자신도 악인이 될 수 있기 때문입니다. 시인은 여호와 앞에 잠잠하고 참고 기다리라고 말하면서, 자기 길이 형통하며 악한 꾀를 이루는 사람들 때문에 불평하지 말 것을 다시 강조하는 것입니다. 우리는 자신을 에워싸고 있는 악인들 앞에서 그들을 향한 다른 말을 많이 하지 말고, 여호와 앞에서 잠잠히 기다리는 믿음의 사람들이 되어야 합니다.

악한 자들의 잘됨으로 인해 하나님을 원망하지도 말아야 합니다. 악한 꾀를 이루는 자 때문에 불평하지 말고, 자신의 입술을 잘 지키며 하나님을 신뢰하고 그분의 얼굴을 구해야 합니다. 우리 크리스천들이 인내하며 잠잠히 기다린다면, 공의로우신 하나님께서 친히 일하실 것입니다. 자신의 열악한 환경과 상황 때문에 마음이 움츠러들거나 불편해하지 말고, 날마다 여호와를 바라며 강하고 담대해야 합니다. 입술을 다물고 여호와를 바랄 때 주께서 친히 일하실 것입니다.

또한, 크리스천들은 악한 자의 형통함으로 인해 감정이 요동하거나 분을 내지도 말아야 합니다. 의인이 행악자로 인하여 마음에서 나오는 분을 버리고 노를 버려야 하는 이유는 분노의 결과가 행악에 치우치게 하기 때문입니다. 의인은 무엇보다 자신의 마음을 거룩하게 지켜야 합니다. 분노의 감정이 하나님의 뜻과 배치되는 감정임을 기억해야 합니다.

우리가 악인의 형통함을 보고 불평하거나 하나님을 원망한다면 자신도 악의 올무에 빠져 하나님께 죄를 범하고 있음을 기억해야 합니다. 우리는 이 사실을 알고, 자신의 마음과 입술을 잘 다스리는 자들이 되어 땅을 차지하는 온유한 사람이 되어야 합니다.

53-56. 하나님의 복수

시편 37:12-15

12 악인이 의인 치기를 꾀하고 그를 향하여 그의 이를 가는도다

13 그러나 주께서 그를 비웃으시리니 그의 날이 다가옴을 보심이로다

14 악인이 칼을 빼고 활을 당겨 가난하고 궁핍한 자를 엎드러뜨리며 행위가 정직한 자를 죽이고자 하나

15 그들의 칼은 오히려 그들의 양심을 찌르고 그들의 활은 부러지리로다 (시 37:12-15)

Psalms 37:12-15

12 The wicked plot against the godly, they snarl at them in defiance.

더 위키드 플랏 어겐스트 더 가들리, 데이 스날 엣템 인 디파이언스.

13 But the Lord just laughs, for he sees their day of judgment coming.

벗더로드 자스트 레프스, 훠히 씨스데어 데이브 저지먼트 카밍.

14 The wicked draw their swords and string their bows to kill the poor and the oppressed, to slaughter those who do right.

더 위키드 드러 데어 쏘오드 앤 스티링 데어 봐우스 투킬 더퍼 앤더 어퍼레스트, 투 슬라터 도우스 후두롸잇.

15 But their swords will stab their own hearts, and their bows will be broken.

벗 데어 쏘오드 윌 스탭 데어 오운 허어츠, 앤 데어 봐우스 윌비 브로캔.

하브루타 질문

1. 악인은 의인에 대해 어떤 행동을 하나요?

2. 악인이 수단과 방법을 가리지 않고 가난한 자들과 정직한 자를 죽이려고 하는 이유는 무엇인가요?

3. 그들의 공격이 무력화되는 이유는 무엇인가요?

4.

> **부모님들을 위한 해설**

드디어 하나님의 복수가 시작되었습니다. 하나님은 처음부터 끝까지 악인의 행위를 지켜보고 계셨습니다. 악인은 점점 더 횡포해집니다. 이를 갈던 악인이 이제는 구체적으로 행동하려고 합니다. 그러나 이것이 자충수가 되어버립니다. 하나님은 이런 악인의 행위를 비웃고 계십니다.

과연 악인의 특징은 무엇인가요? 의인을 치는 계획을 세우고 실행하는 것입니다. 이것이 바로 악인이 최후로 가는 지름길입니다. 우리말에 '가만히 있으면 중간이라도 간다'라는 말이 있습니다. 악인이라도 가만히 있으면 죽지 않는데 오히려 도발을 하다가 스스로 처절한 최후를 자청합니다. 그것은 바로 악인을 죽이기 위해 악인의 마음에 담긴 악을 끓어오르게 하시기 때문입니다.

하나님은 그런 사람을 비웃으십니다. 자신의 혈기를 믿고 의인을 공격하는 행위를 하나님은 용납하지 않으십니다. 하나님은 그동안 악인이라도 회개하고 돌아오기를 기다리셨습니다. 그러나 하나님의 선의를 저버리고 하나님의 백성인 의인을 향해 칼을 들고, 활을 당길 때 그것이 바로 악인 자신을 향하게 하십니다. 그들의 칼은 자신을 겨누고 견고한 활은 부러지게 될 것입니다. 하나님의 공의가 실현되는 순간입니다.

이 세상은 하나님의 통치 속에 있습니다. 이 세상의 역사도 인간의 역사가 아닌 하나님의 역사입니다. 영어로 역사를 'History'라고 하는데 이것은 바로 'His+Story'(그분의 이야기)입니다. 세상은 일시적으로 악한 사람들이 득세하는 것 같지만 그들은 풀과 같이 마르게 되어 화염 속으로 사라질 운명입니다. 조금만 더 기다리십시오.

57-61. 부자 악인보다 가난한 의인이 낫다

시편 37:16-20

16 의인의 적은 소유가 악인의 풍부함보다 낫도다
17 악인의 팔은 부러지나 의인은 여호와께서 붙드시는도다
18 여호와께서 온전한 자의 날을 아시나니 그들의 기업은 영원하리로다
19 그들은 환난 때에 부끄러움을 당하지 아니하며 기근의 날에도 풍족할 것이나
20 악인들은 멸망하고 여호와의 원수들은 어린 양의 기름 같이 타서 연기가 되어 없어지리로다 (시 37:16-20)

Psalms 37:16-20

16 It is better to be godly and have little than to be evil and rich.
잇이스 베러 투비 가들리 앤 해브 리들 덴 투비 이빌 앤 리취

17 For the strength of the wicked will be shattered, but the Lord takes care of the godly.
휘더 스티렝스 어브더 위키드 윌비 샤터드, 벗더로드 테익스 케어어브더 가들리

18 Day by day the Lord takes care of the innocent, and they will receive an inheritance that lasts forever.
데이바이데이 더로드 테이크스 케어 어브디 이노센트, 앤 데이 윌 리씨브 언 인헤리텐스 댓 라스츠 휘에버.

19 They will not be disgraced in hard times, even in famine they will have more than enough.
데이 월 낫비 디스그레이스드 인하드타임즈, 이븐 인 훼민 데이월 해브 머덴 이납

20 But the wicked will die. The Lord's enemies are like flowers in a field-they will disappear like smoke.

벗더 위키드 윌다이. 더 로드스 에니미스 아 라이크 플라워스 인어필드 데이윌 디써피어 라이크 스모크.

> 🚶 하브루타 질문

1. 의인의 적은 소유가 악인의 풍부함보다 나은 이유는 무엇인가요?
   _____
   _____

2. 하나님께서 끝까지 붙드시는 사람은 어떤 사람인가요?
   _____
   _____

3. 악인과 여호와의 원수들의 결과는 무엇인가요?
   _____
   _____

4. _____
   _____
   _____

> 부모님들을 위한 해설

우리는 풍부함을 소망합니다. 우리가 일한대로 풍부한 결과를 얻기 원합니다. 그런 소망이 있기 때문에 우리는 열심히 일할 수 있습니다. 우리는 누구나 적은 소유를 좋아하지 않습니다.

그러나 악인의 풍부함이라면 상황은 달라집니다. 풍부함은 좋은 것이지만 악인의 풍부함은 의인의 적은 소유보다 못합니다. 비교조차 할 수 없습니다. 그 이유는 악인의 팔이 부러질 것이기 때문입니다. 팔이 부러지는 것은 멸망을 의미합니다. 멸망할 악인이 소유한 풍부함은 악인의 멸망과 함께 탈 재목에 불과한 것입니다.

그러니 적은 소유에 실망하지 마십시오. 하나님의 말씀에 순종하는 의인을 하나님께서 붙들어 주십니다. 하나님의 백성의 기업은 영원할 것입니다. 부끄러움을 당하지 않을 것입니다. 곧 다가오는 기근 앞에서 오히려 풍족함을 누리게 될 것입니다. 하나님의 백성은 하나님의 나라를 유업으로 받고 땅을 차지할 것입니다.

예수님은 온유한 자가 땅을 기업으로 받을 것이라 했고, 야고보서에는 가난한 자를 택하여 복음에 부요케 하고 자기를 사랑하는 자 곧 하나님께 소망을 두는 자에게 하나님 나라를 유업으로 주신다고 했습니다.

우리는 악인의 형통함을 시기하거나 부러워 말고 분노를 버리고 하나님께 소망을 두고 온유한 마음을 품는 것이 하나님의 뜻을 따르는 것입니다. 그 방법은 바로 하나님께 소망을 두는 것입니다. 하나님께 소망을 두고 온유한 마음을 품으면 그가 필요한 것을 공급하시고 화평을 주십니다. 악인은 잠시 뿐 풀과 같이 곧 사라질 것이므로 의인의 적은 소유가 악인의 풍부함보다 낫다고 시인은 고백합니다.

시편 37편 전편(하) (20절)

04

62-67. 의인이 가져야 할 소망

시편 37편 21-26

21 악인은 꾸고 갚지 아니하나 의인은 은혜를 베풀고 주는도다
22 주의 복을 받은 자들은 땅을 차지하고 주의 저주를 받은 자들은 끊어지리로다
23 여호와께서 사람의 걸음을 정하시고 그의 길을 기뻐하시나니
24 그는 넘어지나 아주 엎드러지지 아니함은 여호와께서 그의 손으로 붙드심이로다
25 내가 어려서부터 늙기까지 의인이 버림을 당하거나 그의 자손이 걸식함을 보지 못하였도다
26 그는 종일토록 은혜를 베풀고 꾸어 주니 그의 자손이 복을 받는도다 (시 37:21-26)

Psalms 37:21-26

21 The wicked borrow and never repay, but the godly are generous givers.

더 위키드 바로우 앤 네버 리페이, 벗더 가들리 아 제너러스 기버스.

22 Those the Lord blesses will possess the land, but those he curses will die.

도우스 더로드 블레시스 윌 퍼제스 더 랜드, 벗 도우스 히 커시스 윌다이.

23 The Lord directs the steps of the godly. He delights in every detail of their lives.

더 로드 디렉더 스텝스 어브더 가들리. 히 딜라이츠인 에브리 디테일 어브 데어라이브즈

24 Though they stumble, they will never fall, for the Lord holds them by the hand.

도우 데이 스텀블, 데이 윌 네버 폴, 휘더로드 홀즈뎀 바이더핸드.

25 Once I was young, and now I am old. Yet I have never seen the godly abandoned or their children begging for bread.

원스 아이워즈영, 앤나우 아엠 올드. 옛 아해브 네버씬 더 가들리 어밴던드 오어 데어 칠드런 베깅 휘 브레드

26 The godly always give generous loans to others,

더 가들리 얼웨이스 기브 제너러스 론스 투 아더스.

🧍 하브루타 질문

1. 악인과 의인의 삶의 태도와 결과를 비교해 보세요.

---

2. 하나님께서 걸음을 정하신 의인도 넘어질 때가 있나요? 의인은 넘어지지만 아주 엎드러지지 않는 이유를 설명해 보세요.

---

3. 의인과 그의 자손들이 복을 받는 이유는 무엇인가요?

_____

_____

4. _____

_____

_____

5. _____

_____

_____

6. _____

_____

_____

7. _____

_____

_____

> 부모님들을 위한 해설

미국의 햄버거 프랜차이즈 '인앤아웃 버거'(IN-N-OUT BURGER)는 1948년 창업 당시부터 줄곧 원칙을 고수함으로써 윤리경영의 모범사례로 종종 인용됩니다. 신선한 식재료를 사용하는 원칙이 있는데, 쇠고기는 절대 얼리지 않고 기름도 냉장하지 않고 사용합니다. 야채는 100% 당일 배달된 것만 사용하고, 특히 감자는 즉석에서 썰어 튀길 정도로 신선도를 유지합니다. 그래서 수십 마일을 운전해서 찾아오는 열성 고객들이 생기는 것입니다.

컵이나 포장지에는 성경말씀을 적어 크리스천 기업임을 당당히 밝히며 전도합니다. 정직하고 의롭게 산다고 세상에서 성공하지 못하는 게 아님을 웅변적으로 보여주는 대표적 사례입니다. 하나님의 원칙대로 살면 하나님께서 책임져 주십니다. 모든 일은 하나님 손 안에 있습니다.

다윗은 어릴 때부터 노년이 되기까지, 오직 하나님만 붙들고 사는 자가 하나님께 버림을 당하거나 세상에서 주린 모습을 본 적이 결코 없었다고 고백하고 있습니다. 즉, 그런 의인은 결국에는 반드시 하나님께 축복을 받고 늘 남에게 영적으로, 육적으로 베푸는 삶을 살게 되고 꾸어줄 만큼 풍족함을 누리며 그 자손까지도 복을 받았다는 것입니다. 우리는 먼저 의인의 삶을 살아야 합니다. 그때 하나님은 우리의 자녀의 삶을 책임지십니다. 종일토록 은혜를 베푸십시오. 꾸어주십시오. 나눠주십시오. 그것은 바로 내 떡을 물 위에 던지는 행위와 같습니다.(전 11:1) 여러 날 후에(자손 대에) 도로 찾게 될 하나님의 공의입니다.

68-72. 하나님의 영원한 인도를 받는 방법

시편 37:27-31

27 악에서 떠나 선을 행하라 그리하면 영원히 살리니

28 여호와께서 정의를 사랑하시고 그의 성도를 버리지 아니하심이로다. 그들은 영원히 보호를 받으나 악인의 자손은 끊어지리로다

29 의인이 땅을 차지함이여 거기서 영원히 살리로다

30 의인의 입은 지혜로우며 그의 혀는 정의를 말하며

31 그의 마음에는 하나님의 법이 있으니 그의 걸음은 실족함이 없으리로다 (시 37:27-31)

Psalms 37:27-31

27 Turn from evil and do good, and you will live in the land forever.

턴프럼 이블앤 두굿, 앤 유윌 리브 인더랜드 휘에버.

28 For the Lord loves justice, and he will never abandon the godly. He will keep them safe forever, but the children of the wicked will die.

훠더 로드 러브스 저스티스, 앤 히윌 네버 어벤든 더 가들리. 히 윌 킵뎀 세이프 휘에버, 벗더 칠드런 어브더 위키드 윌다이.

29 The godly will possess the land and will live there forever.

더 가들리 윌 퍼제스 더 랜드앤 윌 리브데어 휘에버.

30 The godly offer good counsel, they teach right from wrong.

더 가들리 오퍼 굿 카운설, 데이 티취 라잇 프럼 롱.

31 They have made God's law their own,

데이 해브 메이드 갓스로 데어오운,

하브루타 질문

1. 악에서 떠나 선을 행하는 사람에게 하나님은 어떤 은혜를 주시나요?

2. 어떤 사람이 땅을 차지하나요?

3. 의인은 어떤 법을 가지고 살아야 하나요?

4.

5.

> 부모님들을 위한 해설

우리가 영원히 사는 방법이 있습니다. 그것은 바로 악에서 떠나 선을 행하는 것입니다. 하나님은 선을 행하는 사람을 사랑하십니다. 그것이 바로 의인의 삶이며 하나님이 기뻐하시는 삶의 모습입니다. 하나님은 의인의 편에 서십니다. 하나님은 정의를 사랑하시고 그의 성도를 버리지 않으시고 영원히 보호하십니다.

의인이란 '의로운 사람'이라는 뜻으로서, 성경에서 말하는 의는 히브리어 '차디크', 헬라어로 '디카이오소네'를 번역한 단어입니다. 성경적인 의인은 무죄하거나 흠 없는 사람이 아니라, 타락한 시대에 정직하고, 경건하고, 다른 사람에게 선을 행하는 삶을 사는 사람입니다. 성경에는 아벨, 노아, 욥 등을 의인이라고 했습니다.

이사야는 '의인의 길은 정직함이여 정직하신 주께서 의인의 첩경을 평탄하게 하시도다'(사 26:7)라고 했으며, 다윗은 '의인이 땅을 차지함이여 거기서 영원히 살리로다'(시 37:29)라고 하였습니다. '기록된바 오직 의인은 믿음으로 말미암아 살리라 함과 같으니라'(롬 1:17)고 했으며 히브리서에서는 '나의 의인은 믿음으로 말미암아 살리라'(히 10:38)고 하였습니다.

엄격한 의미에서, 사람은 하나님 앞에서 의인이 될 수 없는 존재입니다. 그러나 오직 믿음으로 '의인'이라는 평가를 받을 수는 있음을 보여줍니다. 그렇다면 하나님이 기뻐하시는 의인은, 오직 믿음으로 사는 사람, 오직 하나님의 법을 지켜 행하는 사람을 말하고 있습니다.

73-77. 악인들의 끊어짐

시편 37:32-36

32 악인이 의인을 엿보아 살해할 기회를 찾으나

33 여호와는 그를 악인의 손에 버려두지 아니하시고 재판 때에도 정죄하지 아니하시리로다

34 여호와를 바라고 그의 도를 지키라 그리하면 네가 땅을 차지하게 하실 것이라 악인이 끊어질 때에 네가 똑똑히 보리로다

35 내가 악인의 큰 세력을 본즉 그 본래의 땅에 서 있는 나무 잎이 무성함과 같으나

36 내가 지나갈 때에 그는 없어졌나니 내가 찾아도 발견하지 못하였도다 (시 37:32-36)

Psalms 37:32-36

32 The wicked wait in ambush for the godly, looking for an excuse to kill them.

더 위키드 웨잇인 엠버쉬 훠더 가들리, 룩킹휘 언 익스큐스 투킬뎀

33 But the Lord will not let the wicked succeed or let the godly be condemned when they are put on trial.

벗더 로드 윌낫 렛더 위키드 썩시드 오어 렛더 가들리 비 컨뎀드 웬 데이아 펏온 츄라이얼.

34 Put your hope in the Lord. Travel steadily along his path. He will honor you by giving you the land. You will see the wicked destroyed.

펏 유어호프 인더로드. 츄라벌 스테들리 언롱 히스 패스. 히 윌 아너 유바이 기빙유 더랜드. 유윌 씨 더 위키드 디스트로이드.

205

35 I have seen wicked and ruthless people flourishing like a tree in its native soil.

아해브 씬 위키드 앤 루드레스 피플 플러뤄싱 라이커 트리 인잇스 네이디브 쏘열.

36 But when I looked again, they were gone!

벗 웬 아룩드 어겐, 데이워 곤!

하브루타 질문

1. 악인은 기회만 있으면 의인을 공격하지만 그 공격이 무력화되는 이유는 무엇인가요?

2. 의인의 삶의 지침을 설명해 보세요.

3. 악인, 무자비한 폭군들이 강한 것 같이 보이지만 그들이 사라져버린 이유는 무엇인가요?

> 부모님들을 위한 해설

악한 사람들이 득세하는 것 같고, 잘 먹고 잘 사는 것 같아도 부러워하지 말아야 합니다. 악인들은 흔적도 없이 사라지는 존재이기 때문입니다. 오늘 본문은 그 이유를 계속하여 설명하고 있습니다.

하나님께서는 악한 사람들을 비웃으시고, 하나님 앞에서 바르게 살고자 사람을 붙드십니다. 악한 사람은 연약한 사람은 짓누르고, 의로운 사람을 없애고자 별의별 궁리를 하지만 그것은 결국 자기를 찌르는 결과를 가져옵니다. 우리 속담에 '자기 손가락으로 자기 눈을 찌르다'는 말처럼 '제 칼에 자기가 찔리게 될 것'이라고 말씀하십니다. 인생을 길게 보아야 합니다. 그래야만 하나님이 어떻게 역사하시는지 목격할 수 있습니다. 잎사귀가 무성한 나무처럼 결코 흔들리지 않을 것처럼 보였던 악인들이 흔적도 없이 사라지는 것은 하나님의 역사입니다. 그들의 영광, 부유함, 화려함, 명예가 순식간에 흔적도 없이 사라지는 것이 악인의 운명입니다.

하나님의 말씀에 따라 바르게 사는 것, 지금 누릴 수 있는 것보다 좀 덜 누리고 사는 것이 오히려 복입니다. 너무 많이 누리려고 하면, 그 욕심이 자신을 찌르게 됩니다. 오늘도 오직 하나님을 바라보고, 오직 하나님 나라를 꿈꾸며 살아갑시다.

78-81. 하나님은 의인의 요새이시다

시편 37:37-40

37 온전한 사람을 살피고 정직한 자를 볼지어다 모든 화평한 자의 미래는 평안이로다

38 범죄자들은 함께 멸망하리니 악인의 미래는 끊어질 것이나

39 의인들의 구원은 여호와로부터 오나니 그는 환난 때에 그들의 요새이시로다

40 여호와께서 그들을 도와 건지시되 악인들에게서 건져 구원하심은 그를 의지한 까닭이로다 (시 37:37-40)

Psalms 37:37-40

37 Look at those who are honest and good, for a wonderful future awaits those who love peace.

룩엣도우즈 후아 어니스트 앤 굿, 훠어 원더풀 휴쳐 어웨이츠 도우스 후러브 피스.

38 But the rebellious will be destroyed, they have no future.

벗더 레벨리우스 윌비 디스트로이드, 데이해브 노 휴쳐.

39 The Lord rescues the godly, he is their fortress in times of trouble.

더로드 레스큐스 더 가들리, 히이스데어 휘츠레스 인 타임스 어브 츄라블.

40 The Lord helps them, rescuing them from the wicked. He saves them, and they find shelter in him.

더로드 헬프스뎀, 레스큐잉 뎀 프럼더 위키드. 히 세이브스뎀, 앤 데이 화인드 쉘터 인힘.

하브루타 질문

1. 온전한 사람, 정직한 자의 미래에 대해 말해보세요.

2. 범죄자들과 악인들의 미래에 대해 말해보세요.

3. 지금까지 의인과 악인의 삶을 살펴보았다면 여러분은 어떤 삶을 선택하실 것인가요?

4.

5.

> 부모님들을 위한 해설

악한 사람들의 특징이 있습니다. 그것은 바로 '견고함이 없다'는 것입니다. 한동안 잘 유지되는 것 같지만 악한 사람들은 쥐도 새도 모르게 사라질 존재입니다. 그래서 시편 1편에서는 그들을 '바람에 나는 겨와 같다'고 하셨습니다. 그 이유는 삶의 근거를 자기 자신에게 두기 때문입니다. 사람이 동식물에 비하면 뛰어나지만 여전히 유한하고도 불완전한 존재입니다. 그래서 사람은 흔들릴 수밖에 없고, 마음 깊은 곳에 불안함이 있습니다.

하지만 하나님을 의뢰하는 의인들은 환난 때에도 흔들리지 않는 요새와 같습니다. 왜냐하면 그들이 신뢰하는 하나님이 영원한 요새가 되시기 때문입니다. 그래서 시편 1편에서 의로운 사람, 복 있는 사람은 시냇가에 심은 나무, 견고한 나무와 같다고 하신 것입니다.

다윗이 젊은 하나님의 백성들에게 자신 있게 "하나님을 의뢰하십시오. 하나님을 기뻐하십시오. 하나님께 당신들의 길을 맡기십시오. 하나님은 당신들의 걸음을 정하시고 그 길을 기뻐하십니다. 당신들이 혹 넘어지나 아주 엎드려지지 않는 것은 하나님께서 당신들을 붙드시기 때문입니다. 의인이 버림을 당하는 것 본 적이 없습니다. 의인의 자손이 걸식하는 것을 본 적도 없습니다."라고 자신 있게 권면할 수 있는 이유는 무엇이었겠습니까? 그것은 다윗의 삶의 목적과 소망이 오직 하나님이었기 때문입니다. 그 하나님에 대한 소망이 다윗 자신을 하나님께 묶어 주었고, 자기 뒤에 하나님을 믿을 사람들도 하나님께 묶어주기 위해서 이렇게 호소하는 것입니다.

우리의 인생도 그러합니다. 하나님께 소망을 두고, 하나님께 매이는 것보다 더 복 있는 인생은 없습니다. 우리가 유한한 이 세상에서 가장 복 있게 사는 길은 우리의 인생의 소망을 하나님께 두고, 하나님께 매이는 것입니다.

하나님을 의지하라 (29절)

05

82-85. 나를 구원하시는 하나님

시편 40:1-4

1 내가 여호와를 기다리고 기다렸더니 귀를 기울이사 나의 부르짖음을 들으셨도다

2 나를 기가 막힐 웅덩이와 수렁에서 끌어올리시고 내 발을 반석 위에 두사 내 걸음을 견고하게 하셨도다

3 새 노래 곧 우리 하나님께 올릴 찬송을 내 입에 두셨으니 많은 사람이 보고 두려워하여 여호와를 의지하리로다

4 여호와를 의지하고 교만한 자와 거짓에 치우치는 자를 돌아보지 아니하는 자는 복이 있도다 (시 40:1-4)

Psalms 40:1-4

1 waited patiently for the Lord to help me, and he turned to me and heard my cry.

아이웨잇티드 패이션틀리 휘더 로드투 헬미, 앤 히 턴드투미 앤 허드 마이크라이.

2 He lifted me out of the pit of despair, out of the mud and the mire. He set my feet on solid ground and steadied me as I walked along.

히립티미 아웃어브더 핏어브디스페어, 아웃어브 더머드 앤더 마이어, 히셋마이 피트 언 쏠리드 그라운드앤 스테디드 미 애즈 아 웍얼롱.

3 He has given me a new song to sing, a hymn of praise to our God. Many will see what he has done and be amazed. They will put their trust in the Lord.

히해즈 기븐미어 뉴쏭투씽, 어힘어브 프레이즈 투 아워갓. 메니윌 씨 왓히해즈 던 앤비 어메이즈드. 데이윌 풋 데어 트라스트 인더로드.

4 Oh, the joys of those who trust the Lord, who have no confidence in the proud or in those who worship idols.

오, 더조이스 어브 도우스 후트라스트 더로드, 후해브노 컨피던스 인더 프라우드 오어 인도우스 후 워십 아이돌스.

하브루타 질문

1. 하나님을 기다리면서 기도할 때 하나님은 어떻게 하셨나요?

2. 나를 구원하시고 내 발을 견고하게 하시는 분은 누구인가요?

3. 어떤 사람이 복을 받는다고 하셨나요?

> 부모님들을 위한 해설

시편 1권(시편1편-41편)은 다윗의 고백입니다. 특별히 다윗의 말년에 아들 압살롬에게 쫓기는 어려움 가운데서 오히려 하나님의 은혜를 깨닫고 그 은혜를 찬송하기까지 하나님 앞에서 다윗의 영혼이 점점 자라는 모습을 잘 표현하고 있습니다.

그러기에 1권의 결론부분인 40편에 와서는 그에게 베푸신 은혜와 뜻을 깨닫고 자신을 구원해주신 하나님을 찬송하고 있습니다. "내가 여호와를 기다리고 기다렸더니" 라는 다윗의 기도는 결국 기가 막힐 웅덩이와 수렁(모든 죄악과 도무지 이길 수 없는 절망적 상황)에서 끌어올리시는 응답을 받고 "내 발을 반석 위에 두사(평안하게 하시고) 내 걸음을 견고하게 하셨도다"(내 길을 인도하셨도다) 라는 고백을 드리고 있습니다.

바로 그런 은혜를 받은 다윗은 그 입술에 새 노래로 찬송하고(하나님의 변화된 영혼으로 하나님을 찬송함)있으면서 이같이 모든 어려움을 하나님으로 이기고 평안을 누리는 다윗을 통하여 많은 사람들이 하나님을 두려워하며 의지하였습니다. 다만 어떤 상황 가운데서도 하나님을 의지하고 어둠(교만, 거짓)을 따르지 않는 사람이 받을 복을 다윗을 통하여 잘 보여주고 있습니다.

86-90. 나를 도우시는 하나님

시편 46:1-5

1 하나님은 우리의 피난처시요 힘이시니 환난 중에 만날 큰 도움이시라
2 그러므로 땅이 변하든지 산이 흔들려 바다 가운데에 빠지든지
3 바닷물이 솟아나고 뛰놀든지 그것이 넘침으로 산이 흔들릴지라도 우리는 두려워하지 아니하리로다 (셀라)
4 한 시내가 있어 나뉘어 흘러 하나님의 성 곧 지존하신 이의 성소를 기쁘게 하도다
5 하나님이 그 성 중에 계시매 성이 흔들리지 아니할 것이라 새벽에 하나님이 도우시리로다 (시 46:1-5)

Psalms 46:1-5

1 God is our refuge and strength, always ready to help in times of trouble.

갓이스 아워 레퓨즈 앤 스트렝, 올에이스 레디투 헬브인 타임즈어브 츄라벌.

2 So we will not fear when earthquakes come and the mountains crumble into the sea.

쏘 위윌낫 피어 웬 어쓰퀴익스 컴 앤 더 마운틴스 크름블 인투더 씨.

3 Let the oceans roar and foam. Let the mountains tremble as the waters surge! Interlude

렛디오션스 로어 앤 펌. 렛더 마운틴스 트렘블 애즈더 워러스 써쥐! 인터루드

4 A river brings joy to the city of our God, the sacred home of the Most High.

어 리버 브링스 조이투더시티 어브아워갓, 더 쎄이크렛 홈 어브더 모스트하이.

5 God dwells in that city, it cannot be destroyed. From the very break of day, God will protect it.

갓 두웰스 인댓씨티; 잇캔낫비 디스트로이드. 프럼더 베리 브레이크 어브데이, 갓 윌 프로텍팃.

하브루타 질문

1. 우리가 어려움을 당할 때 하나님은 나에게 어떤 존재인가요?

2. 우리가 두려워하지 말아야 할 이유를 설명해 보세요.

3. 시편기자는 하나님이 특별하게 돕는 시간이 언제라고 하셨나요?

> 부모님들을 위한 해설

두려움의 근원지는 항상 마음입니다. 사람을 죽이고 살리는 곳은 세상이 아닌 마음의 요동함입니다. 마음이 흔들리면 사람은 죽습니다. 그러나 아무리 힘든 어려움이 다가와도 마음이 흔들리지 않으면 살아납니다. 그 방법은 바로 피난처이신 하나님을 붙드는 것입니다. 하나님은 어떤 상황도 이기고 여유롭게 대처할 수 있는 지혜를 주십니다. 흑사병이 온 유럽을 덮쳤습니다. 그런데 놀라운 것은 흑사병으로 죽은 사람보다 두려움으로 죽은 사람이 훨씬 많았다고 합니다. 흑사병보다 더 무서운 것이 바로 두려움이라는 존재입니다.

따라서 두려움은 물리쳐야 할 대상입니다. 하나님은 우리의 피난처가 되십니다. 어떤 환난에서도 함께 하시겠다고 약속하십니다. '강하고 담대하라'고 말씀하십니다. '두려워 하지 말라'고 하십니다.

여기서 중요한 사실이 있습니다. 강하고 담대한 것, 두려워하지 말아야 할 것은 하나님의 몫이 아닌 우리의 몫입니다. 하나님은 어떤 상황에도 강하고 담대하라고 하십니다. 두려워하지 말라고 하십니다. 그것은 바로 우리가 스스로 강하고 담대함을 선택해야 한다는 것입니다.

하나님이 주신 말씀을 부여잡고 두려움을 떨쳐내야 합니다. 태풍이 아무리 거세게 휘몰아쳐도 태풍의 중심부분인 태풍의 눈은 너무나 고요하다고 합니다. 태풍의 눈처럼 마음의 심지를 굳게 세우며 어떤 경우에도 낙심하거나 낙담하지 말고, 하나님께 소망을 두고 오직 하나님 한 분만을 찬양합시다.

하나님은 나의 피난처가 되시는 든든한 아버지이십니다. 하나님은 나를 새벽에 도우십니다. 절망의 밤이 지나면 하나님이 도우시는 손길이 보이기 시작합니다. 캄캄할 때는 아무 것도 보이지 않지만 하나님은 여전히 내 옆에 계십니다. 어둠이 사라지면서 하나님의 구원의 손길을 보는 순간 기쁨이 넘치게 될 것입니다.

91-93. 어리석은 사람의 특징

시편 53:1-3

1 어리석은 자는 그의 마음에 이르기를 하나님이 없다 하도다 그들은 부패하며 가증한 악을 행함이여 선을 행하는 자가 없도다
2 하나님이 하늘에서 인생을 굽어살피사 지각이 있는 자와 하나님을 찾는 자가 있는가 보려 하신즉
3 각기 물러가 함께 더러운 자가 되고 선을 행하는 자 없으니 한 사람도 없도다
(시 53:1-3)

Psalms 53:1-3

1 Only fools say in their hearts, "There is no God." They are corrupt, and their actions are evil; not one of them does good!

온리 훌스쎄이 인데어 허어츠, "데어리스 노갓." 데이아 크럽트, 앤 데어 액션스아 이블; 낫 원어브템 더스 굿!

2 God looks down from heaven on the entire human race; he looks to see if anyone is truly wise, if anyone seeks God.

갓 룩스다운 프롬헤븐 온더 인타이어 휴멘레이스; 히 룩스투씨 이프 애니원 이스 트룰리 와이즈, 이프 애니원 식스 갓.

3 But no, all have turned away; all have become corrupt. No one does good, not a single one!

벗노, 올해브 턴드 어웨이; 올 해브 비컴 커럽트. 노원 다스 굿, 낫어 씽글 원!

하브루타 질문

1. 어리석은 사람들의 어리석음은 어디에서 시작하나요?

2. 어리석은 사람들의 행동의 결과는 무엇인가요?

3. 하나님 앞에서 사람들은 예외 없이 어떤 존재인가요?

4.

5.

> **부모님들을 위한 해설**

오늘 시의 역사적 배경은 나발과 다윗의 악연으로 시작되었습니다. 나발의 아내 아비가일이 아니었다면 다윗에 의해 죽었을 사람입니다. 나발의 태도가 하나님의 기름 부음을 받은 다윗을 모욕했고, 다윗이 자신들의 양떼와 목자를 보호해준 사실을 간과했고, 나그네 대접에 대한 율법 규정을 무시하는 등 그야말로 하나님을 모르는 사람이었고 어리석은 사람이었습니다. 그에게 중요한 것은 오직 세상 쾌락과 재물의 축적이었습니다.

시인은 어리석은 사람의 실상이 어떠한지를 묘사하고 있습니다. 어리석은 사람이 어떤 마음을 갖고 있으며 또한 어떤 삶의 태도를 견지하는지에 대하여 말합니다. 실제로 어리석은 사람들은 하나님에 대하여 모르며, 하나님을 무시하는 삶을 살아갑니다. 하나님을 무시하는 사람은 동시에 사람을 우습게 여깁니다.

어리석은 사람들은 선을 행할 능력이 없습니다. 본능으로 살아가기 때문입니다. 물론 그들에게는 선을 행하고 싶은 마음조차도 없었습니다. 그들 모두 선천적으로 부패했기 때문이었습니다. 그래서 그들은 하는 일마다 하나님 앞에 가증하며, 하나님을 슬프게 할 뿐이었습니다. 그뿐만 아니라 양심이 무뎌질 대로 무뎌져서 그 같은 사악한 행위를 하면서도 아무런 가책을 느끼지 못했습니다.

자신들이 지혜롭다고 스스로 생각하면서, 그 헛된 지혜를 동원하여 더욱 죄악에 집착하는 것입니다. 그러나 하나님은 인생들의 모든 일을 감찰하십니다. 무지한 사람들이 그러한 사실을 알지 못할 뿐, 그들의 악한 행위는 하나님에 의해서 엄격하게 기록되고 있습니다. 그리고 기록된 대로 심판을 받게 됩니다.(계 20:12) 그런데도 사람들은 여전히 헛된 지혜와 영적무지로 하나님의 심판을 스스로 재촉하고 있습니다.

94-98. 하나님 앞에 나아갈 때

시편 100:1-5

1 온 땅이여 여호와께 즐거운 찬송을 부를지어다

2 기쁨으로 여호와를 섬기며 노래하면서 그의 앞에 나아갈지어다

3 여호와가 우리 하나님이신 줄 너희는 알지어다 그는 우리를 지으신 이요 우리는 그의 것이니 그의 백성이요 그의 기르시는 양이로다

4 감사함으로 그의 문에 들어가며 찬송함으로 그의 궁정에 들어가서 그에게 감사하며 그의 이름을 송축할지어다

5 여호와는 선하시니 그의 인자하심이 영원하고 그의 성실하심이 대대에 이르리로다
(시 100:1-5)

Psalms 100:1-5

1 Shout with joy to the Lord, all the earth!

샤웃 위드 조이 투더 로드, 올디 어쓰!

2 Worship the Lord with gladness. Come before him, singing with joy.

워십더 로드 위드 글래드니스. 컴 비휘 힘, 씽잉 위드 조이.

3 Acknowledge that the Lord is God! He made us, and we are his. We are his people, the sheep of his pasture.

액놀리지 댓더 로드이스 갓! 히메이더스, 앤 위아 히스. 위아 히스피플, 더 쉽어브 히스 패스쳐

4 Enter his gates with thanksgiving; go into his courts with praise. Give thanks to him and praise his name.

엔터 히스 게이츠 위드 땡스기빙; 고 인투 히스 코오츠 위드 프레이스. 기브 땡스 투힘 앤 프레이스 히스네임

5 For the Lord is good. His unfailing love continues forever, and his faithfulness continues to each generation.

훠더 로드이스 굿. 히스 언훼일링 러브 컨티뉴스 훠에버, 앤 히스 훼이스풀니스 컨티뉴스 투 이치 제너레이션

하브루타 질문

1. 하나님께 나아가는 사람의 본분을 설명하세요.

2. 하나님과 우리의 관계는 무엇인가요?

3. 하나님의 백성과 양으로서 본문에 대해 설명하세요.

> 부모님들을 위한 해설

1970년대에 알렉스 헤일리가 쓴 '뿌리'라는 책이 있습니다. 이 책은 유명한 흑인작가가 자신의 혈통적 가계의 뿌리를 찾기 위해 흑인노예로 잡혀 왔던 아프리카로 조상을 찾아 나서는 내용입니다. 이 책이 엄청난 인기를 끌었는데, 그 이유는 과거 찾기에 대한 향수를 불러 일으켜서가 아니라 한 흑인가정의 뿌리를 찾음으로써 그 가정의 인간성과 인생의 의미를 회복시켜 주고자 했기 때문이었습니다. 뿌리를 발견함으로써 인생의 의미를 알고 앞으로 어떤 방향으로 살아갈지를 결정할 수 있다는 것입니다.

사람의 사람됨은 '그 뿌리가 어디에 있느냐?'에서부터 시작됩니다. 신앙도 뿌리를 알아야 신앙인의 자세가 바르게 정립될 수 있습니다. 나의 뿌리는 하나님이 나의 하나님 됨을 아는 것입니다. '나를 창조하신 하나님', '나를 시작하신 하나님', '나의 근원이신 하나님'께 감사해야 합니다.

'우리를 지으신 이요'를 KJV 번역은 'not we ourselves' 라고 했습니다. 원어인 히브리어의 뜻과 같은데, 이는 "우리를 만드신 이는 하나님이시오 결코 우리 스스로 된 것이 아니다"라는 의미입니다.

사람들은 마치 스스로 태어나 스스로 살아가는 것처럼 착각합니다. 이런 잘못된 생각에 빠지기에 만족하지 못하고 불평하며 감사하지 않는 것입니다. 그러므로 신앙의 바른 태도는 하나님은 창조주이시며 나는 그의 피조물이라는 사실을 늘 확인하는 것입니다. 또한 날마다 "나는 전능하신 아버지 하나님 천지의 창조주를 믿습니다!"라고 신앙고백을 해야 합니다. 그리고 천지의 창조주 하나님을 기쁘게 하고 영화롭게 해드리는 데 삶의 목적을 두어야 할 것입니다. 그것이 바로 세상을 가장 아름답게 살아가는 사람의 모습입니다.

99-100. 새벽을 깨우리로다

시편 108:1-2

1 하나님이여 내 마음을 정하였사오니 내가 노래하며 나의 마음을 다하여 찬양하리로다
2 비파야 수금아 깰지어다 내가 새벽을 깨우리로다 (시 108:1-2)

Psalms 108:1-2

1 My heart is confident in you, O God; no wonder I can sing your praises with all my heart!

마이 허트 이스 컨피던트 인유, 오 갓; 노 원더 아이캔 씽 유어 프레이지스 위드 올마이 허트!

2 Wake up, lyre and harp! I will wake the dawn with my song.

웨이컵, 라이어 앤 하프! 아일 웨익더 던 위드마이송

하브루타 질문

1. 내 마음을 정하였다는 말의 의미는 무엇인가요?

---

2. 마음을 정한 사람이 선포하는 내용은 무엇인가요?

3. 새벽을 깨우는 이유는 무엇인가요?

4.

5.

6.

> 부모님들을 위한 해설

시편 57편 7-8절, 시편 108편 1-2절은 동일한 말씀으로, 다윗이 사울 왕을 피해 굴속에 숨어있을 때의 고백입니다. 골리앗과의 전투에서 승리한 다윗은 민족의 영웅이 되었으나 사울의 시기를 받아 한순간에 도망자 신세가 되고 말았습니다.

그러나 다윗은 자신의 신세를 한탄하거나 하나님을 원망하지 않았습니다. 오히려 고난 중에 하나님을 찬송하기로 마음을 굳게 작정했습니다. 다윗이 극심한 고난 중에서도 하나님을 찬양할 수 있었던 것은 하나님을 향한 절대적인 신뢰가 있었기 때문입니다. 다윗은 하나님께서 자신의 삶을 좋은 길로 이끌고 계신다는 것을 굳게 믿었습니다. 다윗은 인생의 고난의 자리에서 자신의 마음을 확정했습니다. 그리고 하나님만을 의지하고, 희망의 새벽을 맞이했습니다. 다윗은 고난과 절망의 자리에서 새벽을 깨우는 신앙을 가지고 믿음으로 나아갔습니다. 이것이 진정한 크리스천의 모습입니다.

다니엘이 뜻을 정했던 것처럼, 다윗은 마음을 확정했습니다. 이 시의 7절에서 다윗은 이렇게 고백합니다. "하나님이여 내 마음이 확정되었고 내 마음이 확정되었사오니 내가 노래하고 내가 찬송하리이다"(시 57:7) 다윗은 최악의 상황에서도 마음을 확정했습니다. 흔들리지 않기로 결단했습니다. 마음을 확정한 다윗은 노래할 수 있었습니다. 찬양할 수 있었습니다.

101-104. 나를 정결하게 하는 말씀

시편 119:9-12

9 청년이 무엇으로 그의 행실을 깨끗하게 하리이까 주의 말씀만 지킬 따름이니이다

10 내가 전심으로 주를 찾았사오니 주의 계명에서 떠나지 말게 하소서

11 내가 주께 범죄하지 아니하려 하여 주의 말씀을 내 마음에 두었나이다

12 찬송을 받으실 주 여호와여 주의 율례들을 내게 가르치소서 (시 119:9-12)

Psalms 119:9-12

9 How can a young person stay pure? By obeying your word.

하우캔 어 영퍼슨 스테이 퓨어? 바이 오베잉 유어 워드.

10 I have tried hard to find you, don't let me wander from your commands.

아헵 트라이드 하드 투 화인유, 돈렛미 완더 프럼 유어 컴맨즈.

11 I have hidden your word in my heart, that I might not sin against you.

아헵 히든 유어 워드 이마이 허트, 댓 아이 마이트 낫 씬 어겐인스츄.

12 I praise you, O Lord; teach me your decrees.

아이 프레이스 유, 오 로드; 티춰미 유어 디크리스.

하브루타 질문

1. 여러분이 범죄하지 않기 위해서 어떻게 해야 하나요?

   _____

   _____

2. 주의 말씀을 내 마음에 두는 방법은 무엇인가요?

   _____

   _____

3. 여러분은 성경을 암송하고 있나요?

   _____

   _____

부모님들을 위한 해설

시편기자의 고백이 나의 고백이 되어야 합니다. 동시에 나의 선포(宣布)가 되어야 합니다. 하나님의 말씀을 내 마음에 두는 것은 성경말씀을 부지런히 읽고 묵상하는 데 있습니다. 인생의 목적을 가장 잘 이행하는 방법은 하나님 말씀을 마음에 새기는 것입니다. 그저 많이 읽는 것만이 능사가 아닙니다. 소가 되새김질을 하듯이, 깊이 곱씹으며 암송하는 것이 중요합니다.

하나님의 말씀을 마음에 두는 것은 하나님을 내 마음에 모시는 것과 같습니다. 예수님은 말씀되신 하나님이십니다. 말씀을 가까이 하게 될 때, 예수님을 더 깊이 알게 될 것입니다. 성경을 가까이 할 때, 자연히 죄를 멀리 하게 될 것입니다. 성경읽기와 암송을 중요시할 때, 하나님을 영화롭게 하는 최고의 삶을 살게 될 것입니다.

시편기자는 "주의 율례들을 내게 가르치소서"라고 간구합니다. 주의 율례란 하나님의 말씀을 의미합니다. 하나님 말씀만이 살길입니다. 하나님의 말씀만을 통독하고 암송하면서 그 말씀을 마음에 새기고 순종하는 것에 전심전력해야 합니다.

교회 프로그램으로는 안 됩니다. 교회 프로그램이란 성경의 이해를 돕기 위해, 또는 적용하기 위한 도구일 뿐입니다. 문제는 도구를 성경통독이나 암송보다 신뢰하거나 흥미롭게 생각하는 것입니다. 결국 핵심인 성경통독이나 암송은 점점 사라지고 인본적인 도구들로 교회는 가득하게 됩니다. 이런 것들이 교회를 망하게 합니다. 한국교회가 위험에 처한 이유는 하나님의 말씀에 인본적인 생각을 가미한 결과입니다.

지금 여러분들이 읽고 있는 이 해설조차 위험할 수 있다는 생각을 해야 합니다. 인간의 생각이 포함된 프로그램들은 위험할 수 있음을 감지해야 합니다. 다른 사람이 적용한 말씀은 그 사람의 말씀일 수 있습니다.

소가 되새김질을 하듯이 내가 하나님의 말씀을 소화해야 합니다. 그래야만 내 영혼이 살고, 내 가정이 살고, 내 자녀들이 살고, 내 교회가 살고, 내 민족이 삽니다. 오직 성경 말씀 속에서만, 십자가 사랑을 깨달을 수 있고, 부활의 능력을 공급받을 수 있습니다. 하나님 말씀과 늘 함께 하십시오. 혼탁한 세상에 가장 좋은 방법, 가장 오염되지 않은 방법은 바로 그 말씀을 그대로 암송하여 소가 되새김질을 하듯이 묵상하는 것입니다. 그때 보혜사 성령이 여러분과 함께 하시며 깨닫게 하실 것입니다.

105-110. 찬양하라

시편 150:1-6

1 할렐루야 그의 성소에서 하나님을 찬양하며 그의 권능의 궁창에서 그를 찬양할지어다

2 그의 능하신 행동을 찬양하며 그의 지극히 위대하심을 따라 찬양할지어다

3 나팔 소리로 찬양하며 비파와 수금으로 찬양할지어다

4 소고 치며 춤 추어 찬양하며 현악과 퉁소로 찬양할지어다

5 큰 소리 나는 제금으로 찬양하며 높은 소리 나는 제금으로 찬양할지어다

6 호흡이 있는 자마다 여호와를 찬양할지어다 할렐루야 (시 150:1-6)

Psalms 150:1-6

1 Praise the Lord! Praise God in his sanctuary; praise him in his mighty heaven!

프레이스더 로드! 프레이스 갓 인히스 생츄어리; 프레이스 힘 인히스 마이티 헤븐!

2 Praise him for his mighty works; praise his unequaled greatness!

프레이스 힘 휘 히스 마이티 워크스; 프레이스 히스 언이퀄드 그레이트니스!

3 Praise him with a blast of the ram's horn; praise him with the lyre and harp!

프레이스 힘 위더 블라스트 어부더 램스 혼; 프레이스힘 위더 라이어 앤 하프!

4 Praise him with the tambourine and dancing; praise him with strings and flutes!

프레이스 힘 위더 탬버린 앤 댄씽; 프레이스힘 위드 스티링스앤 플르츠!

5 Praise him with a clash of cymbals; praise him with loud clanging cymbals.

프레이스힘 위더 클라쉬 어브 심벌즈; 프레이스힘 위드 라우드 클래잉 심벌즈.

6 Let everything that breathes sing praises to the Lord! Praise the Lord!

렛 에브리씽 댓 브레뜨스 씽 프레이지스 투더 로드! 프레이스 더로드!

하브루타 질문

1. 우리는 왜 찬양해야 하나요?

2. 하나님의 무엇을 찬양해야 하나요?

3. 무엇으로 하나님을 찬양해야 하나요?

4.

5.

> 부모님들을 위한 해설

'주는 나의 피난처'라는 책을 쓴 코리텐 붐(Corrie Ten Boom 1882-1983) 여사가 호주의 시드니 공항에서 중요한 짐을 부치지 못한 채 비행기를 탔습니다. 두 시간이 지나서야 그 사실을 알게 되었습니다. 자신의 모든 재산과 기록이 들어 있었기에 승무원을 불러 사정을 말했지만 나흘 후에나 되돌려 받을 수 있다는 이야기만 전달받았습니다. 그러나 붐 여사는 이런 상황에서도 하나님께 감사와 찬송을 드렸습니다. 찬송을 하던 중 비행기가 고장이 났다는 방송이 나왔습니다. 승객들이 모두 사색이 되어 아우성을 쳤는데도 붐 여사는 평안을 유지하며 찬송을 하고 있었습니다. 결국 비행기는 다시 시드니로 돌아갔고, 붐 여사는 자기의 짐을 찾을 수 있었습니다.

한 유대인이 붐 여사에게 다가와 물었습니다. '내가 보니 비행기가 고장 나서 아우성치는 승객들 가운데 유독 당신만 찬송하고 감사하던데 어떻게 그럴 수 있었습니까?' 붐 여사는 유대인에게 복음을 들려주었습니다. 결국 그 유대인이 회심하고 예수님을 영접하게 되었습니다.

우리 크리스천은 언제, 어디서나 찬양해야 합니다. 기쁠 때 찬양하는 것은 어렵지 않습니다. 좋은 상황일 때 찬양하는 것은 당연한 것입니다. 그러나 위기에 처했을 때, 가장 곤고할 때, 가장 아플 때, 가장 힘들 때 하나님을 높이며 그 능력을 찬송해야 합니다. 하나님은 그 찬송을 받으실 때 권능의 손을 펴서 성도들에게 복을 주십니다. 우리 인생의 목적 자체가 바로 그 하나님을 찬송하고 영광스럽게 하는 것이기 때문입니다. 찬양하십시오. 힘들고 고통스러울 때도 눈물로 찬양하세요. 하나님의 위로가 임할 것입니다. 하나님의 역사가 일어날 것입니다.

하브루타의 10가지 목적

1. 말씀의 의미를 깨닫고 실천하기 위함이다.
2. 틀림이 아닌 다름을 생각할 수 있는 능력을 배양하기 위함이다.
3. 성경암송과 메타인지(Metacognition)의 능력을 극대화하기 위함이다.
4. 창의력과 상상력을 가진 사람으로 양육하기 위함이다.
5. 좋은 질문을 만드는 능력과 생각하는 근육을 키우기 위함이다.
6. 경청 능력과 대화의 기술을 배양하기 위함이다.
7. 두루뭉술하고 주마간산(走馬看山)식의 학습태도를 버리고 명확한 사람을 만들기 위함이다.
8. 가족공동체와 인간관계에서 건강한 애착을 통해 평생을 함께 할 친구를 형성하게 하기 위함이다.
9. 크리스천으로 설득의 능력, 관계의 능력, 소통의 능력을 극대화함으로서 법조계, 언론계, 정계, 문화계, 학계, 경제계, 금융계 등에서 선한 영향력을 끼치는 사람으로 양성하기 위함이다.
10. 테필린복음(Tefillin Gospel)의 세 번째 명령인 신앙계승에 100% 성공하기 위함이다.

3부

Love

1 •• 창조목적을 회복하라(23절)
2 •• 구원의 확신을 가지라(21절)
3 •• 이렇게 살라(18절)
4 •• 말씀을 사랑하라(16절)
5 •• 승리자의 원칙(20절)
6 •• 이렇게 기도하라(22절)

창조목적을 회복하라 (23절)

01

1-3. 선한 일을 위해 지음 받았다

에베소서 2:8-10

8 너희는 그 은혜에 의하여 믿음으로 말미암아 구원을 받았으니 이것은 너희에게서 난 것이 아니요 하나님의 선물이라

9 행위에서 난 것이 아니니 이는 누구든지 자랑하지 못하게 함이라

10 우리는 그가 만드신 바라 그리스도 예수 안에서 선한 일을 위하여 지으심을 받은 자니 이 일은 하나님이 전에 예비하사 우리로 그 가운데서 행하게 하려 하심이니라 (엡 2:8-10)

Ephesians 2:8-10

8 God saved you by his grace when you believed. And you can't take credit for this; it is a gift from God.

갓 세이브듀 바이 히스 그레이스 웬유 빌리브드. 앤유 캔트 테이크 크레딧 휘디스; 잇이스어 기프트 프럼갓.

9 Salvation is not a reward for the good things we have done, so none of us can boast about it.

셀베이션 이스낫 어 리워드 휘더 굿씽스 웨해브돈, 쏘 넌 어버스 캔 보스트 어바웃잇.

10 For we are God's masterpiece. He has created us anew in Christ Jesus, so we can do the good things he planned for us long ago.

휘위아 갓스 마스터피스. 히 해즈 크리에이티드 어스 어뉴 인 크라이스트 지저스, 쏘 위캔 두더 굿 씽쓰 히 플랜드 휘 어스 롱어고우.

하브루타 질문

1. 우리의 구원은 어떻게 이루어졌으며 우리에게 절대적으로 필요한 것은 무엇인가요?

2. 우리가 구원받은 사실을 자랑하지 못하는 이유는 무엇인가요?

3. 하나님이 우리를 창조하시고 구원하신 목적은 무엇인가요?

> 부모님들을 위한 해설

구원의 말씀 중에 에베소서 2장 8-9절의 말씀을 빼놓을 수 없습니다. 기독교의 구원은 전적인 하나님의 은혜로 이루어집니다. 인간의 노력이나 행위로 구원받을 수 없습니다. 이것이 기독교의 진리의 핵심입니다. 우리는 이 기독교의 진리를 가리켜 '하나님의 선물'이라고 명명합니다. 또 하나님이 독생자 예수 그리스도를 선물로 주신 결과를 '은혜'라고 합니다.

이 과정에서 절대적으로 필요한 것은 인간적 행위가 아닌 '믿음'입니다. 우리는 믿음으로만 하나님의 선물을 받아들일 수 있습니다. 우리가 믿음으로 은혜를 받아들일 때 구원을 받게 됩니다. 따라서 결코 자랑할 수 없습니다. 내가 의롭기 때문이 아니라 전적인 하나님의 선물에 의한 것이기 때문입니다. 이렇게 8-9절의 말씀은 구원의 정의를 정확하게 묘사합니다. 그런데 거기에서만 끝나선 안 됩니다. 10절이 이어져야 합니다. 많은 분들이 8-9절은 암송하지만 10절은 암송하지 않습니다. 그러나 10절은 8-9절의 말씀과 깊은 상관관계를 가지고 있습니다. 10절은 구원받은 사람의 목적에 대한 말씀입니다. 하나님께서 독생자 예수 그리스도를 세상에 내려 보내신 목적은 구원받은 하나님의 사람들의 재창조였습니다. 하나님은 구원받은 사람들이 이 세상에 있는 동안의 놀라운 계획을 갖고 계셨습니다. 그것은 바로 선한 일을 하는 사람이 되는 것입니다. 그 결과로 이 세상이 하나님의 통치를 받는 세상이 되길 소망하셨습니다. 하나님의 통치를 위한 구원받은 사람의 몫이 바로 헌신입니다.

구원이 구원으로만 끝나면 구원만 강조하는 구원파와 다를 것이 없습니다. 구원 다음은 바로 헌신입니다. 테필린복음의 4대 핵심은 구원, 헌신, 신앙계승, 축복입니다. 8-9절이 구원의 말씀이라면, 10절은 바로 헌신의 말씀입니다. 하나님은 저와 여러분들이 헌신의 삶을 살도록 구원의 계획과 함께 위대한 작품인생으로 만드셨음을 기억하시기 바랍니다.

4-10. 최고의 모델은 예수의 마음

빌립보서 2:5-11

5 너희 안에 이 마음을 품으라 곧 그리스도 예수의 마음이니

6 그는 근본 하나님의 본체시나 하나님과 동등 됨을 취할 것으로 여기지 아니하시고

7 오히려 자기를 비워 종의 형체를 가지사 사람들과 같이 되셨고

8 사람의 모양으로 나타나사 자기를 낮추시고 죽기까지 복종하셨으니 곧 십자가에 죽으심이라

9 이러므로 하나님이 그를 지극히 높여 모든 이름 위에 뛰어난 이름을 주사

10 하늘에 있는 자들과 땅에 있는 자들과 땅 아래에 있는 자들로 모든 무릎을 예수의 이름에 꿇게 하시고

11 모든 입으로 예수 그리스도를 주라 시인하여 하나님 아버지께 영광을 돌리게 하셨느니라 (빌 2:5-11)

Philippians 2:5-11

5 You must have the same attitude that Christ Jesus had.

유마스트 해브더 쎄임 에디튜드 댓 크라이스트 지저스 해드.

6 Though he was God, he did not think of equality with God as something to cling to.

도우 히워즈 갓, 히디드낫 씽크어브 이퀄리티 위드갓, 애즈 썸씽투 클링투

7 Instead, he gave up his divine privileges he took the humble position of a slave and was born as a human being. When he appeared in human form,

인스테드 히게이브업 히스 다바인 프리벌리쥐스 히 툭더 함블 포지션 어브어 스레이브 앤 워스 본 애즈어 휴먼 비잉. 웬히 어피어드 인 휴먼 훰,

8 he humbled himself in obedience to God and died a criminal's death on a cross.

히 험블드 힘셀프인 오비디언스 투 갓 앤 다이드 어 크리미날스 데쓰 온 어 크로스

9 Therefore, God elevated him to the place of highest honor and gave him the name above all other names,

데어휘, 갓 엘레베이릿 힘 투 더 플레이스 어브 하이어스트 오너 앤 게이브힘 더네임 어바브 올아더 네임스,

10 that at the name of Jesus every knee should bow, in heaven and on earth and under the earth,

댓 앳더네임 어브 지저스 에브리 니 슈드 바우, 인 헤븐 앤 언 어쓰 앤 언더디 어쓰.

11 and every tongue declare that Jesus Christ is Lord to the glory of God the Father.

앤 에브리 텅 디클레어 댓 지저스 크라이스트 이스 로드 투더 글로리 어브 갓 더 화더.

하브루타 질문

1. 우리 안에 품어야 할 마음은 무엇인가요?

---

2. 예수님은 하나님의 본체이셨지만 사람의 모양으로 이 세상에서 오셔서 하셨던 일들을 정리해 보세요.

_____

_____

3. 지금 세계 전역에서 수많은 크리스천들이 예수님의 이름 앞에 무릎을 꿇고 있으며 모든 입으로 예수 그리스도를 예수님이라고 시인하고 있습니다. 왜 하나님께서 예수님의 이름을 모든 이름 위에 뛰어나게 하셨나요?

_____

_____

4. _____

_____

_____

5. _____

_____

_____

> **부모님들을 위한 해설**

영국 런던의 국립 초상화 박물관은 지난 수백 년간의 보물 같은 그림들을 소장하고 있습니다. 그 가운데 윈스턴 처칠의 초상화가 166점, 윌리엄 셰익스피어의 초상화가 94점, 조지 워싱턴의 초상화가 20점이 있습니다. 그런데 초상화가 오래된 것일수록 '이 사람이 정말 이 그림처럼 생겼을까?' 하는 의문을 갖게 됩니다.

박물관에는 스코틀랜드의 애국자 윌리엄 월리스(1270-1305)의 초상화가 8점 있는데, 우리에게는 이와 대조해볼 수 있는 사진들이 아예 없습니다. 화가들이 월리스를 정말 정확하게 그렸는지 어떻게 알 수 있을까요?

이와 유사한 일이 예수님을 닮는 일에서도 일어날 수 있습니다. 예수님을 믿는 사람들은 자신도 모르는 사이에 예수님의 모습을 다른 사람들에게 남깁니다. 붓과 물감으로가 아니라 태도나 행동이나 인간관계를 통해서 말입니다.

빌립보 교회에는 분쟁이 있었습니다. 다툼과 허영으로 인한 분쟁은 사도바울의 마음을 아프게 했습니다. 과연 우리는 예수님을 닮은 모습을 보여주는 초상화를 그리고 있습니까? 그것은 사도바울의 관심사이기도 했습니다.

사도바울은 "너희 안에 이 마음을 품으라 곧 그리스도 예수의 마음이니"(빌 2:5)라고 썼습니다. 그는 예수님을 정확하게 보여주고 싶은 간절한 마음에, 예수님을 따르는 자들에게 다른 사람들을 향해 예수님의 겸손과 희생과 긍휼을 나타내 보여주라고 촉구하였던 것입니다.

11-13. 하나님의 인재등용방식

고린도전서 1:27-29

27 그러나 하나님께서 세상의 미련한 것들을 택하사 지혜 있는 자들을 부끄럽게 하려 하시고 세상의 약한 것들을 택하사 강한 것들을 부끄럽게 하려 하시며

28 하나님께서 세상의 천한 것들과 멸시 받는 것들과 없는 것들을 택하사 있는 것들을 폐하려 하시나니

29 이는 아무 육체도 하나님 앞에서 자랑하지 못하게 하려 하심이라 (고전 1:27-29)

1 Corinthians 1:27-29

27 Instead, God chose things the world considers foolish in order to shame those who think they are wise. And he chose things that are powerless to shame those who are powerful.

인스테드, 갓 쵸우스 씽스 더월드 컨시더스 훌리쉬 인 오더 투 쉐임 도우스 후 씽크 데이아 와이즈, 앤 히 쵸우스 씽스 댓 아 파워레스 투 쉐임 도우스 후아 파워풀.

28 God chose things despised by the world, things counted as nothing at all, and used them to bring to nothing what the world considers important.

갓 쵸우스 씽스 디스파이즈드 바이더 월드, 씽스 카운티드 애즈 낫팅 엣올, 앤 유스드뎀 투 브링 투 낫팅 왓더 월드 컨시더스 임퍼턴트.

29 As a result, no one can ever boast in the presence of God.

애즈어 리졸트 노원 캔 에버 보스트 인더 플리젠스 어브 갓

하브루타 질문

1. 하나님께서 지혜 있는 자와 강한 자들을 부끄럽게 하시는 이유는 무엇인가요?

2. 하나님께서 천한 자들과 멸시 받는 자들과 없는 자들을 택하시는 이유는 무엇인가요?

3. 이 말씀을 암송하면서 우리가 꼭 깨달아야 할 것은 무엇인가요?

부모님들을 위한 해설

하나님의 인재등용 방식은 세상과 다릅니다. 세상은 최고의 인재를 영입하려고 최선을 다합니다. 뛰어난 인재는 탁월한 업무능력이 있기 때문입니다. 그래서 사람들은 최고의 인재가 되기 위해 스펙(specification)을 쌓으려 합니다. 스펙이란 구직자 사이에서 학력, 학점, 자격증 따위를 통틀어 이르는 말입니다.

그러나 하나님의 등용방식은 세상의 스펙과 전혀 다릅니다. 오히려 세상의 미련한 사람을 택하셔서 지혜 있는 사람들을 부끄럽게 하십니다. 성경을 보면 하나님은 늘 그런 방식으로 사람들을 등용하셨습니다. 그 증거가 바로 구약성경 사사기입니다. 사사기에는 하나님께서 강한 것들을 부끄럽게 하시기 위해 세상의 약한 것들을 사용하시는 예를 반복해서 보여줍니다.

에훗(Ehud)은 베냐민 지파의 왼손잡이였습니다. 성경에서 왼손잡이는 약함을 상징합니다. 그러나 에훗은 모압 왕 에글론을 죽이고 80년간이나 이스라엘에게 안식을 가져다주었습니다.(삿 3:12-30)

삼갈(Shamgar)은 소를 모는 막대기를 가지고 전쟁에 나아갔습니다. 그러나 그는 우스꽝스런 무리로 블레셋 사람 600명을 죽이고 이스라엘을 구원했습니다.(삿 3:31)

드보라(Deborah)는 '더 약한 그릇'이었으나 하나님의 능력으로 가나안족에게 통쾌한 승리를 거두었습니다.(삿 4:1; 5:31)

바락(Barak)의 일만 보병은 시스라의 철병거 구백 대에 비해 인간적으로 말해서 빈약하기 짝이 없는 군대였지만 적군을 깨끗이 휩쓸었습니다.(삿 4:10; 13)

더 약한 그릇인 야엘(Jael)은 장막의 말뚝과 같은 무기 아닌 무기로 시스라를 죽였습니다(삿 4:21)

기드온(Giedon)은 하나님께서 삼만 이천 명에서 삼백 명으로 감축시키신 군대로 미디안 군대를 물리쳤습니다.(삿 7:1-7) 그의 군대는 보리 빵 한 덩이로 묘사될 정도였습니다. 보리 빵은 가난한 자들의 식량이었으므로 이것은 궁핍과 나약함을 말해줍니다.(삿 7:13)

기드온의 군대는 항아리, 횃불, 나팔이라는 기상천외의 무기로 무장했습니다.(삿 7:10)

아비멜렉(Abimelech)은 여인이 던진 맷돌 한 짝에 맞아 죽었습니다.(삿 9:53)

돌라(Tola)라는 이름은 벌레를 뜻했는데, 이는 군사적인 구원자에게는 불길한 예감을 주는 이름이었습니다.(삿 10:1)

그밖에도 삼손과 삼손의 어머니가 바로 이런 사례입니다. 이것이 바로 하나님의 인재 등용 방식인 것을 기억하면서 겸손해야 할 것입니다.

14-15. 크리스천의 필수자세

골로새서 3:16-17

16 그리스도의 말씀이 너희 속에 풍성히 거하여 모든 지혜로 피차 가르치며 권면하고 시와 찬송과 신령한 노래를 부르며 감사하는 마음으로 하나님을 찬양하고

17 또 무엇을 하든지 말에나 일에나 다 주 예수의 이름으로 하고 그를 힘입어 하나님 아버지께 감사하라 (골 3:16-17)

Colossians 3:16-17

16 Let the message about Christ, in all its richness, fill your lives. Teach and counsel each other with all the wisdom he gives. Sing psalms and hymns and spiritual songs to God with thankful hearts.

렛더 메시지 어바웃 크라이스트, 인올 잇스 리치니스, 휠 유어 라이브즈. 티치 앤 캐운슬 이치아더 위드 올더 위스덤 히 기브스, 씽 쌈스 앤 힘스 앤 스피리철 쏭스 투갓 위드 땡스풀 허츠.

17 And whatever you do or say, do it as a representative of the Lord Jesus, giving thanks through him to God the Father.

앤 왓에버 유두 오어 세이, 두 잇 애즈어 레프리젠터티브 어브더 로드 지저스, 기빙 땡스 뜨루 힘 투갓더 화더.

하브루타 질문

1. 크리스천에게는 그리스도의 말씀이 풍성해야 합니다. 그리스도의 말씀이 풍성히 거한다는 말씀의 의미는 무엇인가요?

2. 시와 찬송과 신령한 노래와 감사하는 마음으로 누구를 찬양해야 하나요?

3. 무엇을 하든지 누구의 이름으로 해야 하나요?

부모님들을 위한 해설

우리는 유대인들을 오해하고 있습니다. 2,000년 전 예수님께 책망을 받았던 유대인들만 기억합니다. 그런 오해는 우리뿐만 아니라 중세시대에도 그러했습니다. 유대인들이 핍박이나 학살을 당했던것도 그런 오해에서 기인한 것입니다. 유대인에 대한 가장 잘못된 오해 중 하나가 셰익스피어의 '베니스의 상인'에 등장하는 샤일록처럼 피도 눈물도 없는 고리대금업자의 모습입니다. 그러나 사실 셰익스피어는 유대인들과 단 일면식도 없었던 사람이었습니다.

그러나 어느 사회에서든 기부와 자선에 가장 적극적인 사람들이 바로 유대인입니다. 어떤 자선행사든 유대인들이 돈을 내지 않으면 모금이 제대로 되지 않을 정도로 큰 비중을 차지합니다. 따라서 유대인들이 돈밖에 모르는 구두쇠라는 통속적인 편견은 전혀 근거가 없고 악의적인 오해입니다.

사실 유대인의 상부상조하는 전통은 오랜 역사를 가지고 있습니다. 19세기말 러시아와 동유럽에서 미국으로 대규모로 이주한 가난한 유대인들이 빠른 시일 안에 자립할 수 있었던 것은 미국에서 이미 자리 잡고 있었던 독일계 유대인들의 도움이 컸습니다. 유대인들의 특이한 전통은 유대인 한 명이 어느 지역에 무일푼으로 들어오면 그 지역의 유대인 단체가 중심이 되어 정착에 필요한 지원을 통상 세 번까지 무상으로 지원하지만, 대부분의 경우 단 한 번의 지원으로 자립합니다. 그러나 이런 자선과 지원이 유대인의 철학이 아닙니다. 그것은 바로 유대인들 속에 성경말씀이 풍성히 거한 결과입니다.(레 19:9-10)

사도 바울은 골로새 교회 성도들에게 그리스도의 말씀이 그들 속에 풍성히 거하게 하라고 권면하고 있습니다. 이후에 나오는 것들은 다 하나님의 말씀이 충만한 결과들입니다. 이 말씀에서 바울이 하는 말의 핵심은 '그리스도의 말씀을 너희 속에 풍성하게 하라'는 말입니다. 그리스도의 말씀이 그들 가운데 풍성히 거할 때 그들은 어떤 일을 할 수 있다고 했나요?

그들은 피차 가르치며 권면할 수 있습니다. 시와 찬송과 신령한 노래를 부를 수 있습니다. 감사하는 마음으로 하나님을 찬양할 수 있습니다. 이런 것들이 바로 하나님이 원하시는 것입니다. 하나님이 원하시는 일을 하기 위해서는 그리스도의 말씀이 우리 속에 풍성히 거해야 한다는 말입니다.

16-18. 크리스천의 생활수칙

데살로니가전서 5:16-18

16 항상 기뻐하라

17 쉬지 말고 기도하라

18 범사에 감사하라 이것이 그리스도 예수 안에서 너희를 향하신 하나님의 뜻이니라 (살전 5:16-18)

1 Thessalonians 5:16-18

16 Always be joyful.

올웨이스 비 조이플

17 Never stop praying.

네버 스탑 프레잉

18 Be thankful in all circumstances, for this is God's will for you who belong to Christ Jesus.

비 땡풀 인 올 써컴스텐스, 휘 디스 이스 갓스 윌 휘유 후 빌롱투 크라이스트 지저스.

하브루타 질문

1. 그리스도 예수 안에서 우리를 향한 하나님의 뜻은 무엇인가요?

---

2. 왜 기뻐하고, 왜 기도하고, 왜 감사해야 하나요?

3. 항상 이 말씀에 순종하고 있나요? 만약 그렇지 못하다면 그 이유는 무엇인가요?

4.

5.

> 부모님들을 위한 해설

1950년대에 있었던 일입니다. 영국의 컨테이너 운반선 한 척이 화물을 내려놓기 위해 스코틀랜드의 한 항구에 닻을 내렸습니다. 그 배는 포르투갈 산(産) 마리다 포도주를 운반하던 배였습니다. 한 선원이 모든 짐이 다 내려졌는지를 확인하려고 냉동 컨테이너 안으로 들어갔습니다. 그런데 그가 안에 있는 것을 모르고, 다른 선원이 그만 밖에서 냉동실 문을 닫아버렸습니다. 안에 갇힌 선원은 있는 힘을 다해서 벽을 두드렸지만 아무도 그 소리를 듣지 못했습니다. 그리고 배는 다시 포르투갈을 향해 떠났습니다. 다행히 냉동실 안에는 식량이 충분히 있었습니다. 그러나 그 선원은 자기가 오래 버티지 못할 것임을 잘 알고 있었습니다. 그래도 그는 힘을 내서 쇳조각 하나를 들고 냉동실 벽 위에 자기가 겪은 고난을 시간별로, 날짜별로 새겨나갔습니다. 그는 자신이 겪은 죽음의 고통을 꼼꼼하게 기록했던 것입니다. 냉기가 코와 손가락과 발가락을 꽁꽁 얼리고 몸을 마비시키는 과정을 적었습니다. 찬 공기에 언 부위가 견딜 수 없이 따끔거리는 상처로 변해 가는 과정을 묘사했습니다. 또 자기의 온 몸이 조금씩 굳어지면서 하나의 얼음덩어리가 되어 가는 과정을 기록했습니다.

배가 리스본 항구에 닻을 내렸을 때, 냉동 컨테이너의 문을 연 선장은 죽어 있는 이 선원을 발견했습니다. 선장은 벽에 꼼꼼하게 새겨놓은 고통의 일기를 읽었습니다. 그런데 놀라운 것은 선장이 컨테이너 안의 온도를 재보니, 온도계는 섭씨 19도를 가리키고 있었습니다. 그곳은 화물이 들어 있지 않았기 때문에 스코틀랜드에서 돌아오는 동안 냉동장치를 작동하지 않았던 것입니다. 그 선원은 단지 자기가 춥다고 생각했기 때문에 죽었던 것입니다. 그는 자기 혼자만의 상상 때문에 죽은 것입니다.

이 실화는 우리의 생각이 우리의 삶을 어떻게 바꿔놓을 수 있는지 잘 보여주는 좋은 예입니다. 이 선원은 환경 때문에 죽은 것이 아니라, '환경에 대한 자기의 생각' 때문에 죽은 것입니다. 즉, 우리가 처해있는 형편과 처지가 문제가 아니라, 그 형편과 처지에 대한 우리의 생각이 문제입니다. 생각이 바뀌면, 비록 우리의 환경은 그대로일지 몰라도, 우리 삶이 바뀔 수 있습니다. 생각이 바뀌면 지옥도 천국이 될 수 있는 것입니다. 이 짧은 세 절의 말씀만으로도 힘난한 세상을 능력 있게 살아갈 수 있습니다.

19-20. 서로 사랑하라

요한복음 13:34-35

34 새 계명을 너희에게 주노니 서로 사랑하라 내가 너희를 사랑한 것 같이 너희도 서로 사랑하라

35 너희가 서로 사랑하면 이로써 모든 사람이 너희가 내 제자인 줄 알리라 (요 13:34-35)

John 13:34-35

34 So now I am giving you a new commandment: Love each other. Just as I have loved you, you should love each other.

쏘나우 아엠 기빙 유어 뉴 컴맨드먼트; 러브이치아더. 저스트애즈 아해브 러브드유, 유 슈드 러브 이치아더.

35 Your love for one another will prove to the world that you are my disciples.

유어 러브 훠 원 어너더 윌 푸르브투더 월드 댓유아 마이 디싸이플스.

하브루타 질문

1. 새 계명은 무엇인가요?

---

2. 어떻게 서로 사랑해야 하나요?

_____

_____

3. 우리가 서로 사랑하면 모든 사람들이 우리를 어떻게 인정하나요? 당신은 지금 그러한 인정을 받고 있나요?

_____

_____

4. _____

_____

_____

> **부모님들을 위한 해설**

유대인이 미국에서 정착하여 성공해나가는 모습을 보면 우리 한인과 닮은 점이 너무나도 많습니다. 머리가 좋고 부지런한 것과 자녀교육을 위해 모든 것을 희생하는 점은 우열을 가리기 힘듭니다. 이민초기에 종사했던 업종도 비슷해서 한국들이 많이 종사하는 세탁소, 청과상, 편의점 같은 업종은 과거 유대인들이 하던 것을 인수한 경우가 많습니다. 이렇게 억척같이 일하고 자녀교육을 잘 시켜서 자식 대에는 거의 상류 전문 직종으로 전환하는 패턴이 거의 같습니다.

그러나 우리 한인들에게 2% 아쉬운 점이 있다면 그런 희생과 봉사가 좀처럼 가족의 울타리를 넘어서지 못한다는 것입니다. 오로지 나 하나, 오로지 내 가족에게 국한되어 있습니다. 한인들 가운데 경제적으로나 사회적으로 성공한 분들이 많다고 하지만 개인의 성공에 그치고, 공동체의 자산으로 활용되지 못하기 때문에 미국 주류사회에 미치는 영향력도 제한될 수밖에 없습니다. 그것은 바로 성경적 원리가 아닌 유교적 원리를 중시하기 때문입니다.

성경적 원리에 따라 자선과 기부를 장기적 투자라 생각하며 꾸준히 나눔을 실천하는 유대인의 안목과 지혜가 부러울 따름입니다. 유대인들이 순종하는 구약성경에 나오는 최고의 사랑은 내 이웃을 자기의 몸같이 사랑하는 것입니다. 누구든 자기의 몸은 아낄 줄 압니다. 자기의 몸을 아끼듯 이웃의 몸도 아껴주라는 것이 구약이 말하는 사랑의 내용입니다.

그러나 신약에서는 한 단계 넘어 "새 계명을 너희에게 주노니 내가 너희를 사랑한 것 같이 너희도 서로 사랑하라"고 말씀하십니다. 예수님 사랑은 자신이 희생하여 다른 사람을 살리는 사랑이기에 구약보다 훨씬 더 높은 차원의 사랑입니다.

'서로 사랑하라'는 새 계명은 내 기분대로 하는 사랑이 아닙니다. 예수님은 그 계명을 "내가 너희를 사랑한 것 같이"라며 명확히 정의해 주셨습니다. 내 마음대로 내가 좋아하는 방법으로 사랑하는 것은 새 계명이 아닙니다. 예수님은 하나님의 아들이면서 자신을 낮춰 제자들을 씻기셨습니다. 사랑의 하이라이트는 우리를 위해 십자가에서 목숨까지 버리신 예수님의 사랑입니다.

21. 그 중의 제일은 사랑이라

고린도전서 13:13
13 그런즉 믿음, 소망, 사랑, 이 세 가지는 항상 있을 것인데 그 중의 제일은 사랑이라 (고전 13:13)

1 Corinthians 13:13
13 Three things will last forever, faith, hope, and love-and the greatest of these is love.
_{뜨리 씽스 윌 라스트 휘에버, 훼이스, 호프, 앤 러브앤더 그레이티스트 어브 디즈 이스 러브.}

하브루타 질문

1. 우리에게 꼭 있어야 할 3가지는 무엇인가요?

_____

_____

2. 그 중의 제일은 무엇인가요?

_____

_____

3. 믿음, 소망, 사랑 이 3가지는 영원까지 있어야 한다고 했는데 이 3가지 필연성과 함께 연관성은 무엇인가요?

   ----

4. --

   ----

5. --

   ----

6. --

   ----

7. --

> 부모님들을 위한 해설

이 세상을 살아가는데 꼭 필요한 덕목이 있습니다. 그것은 바로 믿음과 소망과 사랑입니다. 사실 이 세 가지의 덕목은 항상 있어야 하는 소중한 것들입니다. 그런데 본문은 이 세 가지는 항상 있을 것인데 그 중의 제일은 사랑이라고 정의했습니다.

그 이유가 무엇일까요? 믿음과 소망은 내 자신의 것이지만 사랑은 여러 사람과 나눌 수 있는 것이기 때문입니다. 우리는 믿음으로 구원받습니다. 우리는 소망을 통해 어려움을 견뎌냅니다. 그러나 사랑은 이 세상을 살아가면서 여러 사람과 나눌 수 있고, 다른 사람의 허물을 덮을 수 있고, 사랑으로 섬길 수 있기 때문입니다. 그러므로 사랑이 제일 좋은 것입니다.

그러기 위해선 먼저 믿음이 있어야 합니다. 믿음이 있어야 소망이 발생하기 때문입니다. 소망이 있는 사람은 사랑할 수 있습니다. 그래서 믿음, 소망, 사랑은 필연성과 함께 서로 간에 연관성이 있는 것입니다.

그러나 사랑이 가장 좋은 이유는 하나님이 우리를 사랑하셔서 독생자 예수 그리스도를 보내 주신 것입니다. 그 사랑에 힘 입어 우리는 구원받았고 하나님의 자녀가 되는 권세를 얻었습니다. 그리고 하나님을 아빠, 아버지라고 부를 수 있는 은혜를 입은 것입니다. 하나님은 사랑이십니다.

22-23. 영적예배를 드리라

로마서 12:1-2

1 그러므로 형제들아 내가 하나님의 모든 자비하심으로 너희를 권하노니 너희 몸을 하나님이 기뻐하시는 거룩한 산 제물로 드리라 이는 너희가 드릴 영적 예배니라

2 너희는 이 세대를 본받지 말고 오직 마음을 새롭게 함으로 변화를 받아 하나님의 선하시고 기뻐하시고 온전하신 뜻이 무엇인지 분별하도록 하라 (롬 12:1-2)

Romans 12:1-2

1 And so, dear brothers and sisters, I plead with you to give your bodies to God because of all he has done for you. Let them be a living and holy sacrifice- the kind he will find acceptable. This is truly the way to worship him.

앤쏘 디어 브러더스 앤 씨스터스, 아이 플리드 위듀 투깁 유어 바디스 투갓 비코오스 어브올 히해즈 돈 휘유. 렛뎀 비어 리빙 앤 홀리 새크리화이스 더 카인드 히 윌 화인드 엑셉터블. 디스이스 트룰리 더 웨이 투 워십 힘

2 Don't copy the behavior and customs of this world, but let God transform you into a new person by changing the way you think. Then you will learn to know God's will for you, which is good and pleasing and perfect.

돈 카피 더 비헤이비어 앤 커스텀스 어브디스 월드, 벗 렛 갓 트랜스폼 유 인투어 뉴 퍼슨 바이 체인징 더 웨이유 씽크. 덴 유윌 런투 노우 갓스윌 훠유, 위치이스 굿앤 플리징 앤 퍼펙트.

하브루타 질문

1. 어떻게 영적예배를 드려야 하나요?
   _____
   _____

2. 영적예배를 위해선 거룩한 산 제물이 있어야 합니다. 산 제물의 기준은 무엇인가요?
   _____
   _____

3. 하나님의 뜻의 3가지 기준을 설명해 보세요.
   _____
   _____

4. _____
   _____
   _____

5. _____
   _____
   _____

> **부모님들을 위한 해설**

모든 크리스천들이 가장 좋아하는 말씀인 동시에 가장 어려운 말씀이기도 합니다. 본문은 우리의 몸을 산 제물로 드리라는 것입니다. 산 제물이란 살아 있는 제물을 의미합니다. 우리 몸을 산 제물로 드리는 것이 영적 예배이기 때문입니다. 그럼 우리는 어떻게 우리 몸을 산 제물로 드려야 하며 영적 예배로 드려질까요?

2절은 우리에게 영적 예배에 대한 우리의 삶을 조명하고 있습니다. 먼저 이 세대를 본받지 말아야 합니다. 지금 이 세대는 타락한 세대이며 하나님을 거역하는 시대입니다. 하나님의 공의가 무너지는 세상 가운데 우리 크리스천들은 서 있습니다. 우리는 이런 세대의 모습을 본받지 말아야 합니다.

우리는 날마다 새로워져야 합니다. 그렇지 않으면 우리도 모르는 사이에 우리는 이 세대를 본받게 됩니다. 우리는 말씀으로 새롭게 함으로 변화 받아야 합니다. 세상은 타락되었지만 하나님의 말씀은 여전히 새롭습니다. 새로운 하나님의 말씀으로 변화를 받아야 합니다. 그럼 크리스천들은 어떻게 변화를 받을 것인가요? 하나님의 말씀을 통해 하나님이 선하신 뜻이 무엇인지, 기뻐하시는 뜻이 무엇인지, 온전하신 뜻이 무엇인가를 분별해야 합니다. 이것이 바로 하나님 앞에 드려지는 산 제물이며 거룩한 영적 예배가 되는 것입니다. 그러한 삶은 타락한 세상에 떠내려가는 삶이 아닌 역동적으로 주도하는 삶입니다.

구원의 확신을 갖으라 (21절)

02

24. 왜 구원을 받아야 하는가?

로마서 3:23
23 모든 사람이 죄를 범하였으매 하나님의 영광에 이르지 못하더니 (롬 3:23)

Romans 3:23
23 For everyone has sinned; we all fall short of God's glorious standard.
훠 에브리원 해즈 씬드; 위 올 휠 쑈트어브 갓스 그로리어스 스탠다드

▶ 하브루타 질문

1. 죄를 범하지 않은 사람이 있을까요?

---

2. 죄를 범하면 하나님의 영광에 이르지 못한다는 것은 무엇을 의미하나요?

3. 성경이 말씀하는 대로 당신은 죄인임을 인정하나요?

4.

5.

6.

> **부모님들을 위한 해설**

모든 사람, 즉 예외 없이 세상의 모든 사람은 죄인입니다. 착한 사람들도 죄인이고 악한 사람들로 죄인입니다. 의로운 사람도 죄인이고 불의한 사람도 죄인입니다. 어린 아이도 죄인이고 나이든 사람도 죄인입니다. 여자도 죄인이고 남자도 죄인입니다. 교회 안에 있는 사람도 죄인이고 교회 밖에 있는 사람도 죄인입니다. 세상의 모든 사람은 예외 없이 죄인입니다.

중요한 사실은 자신이 죄인이라는 사실을 아는 것입니다. 그러나 사람들은 자신을 죄인이라고 생각하지 않습니다. 자신은 착한 사람이고, 자신은 누구에게 피해를 주지 않았고, 남의 물건이나 돈을 갈취하지 않았고, 법을 위배할 정도의 어떤 범죄도 저지르지 않았기 때문이라고 합니다.

그러나 성경은 말씀하십니다. '모든 사람이 죄를 범하였다' 이 사실을 받아들여야 합니다. 자신이 죄인임을 인정해야 합니다. 자신이 추악한 죄인이라는 사실을 받아들여야 합니다. 자신이 죄인임을 깨달은 사람에게 구원이 필요한 것입니다.

25. 사람의 운명

히브리서 9:27
27 한번 죽는 것은 사람에게 정해진 것이요 그 후에는 심판이 있으리니 (히 9:27)

Hebrews 9:27
27 And just as each person is destined to die once and after that comes judgment.

앤 저스트애즈 이치 퍼슨이스 데스틴드 투다이 원스 앤 애프터 댓 컴스 저지먼트.

▶ **하브루타 질문**

1. 모든 사람에게 정해진 중요한 진리는 무엇인가요?

---

2. 죽음 이후에는 무엇이 기다리고 있나요?

---

3. 심판의 결과에 따라 어떻게 나눠지나요?

4.

5.

6.

7.

> **부모님들을 위한 해설**

히브리서 9장 27절의 말씀은 짧지만 내용은 매우 심오합니다. 세상의 모든 사람들에게는 불변하는 두 가지의 법칙이 있습니다. 하나는 모든 사람은 죽는다는 사실이고 다른 하나는 죽은 후에 심판을 받는다는 것입니다.

나는 전도의 현장에서 이 말씀을 꼭 인용합니다. 모든 사람은 한 번은 죽는다는 사실과 그 후에 심판을 받게 되어 구원받은 사람은 천국으로, 구원받지 못한 사람은 영영 지옥으로 떨어진다는 사실을 전달합니다. 물론 상대방이 듣고 싶어 하지 않는 말씀이라는 것도 알고 있습니다. 사람들은 죽음과 심판에 대해 알려줄 때 듣지 않는 척 하면서 무반응으로 대응하거나 또는 강한 거부반응을 나타내기도 합니다. 우리는 그 정도는 충분히 예상해야 하고 심지어 더 큰 거부반응도 예상할 수 있어야 합니다. 우리는 때를 얻든지 못 얻든지 복음을 전해야 하기 때문입니다.

중요한 것은 이 말씀이 매우 강력한 말씀이라는 사실입니다. 일단 죽음에 대해서는 동의할 수밖에 없으며 심판에 대해서는 모르기 때문에 관심을 갖지 않을 수 없습니다. 특히 죽음을 앞둔 사람들에게 이 말씀은 더 효과적입니다. 결국 이 말씀 앞에 무너져 예수 그리스도를 영접하기 때문입니다. 모든 사람은 죽게 됩니다. 그 후에 심판이 기다리고 있다는 사실은 우리가 이 세상에 머물고 있을 때 구원받아야 하는 절대적 이유가 됩니다.

26. 죄인이 들어갈 곳

마태복음 25:46

46 그들은 영벌에, 의인들은 영생에 들어가리라 하시니라 (마 25:46)

Matthew 25:46

46 And they will go away into eternal punishment, but the righteous will go into eternal life.

앤 데이 윌 고어웨이 인투 이터널 퍼니시먼트, 벗더 롸이쳐스 윌 고 인투 이터널 라이프.

하브루타 질문

1. 죄인으로 심판을 받은 사람은 어디로 들어가나요?

---

2. 의인은 어디로 들어가나요?

---

3. 성경이 말씀하는 대로 당신은 어디에 들어가나요?

4.

5.

6.

7.

> **부모님들을 위한 해설**

이 말씀은 끝없는 고통에 관한 교리를 뒷받침하는데 자주 인용됩니다. '영원한'(eternal)이라는 용어는 질적 및 양적인 의미를 함축하고 있습니다. '영원한'이란 단어는 시간적 길이보다는 일단 정해지면 바꿀 수 없다는 결정적 성격을 강조합니다.

따라서 '영벌'과 '영생'이란 '더 이상 변화될 수 없는 축복된 삶이나 형벌의 처지와 삶을 가리킨다.'고 해석해야 합니다. 이와 마찬가지로, '영원한 죄'(누구든지 성령을 훼방하는 자는 사하심을 영원히 얻지 못하고 영원한 죄에 처하느니라 막 3:29)라는 것은 하나의 '끝없는 죄'(endless sin)를 의미하는 것이 아니라 절대로 뒤바뀔 수 없는 심판을 의미합니다.

이 영원한 심판도 영영한 불의 개념처럼, 절대로 뒤바뀔 수 없는 심판이며, 새 하늘과 새 땅 이후에 다시는 죄가 들어오지 못하게 하겠다는 하나님의 불변하는 영원한 의지입니다. 요한계시록 20:10절은 '짐승과 거짓 선지자들이 불못 속에서 영원히 고통을 받는다'고 언급하고 있습니다. 이 불못 속에는 사망과 음부(하데스) 및 '생명책'에 기록되지 않은 사람들도 던짐을 받습니다.(계 20:14이하). 요한계시록 20:14 이하는 불못(게헨나)이 사망과 음부(하데스)와 똑같지 않음을 시사해 주고 있습니다. 요한계시록 저자가 볼 때, 모든 '개들과 술객들과 행음자들과 살인자들과 우상숭배자들과 및 거짓말을 좋아하며 지어내는 자마다' 새 예루살렘 성에서 축출되었다(계 22:15)고 말씀하고 있습니다.

27-28. 지옥은 어떤 곳인가?

마가복음 9:48-49

48 거기에서는 구더기도 죽지 않고 불도 꺼지지 아니하느니라

49 사람마다 불로써 소금 치듯 함을 받으리라 (막 9:48-49)

Mark 9:48-49

48 where the maggots never die and the fire never goes out.

웨어더 메겟 네버 다이 앤더 화이어 네버 고스아웃.

49 "For everyone will be tested with fire.

휘 에브리원 윌비 테스딧 위드 화이어.

하브루타 질문

1. 지옥은 어떤 곳인가요?

_____

_____

2. 지옥에서 사람들은 언제까지 고통을 받아야 하나요?

_____

_____

3. 당신이 지옥에 가지 않으려면 어떡해야 하나요?

4.

5.

6.

7.

> 부모님들을 위한 해설

사람은 죽음과 동시에 육체 속에 있던 영의 몸이 빠져나와 천국이나 지옥으로 갑니다. 지옥은 정말 무시무시한 곳입니다. 지옥은 물 한 방울이 없는 목마른 곳이며 고통의 공간입니다. 지옥에는 죽음이 존재하지 않습니다. 영원한 고통의 장소입니다.

말로 형용할 수 없는 영원한 고통이 단 1초도 쉬지 않고 계속 되는 곳, 무시무시하고 징그러운 뱀들, 구더기, 수많은 쥐떼, 각종 벌레, 뜨거운 불속의 고통, 창자가 뒤집어지고, 구역질나는 지옥의 냄새, 고막을 찢는 비명소리, 후회로 가득 찬 울부짖음이 끊어지지 않는 곳이 지옥의 모습입니다.

지옥에 떨어져 영원한 고통을 어떻게 감당할 것인가요? 절대, 절대 지옥은 가지 말아야 합니다. 어떤 흉악한 죄를 지었더라도 예수 그리스도를 믿고 회개하면 지옥을 피할 수 있습니다. 죽기 전에라도 진심으로 죄를 회개하는 사람은 십자가에서 흘리신 예수님의 피로 씻어 천국에 들어갈 수 있습니다. 예수님 외에는 지옥을 면제받을 길이 전혀 없습니다.

천국과 지옥은 모든 사람이 가야할 곳입니다. 가서 영원히 살아야 할 곳입니다. 그러면 지금부터 믿음으로 회개함으로 지옥을 피하고 천국에 들어가도록 준비해야 합니다. 지옥은 피하라고 있는 것이고 천국은 들어가라고 있는 곳입니다.

29. 예수님이 오신 목적

요한복음 10:10

10 도둑이 오는 것은 도둑질하고 죽이고 멸망시키려는 것뿐이요 내가 온 것은 양으로 생명을 얻게 하고 더 풍성히 얻게 하려는 것이라 (요 10:10)

John 10:10

10 The thief's purpose is to steal and kill and destroy. My purpose is to give them a rich and satisfying life.

더 띠프스 퍼퍼스 이스 투 스틸앤 킬앤 디스트레이. 마이 퍼퍼스이스 투기부뎀 어 리치 앤 세티스화잉 라이프.

하브루타 질문

1. 도둑은 누구이며, 도둑이 오는 이유는 무엇인가요?

2. 예수님이 오신 목적은 무엇인가요?

3. 예수님이 생명을 얻게 하기 위해 하신 일은 무엇인가요?

4.

5.

6.

> 부모님들을 위한 해설

본문의 이해를 돕기 위해 헬라어 원어로 소개하려고 합니다.

① 호 클렢테스 우크 에르케타이 에에 메 히나 클렢세 : 그 도적이 오는 것은 그가 도적질하기위해 오는 것만이 아니라,

② 카이 뒤세 : 역시 죽이려고,(뒤오/희생제사하다).

③ 카이 아폴레세 : 그리고 파괴하려고,(멸망시킨다),

④ 에고 엘돈 히나 조엔 에코신 : 나는 그들이 생명을 가지게 하기 위하여 왔다.

⑤ 카이 페리쏜 에코신 : 역시 흘러넘치게 그들이 가지도록

사탄의 역할은 크게 3가지로 볼 수 있습니다. 첫째는 도둑질하는 것입니다. 둘째는 죽이려는 것입니다. 셋째는 멸망시키려는 것입니다. 사탄은 어떤 모습이든, 어떤 달콤한 말이든, 어떤 화려한 유혹이든 언제나 목적은 동일합니다. 도둑질하고 죽이고 멸망시키려는 것입니다.

그럼 무엇을 도둑질할까요? 우리의 믿음을 도둑질합니다. 우리의 소망을 도둑질합니다. 우리의 사랑을 도둑질합니다. 우리의 기쁨을 도둑질합니다. 우리의 행복을 도둑질합니다. 그 결과는 무엇인가요? 죽이는 것입니다. 믿음이 사라지고, 소망이 사라지고, 사랑이 사라지고, 기쁨이 사라지고, 행복이 사라지면 남은 것은 죽음뿐입니다.

그런데 이 죽음은 단 한 사람으로 끝나는 것이 아닙니다. 모든 사람을 다 죽이려고 합니다. 그것이 바로 멸망입니다. 세상에 사는 모든 사람을 다 죽이려는 사탄의 전략을 파괴할 분은 예수 그리스도이십니다.

지금 세상을 보십시오. 서로가 서로를 죽이려고 하지 않습니까? 진영논리에 빠져 상대측을 죽이려고 합니다. 교회도 예외가 아닙니다. 교인들끼리 갈라지고 싸웁니다. 원로목사와 담임목사와의 갈등으로 교회는 분열되고 있습니다. 갈등은 점점 심해지고 골은 깊어지고 있습니다. 누구의 얼굴도 똑바로 볼 수 없는 세상, 이것이 바로 사탄이 온 목적이 성취되고 있는 현장입니다.

30-31. 예수님의 고난은 누구를 위한 고난이었나요?

이사야 53:5-6

5 그가 찔림은 우리의 허물 때문이요 그가 상함은 우리의 죄악 때문이라 그가 징계를 받으므로 우리는 평화를 누리고 그가 채찍에 맞으므로 우리는 나음을 받았도다

6 우리는 다 양 같아서 그릇 행하여 각기 제 길로 갔거늘 여호와께서는 우리 모두의 죄악을 그에게 담당시키셨도다 (사 53:5-6)

Isaiah 53: 5-6

5 But he was pierced for our rebellion, crushed for our sins. He was beaten so we could be whole. He was whipped so we could be healed.

벗 히 워스 피어스드 휘 아워 리벨리온, 크라쉬드 휘 아워 씬스, 히 워스 비튼 쏘 위 쿠드 비 홀. 후 워스 윕트 쏘위 쿠드비 히얼드.

6 All of us, like sheep, have strayed away. We have left God's paths to follow our own. Yet the Lord laid on him the sins of us all.

올오버스, 라익 쉽, 햅 스트레이드 어웨이. 위 해브 레프트 갓스 패스 투 활로우 아워 오운. 옛 더 로드 레이드 온힘 더 씬스어브 어스올.

하브루타 질문

1. 지금 이사야 선지자는 누구를 소개하고 있나요?

_____

_____

2. 그가 당한 고난과 아픔은 누구를 위한 것인가요?

3. 당신은 어떤 사람이었으며 그분이 당한 고난으로 당신의 죄는 어떻게 되었나요?

4.

5.

6.

> 부모님들을 위한 해설

어떤 사람이 죄를 범해 감옥에 가게 되었습니다. 그런데 죄를 범한 사람과 너무나도 친한 친구 혹은 가족이 대신 벌을 받겠다고 합니다. 누군가가 대신 감옥에 가고 죄를 범한 사람을 풀어달라고 하는 것이 가능한 이야기일까요? 예전에는 그런 법이 있었답니다. 물론 성경의 원칙은 죄를 범한 사람은 자신의 잘못에 대한 벌을 법에 의거하여 받아야 합니다, 아무리 친하다고 해도 누군가가 다른 사람의 죄를 대신할 수는 없습니다. 왜냐하면 그 사람 역시 죄인이기 때문입니다. 죄인은 다른 사람의 죄를 담당할 수 없습니다. 그런데 죄가 없는 분이 계십니다. 그분은 의롭고 흠 없으신 분. 바로 예수 그리스도이십니다. 2,000년 전에 이 땅의 죄를 범한 모든 자의 죄를 대속하시기 위해 이 세상에 오셨습니다. 그리고 재판장이신 하나님께서 인정하셨습니다. 그것은 예수님에게 아무런 죄가 없기 때문이었습니다.

그래서 예수님께서 우리를 위해 십자가에 달리심으로 우리는 평화를 누리고 되었고, 채찍에 맞음으로 나음을 받게 되었습니다. 하나님께서는 우리 모두가 평생 동안에 지을 죄를 예수님 한 분이 담당하게 하신 것입니다. 어떠한 이가 자신의 아들 목숨을 아끼지 아니하겠습니까. 하나님께서는 죄를 범한 우리들을 자신의 아들 독생자 예수님 만큼이나 사랑하셨기 때문이었습니다.

32. 의롭다함의 유일한 근거

로마서 3:24

24 그리스도 예수 안에 있는 속량으로 말미암아 하나님의 은혜로 값없이 의롭다 하심을 얻은 자 되었느니라 (롬 3:24)

Romans 3:24

24 Yet God freely and graciously declares that we are righteous. He did this through Christ Jesus when he freed us from the penalty for our sins.

옛 갓 프릴리 앤 그레셔슬리 디클레어스 댓 위 아 롸이쳐스. 히디드 디스 뜨루 크라이스트 지저스 웬 히 프리드 어스 프럼더 패널티 휘아워 씬쓰.

🗣️ 하브루타 질문

1. 모든 사람이 죄를 범하였다고 성경은 말씀합니다. 이 말씀에 비추어 여러분도 죄인임을 시인하나요?

---

2. 죄를 범한 우리가 구원받는 근거는 무엇인가요?

---

3. 하나님의 은혜로 죄인인 우리에게 어떤 신분을 허락하나요?

4.

5.

> **부모님들을 위한 해설**

속량(贖良)이라는 단어는 '값을 주고 되사다'는 뜻입니다. 죄 때문에 노예가 되거나 전쟁 포로가 되어 노예가 된 사람의 몸값을 대신 지불하고 그 사람을 노예의 신분에서 풀어주는 행위를 가리키는 말입니다. 우리나라 역사를 보면 조선시대에 속량이라는 제도가 있었습니다.

성경에서 속량, 구속, 대속은 같은 뜻의 단어입니다. 우리 인간은 죄 때문에 영원히 죄의 노예가 되고 사망의 노예가 된 사람들입니다. 예수님께서 우리가 가진 죄의 값 사망의 값을 대신 지불하시고 우리를 죄의 노예로부터 사망의 노예로부터 풀어주십니다. 이것을 가리켜 그리스도의 속량, 그리스도의 구속, 그리스도의 대속이라고 부릅니다. 노예가 된 사람은 자기 스스로 자기의 몸값을 지불할 능력이 전혀 없는 사람입니다. 가족이나 친족이나 다른 누군가가 대신 몸값을 지불해 줄 때에만 비로소 노예의 신분에서 벗어날 수 있습니다. 인간은 죄의 노예가 된 사람들이어서 자기 스스로 자기의 죗값을 지불할 능력이 전혀 없는 존재들입니다. 어떤 인간도, 어떤 천사도, 사람이 가지고 있는 죗값을 대신 지불할 수 있는 능력도 방법도 가지고 있지 않습니다. 오직 하나님의 아들 예수 그리스도만이 인간의 죗값을 대신 지불하여 죄의 노예가 된 사람들을 속량할 수 있는 능력과 방법을 가지고 계신 분이십니다.

하나님의 아들이신 성자 하나님이 사람이 되어 오셔서 십자가에 달려 피 흘리시고 죽으신 것이 바로 죄의 노예가 된 사람들의 죗값을 대신 지불하신 속량의 방법이었습니다. 예수님께서 십자가에 달려 피 흘리시고 죽으신 것이 나의 죄 값을 대신 지불하신 속량의 죽으심이었음을 믿음으로 받아들이는 사람에게 속량이 이루어지게 됩니다. 그 사람이 가지고 있는 죄의 값 사망의 값이 예수님에 의해서 대신 지불되고 그 사람은 죄의 노예로부터 사망의 노예로부터 풀려나게 되는 것입니다.

그리스도의 속량은 값없이 이루어지게 됩니다. 노예가 속량될 때 노예 스스로 할 수 있는 일은 아무 것도 없습니다. 다른 누군가가 그 사람을 대신하여 값을 지불해 주는 것입니다. 우리가 죄의 노예에서 풀려나는 것에 우리가 한 것은 아무 것도 없습니다. 오직 예수님께서 우리를 대신하여 죄의 값을 지불해 주신 것입니다. 이것을 가리켜 성경은 값없이 의롭다 함을 얻은 것이라고 말씀합니다.

33. 문을 열라

요한계시록 3:20

20 볼지어다 내가 문 밖에 서서 두드리노니 누구든지 내 음성을 듣고 문을 열면 내가 그에게로 들어가 그와 더불어 먹고 그는 나와 더불어 먹으리라 (계 3:20)

Revelation 3:20

20 Look! I stand at the door and knock. If you hear my voice and open the door, I will come in, and we will share a meal together as friends.

룩! 아이 스탠드 앳더 도어 앤 낙. 이프유 히어 마이 보이스 앤 오픈더 도어, 아윌 캄인, 앤 위 윌 쉐어어 밀 투게더 애즈 프렌즈.

하브루타 질문

1. 예수님께서 당신의 마음의 문을 두드리는 소리를 들으셨나요?

_____

_____

2. 예수님의 초청을 받아들이셨나요?

_____

_____

3. 지금도 당신은 예수님과 더불어 교제하고 있나요?

4.

5.

6.

7.

> 부모님들을 위한 해설

본문은 라오디게아 교회에게 하신 말씀입니다. 라오디게아 교회는 눈에 보이는 세상적인 것으로 취해 있었기 때문에 예수님에 대한 간절함이 없었습니다. 자기 스스로 부요하다고 말하고 있지만, 자신들이 곤고하고 가련하고 가난함을 알지 못하고 있습니다. 옷을 잘 입고 있다고 생각했지만 예수님은 그들이 벌거벗음을 폭로합니다.

그런 그들에게 예수님은 문밖에 서서 두드립니다. 간절함이 사라진 라오디게아 교회에게 하나님은 '말씀'으로 두드립니다. 예수님으로 사는 삶이란 하나님의 말씀으로 두드림을 받는 삶입니다. 오늘 나에게 임한 말씀이 예수님의 두드림입니다.

말씀이 들리면 문을 열게 됩니다. 믿음은 들음에서 나고 들음은 하나님의 말씀으로 말미암습니다. 이렇게 하나님의 말씀에 대한 사랑은 곧 '믿음'으로 연결됩니다. 예수님으로 사는 삶은 말씀을 들어 믿음으로 나아가는 것입니다.

라오디게아 교회가 세상에 푹 빠져 믿음의 색깔이 나오지 않았습니다. 뜨겁지도 차지도 않게 될 수밖에 없었습니다. 그런데 예수님은 말씀을 통해 믿음으로 나아가게 되면 예수님과 더불어 먹을 수 있음을 말씀하고 계십니다. 즉 내 안에 예수님이 있음을 다시 고백하게 됩니다. 그런 상태가 바로 하나님의 나라, 천국입니다.

34-35. 구원의 조건

로마서 10:9-10

9 네가 만일 네 입으로 예수를 주로 시인하며 또 하나님께서 그를 죽은 자 가운데서 살리신 것을 네 마음에 믿으면 구원을 받으리라
10 사람이 마음으로 믿어 의에 이르고 입으로 시인하여 구원에 이르느니라 (롬 10:9-10)

Romans 10:9-10

9 If you openly declare that Jesus is Lord and believe in your heart that God raised him from the dead, you will be saved.

이퓨 오픈리 디클레어 댓 지저스 이스 로드 앤 빌리브 인유어 허트 댓 갓 레이즈드 힘 프럼더 데드, 유윌비 세이브드.

10 For it is by believing in your heart that you are made right with God, and it is by openly declaring your faith that you are saved.

휘 잇이스 바이 빌리빙 인유어 허트 댓 유아 메이드 롸잇 위드 갓, 앤 잇이스 바이 오픈리 디글레어링 유어 훼이스 댓 유아 세이브드.

하브루타 질문

1. 어떻게 하면 구원받나요?

2. 구원받기 위해 절대적으로 요구되는 것은 무엇인가요?

3. 구원에 이르기 위해 필요한 2가지를 말해보세요?

4.

5.

6.

> 부모님들을 위한 해설

사람이 마음으로 믿어 의롭다 함을 얻고 입으로 시인하여 구원에 이른다는 것입니다. 바울에게 있어서 칭의(稱義)와 구원은 일치합니다. 내적으로 변화를 받아 의를 인정받고 외적으로는 십자가에 못 박히고 부활하신 그리스도를 고백함으로 구원의 길로 인도함을 받습니다.

덧붙여 바울은 구원의 보편성과 공동체에 미치는 영향도 언급하고 있습니다. 구원은 모든 사람에게 열려 있다는 것입니다. 즉 하나님 앞에 의롭다 인정받는 자는 누구든지 부끄럼을 당치 아니합니다.

의는 믿음에서 나고 그것은 모든 사람에게 미치어 보편적인 효력을 발휘하기 때문입니다. 누구든지 주의 이름을 부르는 자는 구원을 얻고 그들은 새로운 공동체를 이룰 것입니다. 구약 시대에는 여호와의 이름이 구원과 연관되어 있습니다. 신약시대에는 예수의 이름을 부르는 자마다 구원을 얻을 것이라는 말씀은 기독교 진리의 보편주의를 표명합니다. 구원은 특정한 소수만이 누리는 특권이 아니라 모든 사람에게 열려 있는 우주적 진리입니다.

36-39. 구원을 받게 하려 하심이라

요한복음 3:14-17

14 모세가 광야에서 뱀을 든 것 같이 인자도 들려야 하리니

15 이는 그를 믿는 자마다 영생을 얻게 하려 하심이니라

16 하나님이 세상을 이처럼 사랑하사 독생자를 주셨으니 이는 그를 믿는 자마다 멸망하지 않고 영생을 얻게 하려 하심이라

17 하나님이 그 아들을 세상에 보내신 것은 세상을 심판하려 하심이 아니요 그로 말미암아 세상이 구원을 받게 하려 하심이라 (요 3:14-17)

John 3:14-17

14 And as Moses lifted up the bronze snake on a pole in the wilderness, so the Son of Man must be lifted up,

앤 애즈 모제스 립티드업 더 브란즈 스네이크 온어 폴 인더 웰더네스, 쏘 더 선어브 맨 머스트 비 맆티드업,

15 so that everyone who believes in him will have eternal life.

쏘댓 에브리원 후 빌리버스 인힘 윌 해브 이터널 라이프.

16 "For this is how God loved the world: He gave his one and only Son, so that everyone who believes in him will not perish but have eternal life.

휘 디스이스 하우 갓 러브드 더 월드; 히 게이브 히스 원 앤 온리 썬, 쏘 댓 에브리원 후 빌리브스 인힘 윌 낫 페리쉬 벗해브 이터날 라이프.

17 God sent his Son into the world not to judge the world, but to save the world through him

갓 샌트 히스썬 인투더 월드 낫투 저지더 월드. 벗투 세이브더 월드 뜨루힘

하브루타 질문

1. 민수기 21:4-9절의 말씀을 읽어본 후 그 사건을 정리해 보세요.

2. 모세가 광야에서 뱀을 든 것 같이 예수님이 들려야 하는 이유를 설명해보세요.

3. 하나님이 그 아들을 세상에 보내신 목적이 무엇인가요?

4.

5.

> **부모님들을 위한 해설**

예수님께서 이 땅에 오셔서 모세가 광야에서 뱀을 든 것 같이 인자도 들려야한다고 하십니다. 왜일까요? 이스라엘의 불순종함으로 하나님이 불뱀을 보내어 물게 했습니다. 이것은 원망하고 불순종하는 자들에게 행하신 하나님의 심판이었습니다. 그러나 백성들이 회개하여 범죄를 토설하고 모세가 백성들을 위하여 기도할 때 하나님께서 놋으로 불뱀을 만들어 장대 끝에 달라 하셨습니다. '물린 자 마다 그것을 보면 살리라'고 하셨고 뱀에게 물린 자마다 쳐다본즉 살게 되었습니다.(민21:4-9)

이것은 예수님께서 십자가를 지시고 이루실 사건의 예표입니다. 예수님께서는 아버지의 뜻대로 세상을 구원하시기 위해 세상 죄를 짊어지시고 십자가에서 죽임을 당하셨습니다. 예수님은 모세가 뱀에 물린 자들을 위해 장대 끝에 놋뱀이 달린 것 같이 죄와 사망 가운데에 있는 자들을 위해 십자가에 달리셔서 저주를 받으셨습니다.(갈3:13) 당시 이스라엘 사람들은 뱀에 물렸어도 장대 끝에 달린 놋뱀을 쳐다본즉 살아났습니다. 그러나 말씀을 믿지 않고 쳐다보지 않은 사람들은 죽었습니다.

예수님은 십자가에 달리셨습니다. 자신이 죄인임을 깨닫고 예수님의 십자가를 바라보는 사람은 살아납니다. 구원을 받습니다. 거듭납니다. 하나님의 자녀가 됩니다. 천국에서 하나님과 영원히 살 수 있습니다. 중요한 것은 십자가를 바라보는 것입니다.

40. 사망에서 생명으로 옮겼다

요한복음 5:24

24 내가 진실로 진실로 너희에게 이르노니 내 말을 듣고 또 나 보내신 이를 믿는 자는 영생을 얻었고 심판에 이르지 아니하나니 사망에서 생명으로 옮겼느니라 (요 5:24)

John 5:24

24 I tell you the truth, those who listen to my message and believe in God who sent me have eternal life. They will never be condemned for their sins, but they have already passed from death into life.

아이 텔유 더 트루, 도우스 후 리쓴투 마이 메시지 앤 빌리브인 갓 후샌트미 해브 이터날 라이프. 데이윌 네버 비 컨뎀드 휘 데어 씬스, 벗 데이 해브 얼레이디 패스드 프럼 데쓰 인투 라이프

하브루타 질문

1. 예수님의 말씀을 듣고 또 예수님을 보내신 하나님을 믿는 사람의 결과는 무엇인가요?

---

2. '영생을 얻었고'는 미래시제가 아닌 과거시제로 쓰여 있습니다. 이 말씀의 의미는 무엇인가요?

3. 예수님의 말씀을 듣고 하나님의 말씀을 믿는 순간 우리의 신분은 어떻게 달라지나요?

4.

5.

6.

> **부모님들을 위한 해설**

하나님의 약속의 말씀을 믿고 예수님을 믿는 사람에게는 삼중적인 약속이 주어집니다.

첫째로, 영생을 얻었습니다.

둘째로, 심판에 이르지 않습니다.

이것은 그리스도께서 그 값을 지불하셨고 하나님께서 또 다시 대가를 요구하지 않으실 것이므로. 지옥에 들어가지 않는다는 것을 의미합니다.

셋째로, 사망에서 생명으로 옮겼습니다.

중요한 표현이 있습니다. 모두 과거형으로 써졌다는 것입니다. '영생을 얻을 것이고'가 아니고 '영생을 얻었고'입니다. '심판에 이르지 않을 것이다'가 아니고 '심판에 이르지 않는다'입니다. '사망에서 생명으로 옮길 것이고'가 아니라 '사망에서 생명으로 옮겼다'입니다. 바로 예수님을 나의 구세주로 모셔 들이는 순간 일어난 일입니다.

만일 여러분이 진정으로 하나님의 말씀을 듣고 예수님을 믿게 되면 사망의 신분에서 생명의 신분으로 옮겨집니다. 하나님께서 당신이 구원받았다는 것을 확증하십니다. 이것이 바로 '좋은 소식=복음'입니다.

41-42. 구원의 영원성

> 요한복음 10:28-29
>
> **28** 내가 그들에게 영생을 주노니 영원히 멸망하지 아니할 것이요 또 그들을 내 손에서 빼앗을 자가 없느니라
>
> **29** 그들을 주신 내 아버지는 만물보다 크시매 아무도 아버지 손에서 빼앗을 수 없느니라 (요 10:28-29)

> John 10:28-29
>
> **28** I give them eternal life, and they will never perish. No one can snatch them away from me,
>
> 아이 기브뎀 이터날 라이프, 앤 데이 윌 네버 페리쉬. 노 원 캔 스내취 뎀 어웨이 프럼미
>
> **29** For my Father has given them to me, and he is more powerful than anyone else. No one can snatch them from the Father's hand.
>
> 훠 마이 화더 해즈 기븐뎀 투미, 앤 히이스 모어 파워풀 덴 애니원 엘스, 노 원 캔 스내취 뎀 프럼 화더스 핸드.

하브루타 질문

1. 예수님이 주시는 영생의 특징은 무엇인가요?

----

2. 영원히 멸망하지 않는 근거는 무엇인가요?

3. 여러분은 영생을 얻으셨나요?

4.

5.

6.

> 부모님들을 위한 해설

하나님이 여러분을 잊어버리거나 멸망당하도록 내버려 두신다는 생각은 하나님의 소중한 말씀 속에 나와 있는 모든 약속들과 정반대되는 개념입니다. 만일 그것이 사실이라면, 그런 하나님이 어떻게 "여인이 어찌 그 젖먹는 자식을 잊겠으며 자기 태에서 난 아들을 긍휼히 여기지 않겠느냐 그들은 혹시 잊을지라도 나는 너를 잊지 아니할 것이라"(사 49:15)고 말씀하시겠습니까?

만일 그게 사실이라면, "산들은 떠나며 작은 산들은 옮길지라도 나의 인자는 네게서 떠나지 아니하며 화평케 하는 나의 언약은 옮기지 아니하리라 너를 긍휼히 여기는 여호와의 말이니라"(사 54:10)는 하나님의 약속이 무슨 가치가 있겠습니까?

또 "내가 그들에게 영생을 주노니 영원히 멸망하지 아니할 것이요 또 그들을 내 손에서 빼앗을 자가 없느니라 그들을 주신 내 아버지는 만물보다 크시매 아무도 아버지 손에서 빼앗을 수 없느니라"(요 10:28,29)고 말씀하신 그리스도의 말씀을 어떻게 진리라 말할 수 있겠습니까?

만일 하나님의 자녀 중 한 사람이라도 멸망한다면 이 모든 것이 다 오류라는 말이 됩니다. 만일 그리스도를 믿고 구원받은 사람들 중에 한 사람이라도 버림받는다면, 어떻게 하나님과 하나님의 영광, 그리고 그의 언약과 은혜가 참되다 할 수 있겠습니까? 그러니 불신앙적인 두려움은 어서 내치십시오. 일어나 먼지를 털고 아름다운 옷을 입으십시오. 여러분이 절대 멸망하지 않을 거라고 약속하신 하나님의 말씀을 의심하는 것이 곧 죄라는 사실을 기억하십시오. 여러분 안에 있는 영원한 생명이 큰 기쁨 가운데 자신 있게 자신을 표현할 수 있게 하십시오. -찰스 스펄전의 설교 中-

43-44. 하나님의 사랑에서 끊을 수 없다

로마서 8:38-39

38 내가 확신하노니 사망이나 생명이나 천사들이나 권세자들이나 현재 일이나 장래 일이나 능력이나

39 높음이나 깊음이나 다른 어떤 피조물이라도 우리를 우리 주 그리스도 예수 안에 있는 하나님의 사랑에서 끊을 수 없으리라 (롬 8:38-39)

Romans 8:38-39

38 And I am convinced that nothing can ever separate us from God's love. Neither death nor life, neither angels nor demons, neither our fears for today nor our worries about tomorrow-not even the powers of hell can separate us from God's love.

앤 아엠 컨벤스트 댓 낫팅 캔 에버 세퍼레이트 어스 프럼 갓스 러브, 니더 데쓰 노어 라이프, 니더 앤젤스 노어 데몬스, 니더 아워 피어스 휘 투데이 노어 아워 워리스 어바웃 투모로우 낫 이븐더 파워스 어브 헬 캔 세퍼레이트 어스 프럼 갓스 러브

39 No power in the sky above or in the earth below-indeed, nothing in all creation will ever be able to separate us from the love of God that is revealed in Christ Jesus our Lord.

노 파워 인더 스카이 어바브 오어 인디 어쓰 빌로-인디드, 낫씽 인올 크레이션 윌 에버 비 에이블투 세퍼레이트 어스 프럼더 러브어브 갓 댓이스 리비얼드 인 크라이스트 지저스 아워 로드

하브루타 질문

1. 세상에서 가장 강력한 어떤 것들도 끊을 수 없는 것이 무엇인가요?

2. 당신은 구원받은 하나님의 자녀임을 확신하나요?

3. 끊을 수 없는 하나님의 사랑과 당신과의 관계를 설명해 보세요.

4.

5.

> **부모님들을 위한 해설**

어떤 것도 우리를 우리 주 예수 안에 있는 하나님의 사랑에서 끊을 수 없습니다. 어떤 세력도, 어떤 극한 상황도 성도에 대한 하나님의 사랑을 가로막을 수 없다는 바울의 이 선언은 넉넉히 이기노라는 개인적, 주관적 선언을 성도들에게 객관적, 보편적으로 힘 있게 외치는 선언입니다. 이 세력들에 대하여 마지막 두절에서 아홉 가지로 밝히고 있습니다.

사망은 육체로 사망케 하는 세력을 말하고, 생명은 사망을 강조하기 위한 대조법적 표현이며, 천사들은 하나님의 명령을 수행하는 존재들이고, 권세자들은 성도를 대적하는 악령의 세력들이며, 현재일은 현재에 역사하는 모든 세력을 말하고, 장래일은 미래에 역사할 모든 세력을 말하며, 능력은 천사, 권세자들과 같은 영적 존재를 의미하고, 높음은 지상, 하늘 위에 있는 모든 세력을 뜻하고, 깊음은 지하, 물속에 있는 모든 세력들을 말합니다. 다른 어떤 피조물이라도 우리를 우리 주 그리스도 안에 있는 하나님의 사랑에서 끊을 수 없습니다.

그리스도께서 성도의 구원을 위해 돌아가심으로 객관적이며 역사적인 속죄 사역을 완성하셨습니다. 성도 각자는 이러한 그리스도의 속죄사역을 근거로 하여 구원의 대열에 참여할 수 있고 이때 비로소 구원받는 자가 됩니다.

우리는 하나님의 특권적인 사랑을 온몸에 덧입고 살아가는 존재입니다. 세상의 물질로도, 명예로도, 권력으로도 가질 수 없는, 말로 다할 수 없는 특권을 우리는 누리고 살아가는 것입니다. 이제 더 이상 세상의 어떤 힘에 짓눌리지 말고 박차고 일어나야 할 때입니다. 하나님이 주시는 이 특권으로 세상을 거슬러 올라가는 하나님의 자녀 된 삶을 담대하게 살아가야합니다.

이렇게 살라 (18절)

03

45-46. 마음을 다하는 크리스천

골로새서 3:23-24

23 무슨 일을 하든지 마음을 다하여 주께 하듯 하고 사람에게 하듯 하지 말라

24 이는 기업의 상을 주께 받을 줄 아나니 너희는 주 그리스도를 섬기느니라 (골 3:23-24)

Colossians 3:23-24

23 Work willingly at whatever you do, as though you were working for the Lord rather than for people.

워크 윌링리 엣 왓에버 유두, 애즈 도우 유워 워킹 휘더 로드 레더덴 휙 피플

24 Remember that the Lord will give you an inheritance as your reward, and that the Master you are serving is Christ.

리멤버 댓더 로드 윌 기브유 언 인헤리텐스 애즈 유어 리워드, 앤댓 더 마스터 유아 서빙이스 크라이스트

하브루타 질문

1. 여러분은 무슨 일을 하든지 마음을 다하여 하나님께 하듯 최선을 다하나요?
   _____
   _____

2. 하나님께 하듯 하는 것과 사람에게 하듯 하는 것의 차이점은 무엇인가요?
   _____
   _____

3. 크리스천이 비크리스천과 다른 목표지향점은 무엇인가요?
   _____
   _____

부모님들을 위한 해설

한 남자가 소형 보트를 하나 가지고 있었습니다. 그는 봄철이 되면, 그 보트에 식구들을 태우고 호수로 나가서 낚시를 즐기다가, 여름이 지나면 배를 뭍으로 끌어올려 창고에 보관해 두곤 했습니다.

그는 배를 점검하다가 작은 구멍을 발견했습니다. 그냥 두면 위험할 것 같아 보이긴 했지만 겨울 동안에는 보트를 타지 않으므로, 내년 봄에 고쳐도 될 것 같아 그냥 내버려

두었습니다. 그리고 대신 칠장이를 불러 페인트 칠만 말끔히 해 두었습니다.

이듬해 봄이 되었습니다. 그에게는 두 아들이 있었는데, 아이들은 한시라도 빨리 보트를 타고 싶어 했습니다. 보트에 뚫린 구멍에 대하여 까마득히 잊고 있던 그는 아무 생각 없이 아이들을 호숫가에 내보냈습니다. 아이들이 호수로 나간 지 여러 시간이 지난 다음에야, 그는 갑자기 구멍이 생각났습니다.

"큰일 났다. 보트에 구멍을 수리하지 못했는데…. 사고가 나면 어떡하지?"

그는 다급한 마음에 부리나케 호수로 달려 나갔습니다. 그런데 놀랍게도 아이들은 신나게 보트를 타고 집으로 돌아오고 있는 것이었습니다. 그는 정신을 차리고 보트에 올라가 밑바닥을 살펴보았습니다. 작년에 보았던 구멍은 어느 새 튼튼하게 수리되어 있었습니다.

그는 지난 가을에 보트를 칠 해줬던 칠장이를 찾아갔습니다. 그가 준비해 간 선물 꾸러미를 건네자, 그 칠장이는 영문을 모르겠다는 듯이 반문하였습니다.

"배에 칠을 해 드린 값은 이미 받았는데, 이 선물은 왜 주시는 것입니까?"

"나는 당신에게 배에 칠을 해 달라고만 말했습니다. 그런데도 당신은 칠 뿐 아니라 구멍까지 막아 주셨습니다. 그 때문에 저의 두 아들의 목숨을 건질 수가 있었습니다. 이런 작은 선물 꾸러미 하나로는 다 갚을 수 없을 만큼 큰 것입니다."

그러자 칠장이는 당연하다는 듯이 말했습니다.

"당연한 것이지요. 누구라도 배에 그런 구멍을 봤으면 수리했을 것입니다. 배에 구멍이 난 것은 인명사고로 이어지기 때문이지요."

47-48. 겸손한 크리스천

베드로전서 5:5-6

5 젊은 자들아 이와 같이 장로들에게 순종하고 다 서로 겸손으로 허리를 동이라 하나님은 교만한 자를 대적하시되 겸손한 자들에게는 은혜를 주시느니라

6 그러므로 하나님의 능하신 손 아래에서 겸손하라 때가 되면 너희를 높이시리라

(벧전 5:5-6)

1 Peter 5:5-6

5 In the same way, you who are younger must accept the authority of the elders. And all of you, dress yourselves in humility as you relate to one another, for "God opposes the proud but gives grace to the humble."

인더 세임웨이, 유후아 영거 머스트 억셉더 어쏘리티 어브더 엘더스. 앤 올어브 유, 드레스 유어셀브스인 휴밀리티 애즈유 릴레이트 투 원 어너더, 풔 "갓 어포우지드 더 프라우드 벗 기브스 그레이스 투더 험블"

6 So humble yourselves under the mighty power of God, and at the right time he will lift you up in honor.

쏘 험블 유어셀브스 언더더 마이티 파워 어브 갓, 앤 앳더 라잇 타임 히윌 리프트 유업 인 아너

하브루타 질문

1. 여러분은 목회자와 장로님들의 권위를 인정하고 순종하나요?

2. 하나님이 가장 싫어하시는 사람, 곧 하나님을 대적하는 사람은 어떤 사람인가요?

3. 하나님이 높이실 때까지 여러분은 어떻게 인내할 것인가요?

4.

5.

> 부모님들을 위한 해설

프랑스 10대 대통령 레이몽 프앵카레의 일화입니다. 그가 대통령으로 있을 때 모교인 소르본 대학(La Sorbonne)에서 라비스 박사 교육 50주년 기념식이 성대하게 진행되고 있었습니다. 답사를 하기 위해 단상에 오른 라비스 박사는 깜짝 놀랐습니다. 내빈석도 아닌 재학생석 맨 뒷자리에 레이몽 프앵카레 대통령이 앉아 있었기 때문이었습니다. 황급히 단상에서 내려가 대통령을 단상으로 모시려고 했습니다. 그러나 대통령은 끝내 사양하면서 "선생님, 저는 제자입니다. 오늘의 주인공은 오직 선생님뿐이십니다."라고 말했습니다. 장내는 뜨거운 박수갈채가 터져 나왔고, 레이몽 프앵카레 대통령은 더욱 명성 높은 대통령이 되었습니다.

겸손한 사람이란 무능하거나 무기력한 사람이 아니라, 근본적으로 전능하신 하나님 앞에서 인간 자신의 부족을 인식하여 하나님의 능력과 지혜를 구하는 사람입니다. 이러한 인식이란 영적 능력이 있을 때만 가능해지기 때문에, 영적 능력이 증대되면 될수록 그만큼 더 겸손해지는 것입니다. 다시 말해서, 참으로 겸손한 사람은 은혜를 받으면 받을수록 더욱 겸손해지게 된다는 것입니다.

아보트(T. K. Abott)는 "지식이나 영적 통찰력이 향상되면 될수록 더욱 더 자신의 부족을 깨닫게 된다."라고 했습니다. 윌리엄 바클레이(W. Barclay)는 "겸손이란 자기 극화, 자기 칭찬, 자기애라는 장밋빛 안경을 벗고 자신을 직시할 수 있는 용기가 있을 때 가능한 것이다."라고 했습니다. 겸손으로 허리를 동이시기 바랍니다.

49. 선한 청지기 같은 크리스천

> 베드로전서 4:10
> **10** 각각 은사를 받은 대로 하나님의 여러 가지 은혜를 맡은 선한 청지기 같이 서로 봉사하라(벧전 4:10)

> 1 Peter 4:10
> **10** God has given each of you a gift from his great variety of spiritual gifts. Use them well to serve one another.
> 갓 해즈 기븐 이치어브 유 어 기풋 프럼 히스 그레잇 버라이어티 어브 스피리철 기브츠. 유즈뎀 웰 투 서브 원 어너더.

하브루타 질문

1. 여러분의 은사는 무엇인가요?
   _____
   _____

2. 하나님의 여러 가지 은혜를 맡은 선한 청지기란 어떤 사람인가요?
   _____
   _____

3. 여러분은 여러분의 인생이 여러분의 것이 아닌 하나님께서 맡겨주신 선한 청지기 같이 서로 봉사하고 있나요?

4.

5.

6.

7.

> **부모님들을 위한 해설**

하나님은 사람에게 일을 맡기실 때 그 일을 하는데 필요한 재능과 은사를 반드시 함께 주십니다. 하나님은 모세에게 지팡이를, 다윗에게 물맷돌을, 삼손에게 나귀의 턱뼈를, 삼갈에게 소를 모는 막대기를, 에스더에게 고운 용모를, 드보라에게 시의 재능을, 도르가에게 바느질을, 아볼로에게 웅변을 주시고 또 각자에게 재능과 은사를 쓸 수 있는 능력을 주셨습니다. 그렇게 함으로써 그들 각자는 하나님을 위해 가장 효과적으로 일했습니다.

하나님께서는 당신의 자녀들에게 적어도 한 가지 이상의 일반적 재능과 영적 은사를 주셨고 당신의 자녀들이 소임을 이루어 나가는데 필요한 모든 것을 공급하여 주십니다(고후9:8). 하나님께서는 각각 사람에 따라서 선물과 자질과 능력을 주셨습니다. 구제하는 자, 다스리는 자, 긍휼을 베푸는 자, 섬기는 자, 가르치는 자, 권위하는 자 모두 하나님께서 주신 은사들입니다.

따라서 여러분 혼자서 다 하려고 욕심 부릴 필요가 없습니다. 모든 일을 내가 해야 한다고 생각하면 지쳐버립니다. 모든 일은 나 혼자서 할 수 없습니다. 우리는 다른 사람의 은사를 발견하고 위임해야 합니다. 나에게 주신 은사, 내가 잘 할 수 있는 것, 나에게 주신 능력을 가지고 서로 봉사해야 합니다. 이것이 바로 하나님의 법칙입니다.

신체의 기능처럼, 어떤 사람은 눈의 역할을, 어떤 사람은 입의 역할을, 어떤 사람은 귀의 역할을 감당해야 합니다. 또 어떤 사람은 팔의 역할을, 어떤 사람은 다리의 역할을, 어떤 사람은 허리의 역할을 감당할 때 좋은 결과를 얻을 수 있습니다.

욕심을 버리십시오. 모두가 다 보려고 하면 안 되는 것처럼, 모두가 다 말하면 안 되는 것처럼 자신의 은사를 살펴 최선을 다하는 것이 성경의 법칙입니다. 하나님은 자기가 맡은 일을 잘하는 사람에게는 칭찬과 상급을 준비하고 계십니다.

50-51. 다른 사람을 돌보는 크리스천

빌립보서 2:3-4

3 아무 일에든지 다툼이나 허영으로 하지 말고 오직 겸손한 마음으로 각각 자기보다 남을 낮게 여기고

4 각각 자기 일을 돌볼뿐더러 또한 각각 다른 사람들의 일을 돌보아 나의 기쁨을 충만하게 하라 (빌 2:3-4)

Philippians 2:3-4

3 Don't be selfish; don't try to impress others. Be humble, thinking of others as better than yourselves.

돈비 셀피쉬; 돈 트라이투 임프레스 아더스. 비 험블, 씽킹 어브 아더스 애즈 배러 댄 유어셀브스.

4 Don't look out only for your own interests, but take an interest in others, too

돈 룩 아웃 온리 휘유어 오운 인터레스츠, 벗 테이크 언 인터레스트 인 아더스, 투

하브루타 질문

1. 무슨 일을 할 때 다툼이나 허영으로 하지 말아야 할 이유는 무엇인가요?

---

2. 크리스천들은 어떤 마음을 가져야 하며 남들에 대해선 어떤 자세를 가져야 하나요?

3. 크리스천들이 손해를 감수하는 삶을 살면서까지 다른 사람들의 일을 돌봐야 하는 이유는 무엇 때문인가요?

4.

> 부모님들을 위한 해설

4차 산업혁명시대를 이끄는 유대인들에게는 4가지 특징이 있습니다. 유대인의 성공은 그들의 국민성인 후츠파(Chutzpah)에서 나왔습니다. 후츠파는 다음과 같은 특징을 갖고 있습니다.
첫째로, 비공식성(Informality)입니다.
실제로 이스라엘 군대에서 장군과 사병이 회의에 참석할 때 장군이 늦게 회의장에 도착하거나, 커피기기 근처에 앉게 되면 그가 회의를 마칠 때까지 커피를 서빙하는 역할을 하는 등 효율성을 중시하는 비공식성을 갖고 있습니다.

둘째로, 수없이 질문할 수 있는 권한을 의미합니다.(Questioning Authority)

한국 부모들은 "선생님 말씀 잘 들어라"고 요구하는 반면, 유대인 부모들은 "학교에서 무엇을 질문했는가?"를 아이에게 묻습니다. 그만큼 질문하는 것을 중히 여깁니다.

셋째로, 섞이고 섞일 것을 강조합니다.(Mashing up)

이스라엘 대학에서는 타 학과로의 전과가 쉬워 학문의 융복합이 쉽게 일어납니다. 의학을 공부하던 학생이 경영학을, 생물학을 쉽게 공부할 수 있고, 다시 의학으로 복귀하여 학문을 마칠 수 있습니다. 이런 학생들이 사회에 진출하면 의학과 생물학, 경영학이 접목된 바이오 헬스산업을 고객의 편리성과 경제성을 고려해 만들어내기도 합니다.

넷째로, 실패를 훈장으로 바꾸는 문화입니다.(Risking Taking)

유대인들에게 실패는 단순한 실패의 의미가 아닙니다. 모든 실패를 저울에 달아 격려와 훈장으로 바꿉니다. 일반적인 실패를 한 사람에게는 격려를 해주지만 건설적인 결과가 있는 실패에는 훈장을 주는 문화를 갖고 있습니다.

이런 배경에는 나보다 남을 낮게 여기는 것에서 시작합니다. 우리는 다른 사람에게 나보다 더 나은 점이 있음을 바라보고 격려해야 합니다. 그것이 지혜이고 세상을 올바로 보는 방법입니다. 나만을 위해 힘쓰는 자세를 지양하고 남을 위한, 그리고 함께 하는 일에 힘써야합니다. 실천하기 쉽지 않은 일이지만 평생을 걸고 실천해야할 하나님의 말씀입니다.

52-53. 사랑의 크리스천

요한일서 4:7-8

7 사랑하는 자들아 우리가 서로 사랑하자 사랑은 하나님께 속한 것이니 사랑하는 자마다 하나님으로부터 나서 하나님을 알고

8 사랑하지 아니하는 자는 하나님을 알지 못하나니 이는 하나님은 사랑이심이라
(요일 4:7-8)

1 John 4:7-8

7 Dear friends, let us continue to love one another, for love comes from God. Anyone who loves is a child of God and knows God.

디어 프렌즈, 렛어스 컨티뉴투 러브 원 어너더, 휘 러브 컴스 프럼 갓. 애니원 후 러브스 이스 어 차일드 어브 갓앤 노우스 갓.

8 But anyone who does not love does not know God, for God is love.

벗 애니원 후 더스 낫 러브 더스 낫 노우 갓, 휘 갓이스 러브

하브루타 질문

1. 우리가 서로 사랑해야 하는 근거는 무엇인가요?

_____

_____

2. 사랑하는 자는 누구로부터 난 사람인가요?

3. 사랑하지 않는 자가 하나님을 알지 못하는 이유는 무엇인가요?

4.

5.

6.

> **부모님들을 위한 해설**

어느 대학교수가 강의 도중 갑자기 5만 원짜리 지폐를 꺼내 들었습니다. 그리고는 "이 돈을 받을 사람 손 들어보세요." 라고 말했습니다. 그랬더니 많은 학생들이 손을 들었습니다. 그 다음 교수는 갑자기 5만 원짜리 지폐를 주먹으로 꽉 쥐어서 구기더니 다시 물었습니다. "이 돈을 받을 사람 다시 손 들어보세요." 이번에도 대부분의 학생들이 손을 들었습니다.

교수는 또 그 걸 다시 바닥에 내팽개쳐서 발로 밟았습니다. 지폐는 구겨졌고 신발자국이 묻어서 더러워졌습니다. 그때 교수가 다시 물었습니다.

"그래도 이 돈을 가질 사람이 있나요?"

이번에도 학생들이 손을 들었습니다. 그때 교수가 학생들에게 말했습니다.

"여러분들은 아무리 구겨지고 더러워진 5만 원짜리 지폐일지라도 그 가치는 변하지 않는다는 것을 잘 알고 있군요."

'사랑'의 가치도 마찬가지입니다. '사랑'의 가치는 이 세상에서 가장 소중하답니다. 세상이 급변하고 냉정해진 것 같지만 여전히 세상은 사랑으로 움직이고 있습니다. 그것은 바로 세상을 창조하신 분이 사랑의 하나님이시기 때문입니다. 실패하고, 사회의 바닥으로 내팽개쳐진다 할지라도 좌절하지 말아야 할 이유가 있습니다. 하나님은 여전히 여러분을 사랑하고 계시기 때문입니다. 사람의 사랑은 상황에 따라 변하지만 하나님의 사랑은 변함이 없습니다. 사도요한은 당당하게 하나님의 사랑을 선포했습니다.

"하나님이 우리를 사랑하시는 사랑을 우리가 알고 믿었노니 하나님은 사랑이시라 사랑 안에 거하는 자는 하나님 안에 거하고 하나님도 그의 안에 거하시느니라"(요일 4:16)

54-56. 때가 되면 거둔다

갈라디아서 6:7-9

7 스스로 속이지 말라 하나님은 업신여김을 받지 아니하시나니 사람이 무엇으로 심든 지 그대로 거두리라

8 자기의 육체를 위하여 심는 자는 육체로부터 썩어질 것을 거두고 성령을 위하여 심는 자는 성령으로부터 영생을 거두리라

9 우리가 선을 행하되 낙심하지 말지니 포기하지 아니하면 때가 이르매 거두리라 (갈 6:7-9)

Galatians 6:7-9

7 Don't be misled-you cannot mock the justice of God. You will always harvest what you plant

돈비 미스리드 유 캔낫 막더 저스티스 어브 갓. 유 윌 올웨이스 하베스트 왓유 플랜트

8 Those who live only to satisfy their own sinful nature will harvest decay and death from that sinful nature. But those who live to please the Spirit will harvest everlasting life from the Spirit.

도우스 후리브 온리 투 세티스파이 데어 오운 신풀네이쳐 윌 하베스트 디케이 앤 데쓰 프럼댓 신풀네이쳐. 벗 도우스 후리브투 플리스 더 스피릿 윌 하베스트 에버라스팅 라이프 프럼더 스피리트.

9 So let's not get tired of doing what is good. At just the right time we will reap a harvest of blessing if we don't give up

쏘 렛스 낫 겟 타이어드 어브 두잉 홧이스 굿. 앳 저스트 더 롯잇 타임 위 윌 립어 하베스트 오브 블레싱 이프위 돈기 브업

하브루타 질문

1. '심은 대로 거둔다'는 하나님의 법칙인 동시에 자연의 법칙입니다. 육체를 위하여 심는 사람이 거둘 것은 무엇이며, 성령을 위하여 심는 사람이 거둘 것은 무엇인가요?

2. 우리가 선을 행하되 낙심하지 말아야 하는 이유는 무엇인가요?

3. 거두는 시점은 언제인가요?

4.

> 부모님들을 위한 해설

하나님은 열매를 거두는 세 가지 전제 조건을 말씀해 주셨습니다. '선을 행하되, 낙심하지 말고, 포기하지 말라'고 하십니다. 아주 간단하지만 하나하나가 쉽지 않은 일입니다. 우리가 가장 많은 실수를 하는 것들이 바로 낙심과 포기입니다.

선을 행한다는 것은 자신의 것을 다른 사람에게 아낌없이 준다는 것입니다. 내가 누릴 행복, 내가 가질 수 있는 이익을 남에게 준다는 것은 큰 용기가 필요한 일입니다. 이렇게 선을 행하는 것은 하나님이 기뻐하시는 일이지만 여기에는 무서운 함정이 있습니다. 그것은 바로 낙심하게 되는 것입니다.

'나는 선을 행하는데 왜 사람들이 몰라줄까?', '나는 하나님의 말씀 앞에 순종하는데 왜 결과가 나타나지 않을까?', '선하게 살려고 하는데 왜 나는 사람들에게 외면당할까?' 등등. 이런 것들이 바로 우리를 낙심하게 하는 것입니다.

그러나 하나님은 우리에게 낙심하지 말라고 하십니다. 낙심을 하면 희망을 잃게 되고 열정이 식기 때문입니다. 희망은 등대와 같습니다. 등대가 꺼지면 배는 길을 잃고 결국 침몰하게 됩니다. 열정은 에너지입니다. 에너지가 없으면 기계는 멈추게 되고 사람은 죽은 것과 같습니다. 그렇기 때문에 낙심을 하면 아무 것도 거둘 수 없는 것입니다.

마지막으로 포기하지 말라는 말씀을 하십니다. 살면서 실패는 있을 수 있지만 포기를 선택하는 순간 우리는 모든 것을 잃게 됩니다. 따라서 눈에 보이는 것 없고, 귀에 들리는 것 없고, 손에 잡히는 것 없어도 포기하지 말아야 합니다. 포기하면 다 잃기 때문입니다. 그동안 수고했던 모든 결과들이 사라지게 되기 때문입니다.

디 엘 무디((D. L. Moody)는 이런 유명한 말을 남겼습니다. "나는 하나님께서 낙심한 사람을 쓰시는 것을 본 적이 없습니다."

왜 그럴까요? 낙심은 믿음의 반대이기 때문입니다. 낙심은 하나님의 시선으로 바라보지 않고 인간의 시선으로 바라보는 데서 생겨나기 때문입니다.

57-59. 열매를 맺는 크리스천

갈라디아서 5:22-24

22 오직 성령의 열매는 사랑과 희락과 화평과 오래 참음과 자비와 양선과 충성과

23 온유와 절제니 이같은 것을 금지할 법이 없느니라

24 그리스도 예수의 사람들은 육체와 함께 그 정욕과 탐심을 십자가에 못 박았느니라
(갈 5:22-24)

Galatians 5:22-24

22 But the Holy Spirit produces this kind of fruit in our lives: love, joy, peace, patience, kindness, goodness, faithfulness,

벗더 홀리 스피릿 프로듀시스 디스 카인드 어브 후룻인 아워 라이브스: 러브, 조이, 피스, 패이션스, 카인드니스, 굿니스, 훼이풀니스,

23 gentleness, and self-control. There is no law against these things!

젠틀니스, 앤 셀프-컨츠롤. 데어리스 노 로 에겐스트 디스 씽스!

24 Those who belong to Christ Jesus have nailed the passions and desires of their sinful nature to his cross and crucified them there.

도우스 후 빌롱투 크라이스트 지저스 해브 네일드 더 패션스 앤 디자이어스 어브 데어 씬풀네쳐 투 히스 크로스 앤 쿠루스파이드 뎀데어.

하브루타 질문

1. 성령의 9가지 열매는 무엇인가요?

2. 그리스도 예수의 사람들이 십자가에 못 박은 것은 무엇인가요?

3. 정욕(Passion)과 욕망(Desires)은 무엇인가요?

4.

5.

> 부모님들을 위한 해설

어떤 항구에 예인선 한 척이 있었습니다. 예인선은 바다 위에 다른 배를 끌어서 항구에 안전하게 도착할 수 있도록 도와주는 배입니다. 그런데 이 예인선의 선장이 아주 악명 높은 사람이어서 매우 난폭하게 운전을 했습니다.

이 예인선이 다른 배를 이끌 때에는 다른 배들을 너무 함부로 들이받아서 배 안에 있는 선원들이 넘어지거나 물건들이 깨어지는 일들이 다반사로 일어났습니다. 그래서 동료 선원들은 이 예인선을 '미친 배'라고 불렀습니다. 선장들은 다른 예인선을 구할 수 있으면 이 배는 어떻게든 피하려고 했습니다.

그러던 어느 날 어떤 배 한 척이 예인선의 도움이 필요했는데 이 '미친 배' 말고는 다른 선택의 여지가 없었습니다. 그런데 이 예인선이 예전과는 달리 아주 부드럽게 다가왔습니다. 아주 거칠게 배를 접선했던 예전과는 달리 예의바르게 운전했습니다. 그리하여 배 안에 있던 접시나 유리 컵 등이 하나도 깨어지지 않은 상태에서 안전하게 항구에 도착할 수 있게 되었습니다. 예인선의 안내를 받은 배의 선장이 놀라서 물었습니다.

"아니 이 '미친 배'에 도대체 무슨 일이 일어났습니까? 배가 옛날과는 완전히 달라졌어요!"

그 때 예인선 안에 타고 있던 선원 한 사람이 대답했습니다.

"우리 선장이 바뀌었습니다!"

여러분의 인생의 배의 주인은 누구입니까? 우리 인생의 배에 어떤 선장이 타고 있는가에 따라서 우리의 삶은 달라집니다. 예수님을 삶의 주인으로 모시면 분명 삶은 달라집니다. 생각이 달라지고 내 인생의 목표가 달라지고 내 삶의 태도가 달라집니다. 결과 열매가 달라지게 되는 것입니다. 그것이 바로 성령의 9가지 열매입니다.

60-62. 하나 되는 크리스천

에베소서 4:2-4

2 모든 겸손과 온유로 하고 오래 참음으로 사랑 가운데서 서로 용납하고
3 평안의 매는 줄로 성령이 하나 되게 하신 것을 힘써 지키라
4 몸이 하나요 성령도 한 분이시니 이와 같이 너희가 부르심의 한 소망 안에서 부르심을 받았느니라 (엡 4:2-4)

Ephesians 4:2-4

2 Always be humble and gentle. Be patient with each other, making allowance for each other's faults because of your love.

올웨이스 비 함블 앤 젠틀. 비 패이션스 위드 이치아더, 메이킹 얼라원스 휘 이치아더스 홀츠 비카오스 어브 유어 러브.

3 Make every effort to keep yourselves united in the Spirit, binding yourselves together with peace.

메이크 에브리 에퍼트 투 킵 유어셀브즈 유나이티드 인더 스피릿, 바인딩 유어셀브즈 투게더 위드 피스.

4 For there is one body and one Spirit, just as you have been called to one glorious hope for the future.

휘 데어이스 원 바디 앤 원 스피릿, 저스트 애즈 유해브빈 콜드투 원 글로리어스 호프 휘더 휴쳐.

하브루타 질문

1. 서로를 용납하기 위해서 꼭 필요한 요소들은 무엇인가요?

2. 어떻게 성령의 하나 되게 하신 것을 힘써 지킬 수 있나요?

3. 우리의 하나 됨의 근거는 무엇인가요?

부모님들을 위한 해설

영국에서 실제로 있었던 실화입니다. 어느 교회 목사님에게 영적인 슬럼프가 찾아왔습니다. 도대체 기독교 진리가 믿어지지 않는 것이었습니다. 그래서 목사님은 예배시간에 교회를 사임하겠다고 발표했습니다. 성도들은 충격을 받았습니다. 곧바로 교회에 비상 대책회의가 열렸습니다. 장로님들이 모이고 성도들이 모였습니다. 그때 어느 장로님이 성도들을 대표하여 목사님께 이렇게 말했습니다.

"목사님께서 기독교가 진리가 아니라는 생각이 들 때까지는 많이 힘드셨을 것이라고 생각합니다. 하지만 분명히 기독교는 진리입니다. 그래서 목사님께서는 이곳에 남아 주세요. 설교시간에 목사님께서는 믿어지지 않는 말씀이 무엇인지를 알려주세요. 저희는 목사님께서 그 진리가 믿어질 때까지 기다리겠습니다."

결국 목사님은 자신이 믿지 못하는 것을 계속 설교했습니다. 성도들은 그 믿지 않는 설교를 계속 들어야 했습니다. 목사님이나 성도들이 모두 얼마나 힘들었을까요? 그럼에도 성도들은 기도하면서 목사님의 회복을 기다렸습니다.

그러던 어느 날 목사님이 설교시간에 눈물을 흘리시는 것이었습니다. 말씀이 믿어졌기 때문이었습니다. 설교를 듣던 성도들도 그 설교를 들으면서 같이 울었습니다. 또 그런 모습을 보면서 목사님도 함께 우시는 것이었습니다. 교회는 온통 울음바다가 되었습니다. 그때 목사님이 이렇게 말했습니다.

"저를 기다려 주셔서 감사합니다. 영적 침체에 빠지고 허우적거릴 때 잠시 머물 곳이 필요하다는 것을 알았어요."

성도들은 목사님이 회복할 때까지 기다리는 걸 두려워하지 않았습니다. 하나님의 말씀이 진리라는 사실을 믿었고 목사님이 다시 회복될 것을 믿었기 때문입니다. 나중에 목사님이 이렇게 고백했다고 합니다.

"예수님이 성도들 안에 숨어 계셨습니다."

이런 교회가 있을 수 있을까요? 이 시대에서 보기 드문 교회입니다. 성도들이 하나가 되어야 하는 단 하나의 이유는 하나님께서 한 분이시기 때문입니다. 하나님이 하나이고, 예수님도 하나이며, 성령님도 하나이기 때문입니다. 따라서 하나님께로부터 부르심을 받은 성도들은 하나 됨을 이루어야 합니다.

하나 됨이란 성도들 자신이 그리스도의 사랑을 실천함으로써만 가능합니다. 즉 겸손과 온유와 오래 참음과 용서의 덕목을 적극적으로 실천하여 공동체의 유익을 도모해야만 합니다. 이것이 하나 됨의 근거와 방법입니다.

말씀을 사랑하라 (16절)

04

63-64. 말씀을 사랑하는 크리스천

시편 119:127-128

127 그러므로 내가 주의 계명들을 금 곧 순금보다 더 사랑하나이다

128 그러므로 내가 범사에 모든 주의 법도들을 바르게 여기고 모든 거짓 행위를 미워하나이다 (시 119:127-128)

Psalms 119:127-128

127 Truly, I love your commands more than gold, even the finest gold.

츄률리, 아럽유어 컨맨즈 머덴 골드, 이븐더 파이네스트 골드.

128 Each of your commandments is right. That is why I hate every false way.

이치 어브 유어 컴맨드먼츠 이스 롸잇. 댓이스 와이 아 헤이트 에브리 홀스웨이

하브루타 질문

1. 주의 계명, 곧 하나님의 말씀을 돈보다 더 사랑하나요?

2. 주의 계명, 곧 하나님의 말씀이 세상의 어떤 것보다 옳으며 진리라고 믿고 순종하고 있나요?

3. 주의 계명, 곧 하나님의 말씀을 따르는 결과는 무엇인가요?

부모님들을 위한 해설

하나님의 계명들을 순금보다 더 사랑한다는 시인의 고백입니다. 시인이 하나님의 계명들을 순금과 비교하여 언급한 것은 순금의 가치 이상으로 하나님의 계명이 귀한 것임을 나타내고 있습니다.

사실 우리는 세상에서 가장 귀하게 여기는 가치가 바로 순금, 즉 돈입니다. 돈을 벌기 위해 일을 하고, 돈을 벌기 위해 공부하고, 돈을 벌기 위해 수고합니다. 세상의 모든 일은 돈을 벌기 위한 노력입니다. 돈이 있어야 살 수 있고, 돈이 있어야 안심할 수 있고, 돈이 있어야 다른 사람들에게 인정받습니다. 이렇듯 돈의 가치는 결코 무시할 수 없는 가치입니다.

그런데 과연 우리는 돈보다 하나님을 더 귀하게 여길 수 있을까요? 이 질문 앞에 많은 사람들이 침묵합니다. 사실 우리들은 돈을 하나님보다 더 사랑하고 있는 현실입니다. 입으로는 하나님을 사랑한다고 하지만 실제적인 삶의 현장에서는 하나님의 계명은 눈앞에서 사라지고 오로지 돈만 추구합니다. 이것이 많은 크리스천들의 현주소입니다. 그러나 시인은 순금, 즉 돈보다 하나님의 계명을 더 사랑한다고 고백합니다. 결코 쉽지 않은 고백입니다. 현실적인 돈보다 딱딱하기 그지없는 하나님의 계명을 더 사랑한다는 것이 쉬워 보이지 않습니다.

그런데 여기서 주목해야 할 것이 있습니다. 하나님의 계명보다 순금을 더 사랑하는 것은 역사의 원리에서 손해 보는 짓입니다. 하나님의 계명을 사랑하면 돈도 얻을 수 있지만, 돈만을 사랑하면 돈도 잃고 하나님을 잃는 결과를 가져 온다는 역사적 사실을 알아야 합니다.

1620년 9월 6일, 영국의 청교도들이 '메이플라워호'를 타고 미국 동부를 향하여 출발하였을 때에 비슷한 시기에 '매스터호'라는 배를 타고 남미로 간 청교도들이 있었습니다. 미국으로 간 메이플라워호는 하나님을 얻고 순금도 얻었지만, 순금만을 얻기 위해 매스터호를 타고 남미로 간 청교도들은 하나님도 잃고 돈도 잃었던 것을 역사가 입증하고 있습니다.

65. 말씀을 암송하는 크리스천

> 여호수아 1:8
>
> 8 이 율법책을 네 입에서 떠나지 말게 하며 주야로 그것을 묵상하여 그 안에 기록된 대로 다 지켜 행하라 그리하면 네 길이 평탄하게 될 것이며 네가 형통하리라 (수 1:8)

> Joshua 1:8
>
> 8 Study this Book of Instruction continually. Meditate on it day and night so you will be sure to obey everything written in it. Only then will you prosper and succeed in all you do.
>
> 스터디 디스 북 어브 인스트럭션 컨티뉴얼리. 메디테이트 온잇 데이앤나잇 쏘 유 윌비 슈어투 오베이 에브리딩 위튼 인잇. 온리 덴 월유 프라스퍼 앤 썩씨드 인올 유두.

하브루타 질문

1. 이 율법책을 네 입에서 떠나지 말게 하라는 말씀은 무엇인가요?

---

2. 주야로 그것을 묵상하라는 말씀의 의미는 무엇인가요?

_____

_____

3. 성경암송은 자랑하거나 성경지식을 갖기 위한 것이 아닌 지켜 행하기 위한 것이라고 설명하고 있습니다. 그 결과는 무엇인가요?

_____

_____

4. _____

_____

_____

5. _____

_____

_____

6. _____

_____

_____

> 부모님들을 위한 해설

우리는 매일의 삶에서 하나님께 귀 기울이는 법을 배워야 합니다. 하나님은 성경말씀을 통해 말씀하시기 때문입니다. 우리를 향한 하나님의 말씀은 보통 성경말씀을 통해 분별할 수 있습니다. 즉 성경을 읽고 암송하고 적용할 때입니다. 따라서 성경을 읽지 않거나 암송하지 않는다면 우리는 하나님의 음성을 듣기 어렵습니다.

'하나님의 음성'에 대해 주의할 것이 있습니다. 종종 하나님의 말씀인 성경 외에 다른 하나님의 음성을 듣는다고 하는 사람이 있습니다. 하나님으로부터 직접 음성을 듣는다고 주장합니다. "어디로 가라", "누구를 만나라" 등등 하나님이 직접 귀를 통해 말씀하신다고 주장합니다. 이것을 '직통계시'라고 합니다.

우리는 그들을 주의해야 합니다. 그들은 자신이 하나님과의 특별한 관계를 맺고 있는 것처럼 묘사하며, 신실한 사람이며, 재정적인 문제를 해결해 준다고 하면서 사람들을 현혹시키지만 결론적으로 그들은 사이비 신앙인들입니다. 그들의 주장에 넘어가지 말아야 합니다. 그들의 말로(末路)가 좋지 않음을 알아야 합니다.

하나님은 성경말씀을 통해서만 말씀하십니다. 우리가 진지하게 거룩함을 추구하고 있다면, 우리 영혼을 성경말씀 속에 담그는 것이 지혜입니다. 각 구절을 적용할 수 있도록 묵상하는 데 도움이 되는 방법을 통해 하나님의 음성을 듣는 훈련을 해야 합니다.

* 이 말씀은 하나님에 관해 무엇을 말해 주는가?
* 이 말씀은 삶에 관해 무엇을 말해 주는가?
* 이 모든 것이 오늘날 나의 삶에 대해 무엇을 말해 주는가?
* 이 말씀을 나는 입에 두고 있는가?

하나님의 말씀을 묵상하는 것은 곧 하나님의 임재 안에서 그것들을 깊이 묵상하는 것입니다. 그리고 묵상은 기도로 이어져야 합니다. 우리는 말씀을 붙들고 기도하면서 우리의 모든 것을 하나님께 직접 말씀드려야 합니다.

66. 하나님의 말씀을 지키는 자의 복

> 잠언 29:18
>
> **18** 묵시가 없으면 백성이 방자히 행하거니와 율법을 지키는 자는 복이 있느니라 (잠 29:18)

> Proverbs 29:18
>
> **18** When people do not accept divine guidance, they run wild. But whoever obeys the law is joyful.
>
> 웬 피플 두낫 억셉 디바인 가이던스, 데이 런 와일드. 벗 후에버 오베이스 더 로우이스 조이플

하브루타 질문

1. 묵시가 없다는 말은 무슨 의미인가요?

---

2. 묵시가 없는 사람들의 결말은 무엇인가요?

---

3. 율법을 지키는 사람의 복은 무엇인가요?

4.

5.

6.

7.

> **부모님들을 위한 해설**

어떤 목사님이 어느 큰 병원의 책임자인 의사에게 순종의 의미를 다음과 같이 설명했습니다.

"여러 환자들 중에 어떤 환자는 그를 위한 특별 처방이나 지시에 순종하여 열심히 따르고자 하는데 비하여, 어떤 환자는 '당신이 내린 처방 중에 어떤 것은 따르겠지만 그렇지 않은 것들은 내 자신의 생각에 따라 행동하겠습니다'라고 한다면 이런 경우를 어떻게 다루어 나가겠습니까?"라고 물었습니다. 그러자 의사가 대답했습니다.

"환자가 의사가 내린 처방들을 성실하게 따르지 않는데 내가 그 사람을 위하여 무슨 일을 할 수 있겠습니까?"

목사님은 그의 대답을 듣고 조용히 말을 이었습니다.

"삶의 원칙도 이와 마찬가지입니다. 어떤 조건이나 이유 없이 자신의 모든 것을 전적으로 내어 맡기고 하나님의 진리의 말씀에 절대 복종해야 합니다."

'묵시가 없다'는 것은 '하나님에 대한 계시가 없다' 하나님에 대한 깨달음이 없다'는 말입니다. 하나님의 말씀을 아는 사람은 방자히 행하지 못합니다. 하나님의 말씀을 아는 사람은 방자한 행위를 버리고 경건한 삶을 살 수 밖에 없습니다. 하나님의 말씀은 하나님의 뜻을 담고 있으며, 거룩하신 예수님의 형상대로 닮아 갈 수 있는 지침을 제시해 줍니다. 그러므로 우리는 하나님의 말씀을 삶의 지침으로 삼고 지킴으로써 하나님의 성품으로 변화되어야 합니다. 방자히 행하는 사람이 되지 말아야 합니다.

67. 영원한 하나님의 말씀

이사야 40:8

8 풀은 마르고 꽃은 시드나 우리 하나님의 말씀은 영원히 서리라 하라 (사 40:8)

Isaiah 40:8

8 The grass withers and the flowers fade, but the word of our God stands forever.

더 그라스 위더스 앤더 플라워스 훼이드, 벗 더 워드 어브 아워 갓 스탠드스 훠에버.

하브루타 질문

1. 풀은 무엇을 의미하나요?

2. 꽃은 무엇을 의미하나요?

3. 여러분은 짧은 인생을 살아가는 동안 영원한 하나님의 말씀 앞에 어떤 자세를 가져야 하나요?

4.

5.

6.

7.

> **부모님들을 위한 해설**

율법은 모세가 시내산에서 받아 온 두 돌판(십계명)으로부터 시작됩니다. 하나님은 모세를 통해 이스라엘 민족이 품어야 할 법을 주셨습니다. 그것이 바로 율법, 즉 토라(Torah)입니다.

이 토라의 어원은 '야라'이며 그 의미는 '~을 가리키다', '길을 알려 주다', '목표를 보여 주다'입니다. 그렇다면 무엇을 가리키고 있다는 것일까요? 그것은 진리이신 메시야를 말하고 있습니다

"너희가 성경에서 영생을 얻는 줄 생각하고 성경을 연구하거니와 이 성경이 곧 내게 대하여 증언하는 것이니라"(요5:39)의 말씀처럼 당시 말한 성경은 모세오경을 말하는 것이었습니다. 모세오경에는 놀라운 뜻이 담겨 있습니다.

창세기(베레쉬트: 머리 안에, 시작부터, 처음에), 출애굽기(쉐모트: 이름들), 레위기(와이크라: 그가 부르셨다), 민수기(바 미드바르: 광야에서), 신명기(데바림: 말씀들)라는 뜻입니다. 이 모세오경의 뜻을 차례대로 이어보면 이렇게 됩니다.

"머리 안에 그 이름들을 부르셨다 그들을 광야에서 말씀들이 되게 하시려고"

놀랍지 않습니까? 참으로 흥미로운 내용입니다. 이것은 신약으로 이어집니다. 여기서 '그 이름들'이란, 바로 '교회'(에클레시야: 밖으로 불러내어짐을 받은 자)를 말하는 것입니다. 이렇게 진리로 불러내어짐을 받은 자를 말하는 것이며, 열심히 행동으로 지켜 행하는 것이 아닌 우리를 성전 삼아 함께 하시는 성령(퓨뉴마 하기오스: 거룩한 영, 깨끗한 말)으로 말미암아 존재적 말씀이 되라고 부르셨다는 말씀입니다. 그렇게 부르시는 최종적인 이유는 '풀은 마르고 꽃은 시드나 우리 하나님의 말씀은 영원히 서리라 하라'(사40:8)입니다.

여기서 '영원히 서리라'는 (헬 히스테미: 똑바로 서다)의 뜻과 같이 말씀으로 우리를 영원히 똑바로 세우시기 위함이라는 말씀입니다.

68-70. 마음판에 새기라

잠언 3:1-3

1 내 아들아 나의 법을 잊어버리지 말고 네 마음으로 나의 명령을 지키라

2 그리하면 그것이 네가 장수하여 많은 해를 누리게 하며 평강을 더하게 하리라

3 인자와 진리가 네게서 떠나지 말게 하고 그것을 네 목에 매며 네 마음판에 새기라
(잠 3:1-3)

Proverbs 3:1-3

1 My child, never forget the things I have taught you. Store my commands in your heart.

마이 차일드 네버 휘겟더 씽쓰 아해브 타트 유. 스토어 마이 컴맨즈 인 유어 허트.

2 If you do this, you will live many years, and your life will be satisfying.

이퓨 두디스, 유윌 리브 메니 이어스, 앤 유어 라이프 윌비 셋이스파잉.

3 Never let loyalty and kindness leave you! Tie them around your neck as a reminder. Write them deep within your heart.

네버 렛 로열티 앤 카인드니스 리브 유! 타이뎀 어라운드 유어넥 애즈어 리마인더. 롸잇뎀 딥 위딘 유어 허트.

하브루타 질문

1. 하나님의 법을 잊지 말고 자신의 마음으로 명령을 지키라고 하신 이유는 무엇인가요?(1절)

2. 하나님의 말씀을 암송하면 어떤 은혜가 임하게 되나요?

3. 인자와 진리를 목과 마음판에 새기라는 것은 무엇인가요?

4.

> 부모님들을 위한 해설

1992년 LA 흑인폭동이 있었습니다. 일명, 로드니 킹(Rodney Glen King)사건이라고도 불리는 이 사건은 흑인에 대한 백인경찰의 구타장면이 비디오로 촬영되어 알려지게 되면서 흑인들의 공분을 자아 낸 사건이었습니다.

그런데 한국과 미국의 한인사회가 오히려 경악할 일은 흑인들의 공분이 백인들이 아닌 한인들을 향했다는 것입니다. 분노한 흑인들이 'buffer zone'이라는 부르는 백인과 흑인 주거지역 사이에 완충지역처럼 있던 한인가게들을 집중적으로 불을 지르고 약탈했습니다. 그 지역에 있는 대부분의 한인가게는 약탈의 대상이 되었고 불타올랐습니다. 그런데, 그 많은 한인가게 중 단 하나만 불타지 않은 가게가 있었습니다. 그 가게는 홍정복 씨가 운영하는 가게였습니다. 그녀의 별명은 '마마'였습니다. 기저귀와 우유를 살 돈이 없는 흑인여인에게 마마는 "돈은 다음에 내라"며 물건을 주었고 여인은 약속을 지켰습니다. 헐렁한 통바지를 입은 10대 흑인이 가게에 나타나도 마마는 감시의 눈길 대신 부드러운 미소를 보여줬습니다. 자기 가게에서 맥주를 훔쳐 달아나는 청년의 뒤에서 '조심해, 넘어질라!'라며 걱정 어린 말을 해준 이야기는 흑인들 사이에 유명한 일화로 남아 있습니다. 이런 홍정복 씨의 푸근한 정에 흑인들도 감사로 화답했습니다. 흑인 폭동이 일어났을 때, 흑인 주민들이 번갈아 가며 이 가게를 지켜 주었다고 합니다. 1999년 2월 11일, LA의 흑인거주지역 사우스센트럴 세인트 브리지드 성당에서 치러진 한인 여성 홍정복 씨의 장례식에는 지역주민인 흑인과 시의회의원 한인교포 등 3백여 명이 참석해 고인의 마지막 길을 눈물로 전송했습니다. 뉴욕 타임스, 로스앤젤레스 타임스 등 미국언론들은 "조문객의 대부분이 흑인이었다"라고 전했습니다. 홍정복 씨가 살아생전 사랑했던 말씀은 "아버지 저들을 사하여 주옵소서 자기들이 하는 것을 알지 못함이니이다"(눅 23:34)라고 합니다.

71-72. 하나님의 말씀은 어떤 칼보다도 예리하다

히브리서 4:12-13

12 하나님의 말씀은 살아 있고 활력이 있어 좌우에 날선 어떤 검보다도 예리하여 혼과 영과 및 관절과 골수를 찔러 쪼개기까지 하며 또 마음의 생각과 뜻을 판단하나니 **13** 지으신 것이 하나도 그 앞에 나타나지 않음이 없고 우리의 결산을 받으실 이의 눈 앞에 만물이 벌거벗은 것 같이 드러나느니라 (히 4:12-13)

Hebrews 4:12-13

12 For the word of God is alive and powerful. It is sharper than the sharpest two-edged sword, cutting between soul and spirit, between joint and marrow. It exposes our innermost thoughts and desires.

휘더 워드어브 갓 이스 얼라이브 앤 파워플. 잇이스 샤퍼 덴 디 샤페스트 투-에지드 쏘워드, 카링 비트윈 소울 앤 스피릿, 비트윈 조인트 앤 메로우. 잇 익스포스 아워 인어모스트 쏘우츠 앤 디자이어스.

13 Nothing in all creation is hidden from God. Everything is naked and exposed before his eyes, and he is the one to whom we are accountable.

낫씽 인올 크리에이션 이스 히든 프럼 갓. 에브리씽 이스 네이킷 앤 익스포스드 비풔 히스 아이스, 앤 히이스 더 원 투 훔 위아 어카운터블

하브루타 질문

1. 하나님의 말씀을 무엇에 비유했나요?

2. 하나님의 말씀의 특징은 무엇인가요?

3. 하나님의 말씀 앞에서 모든 것들이 벌거벗은 것처럼 드러나는 이유는 무엇인가요?

4.

5.

> 부모님들을 위한 해설

크리스텐 콜드(Christen Kold)는 그룬트비(N.F.S. Grundtvig)에 의해 세워진 덴마크의 국민고등학교를 발전시키는 데 기여한 사람입니다. 그의 소박하고 알아듣기 쉬운 강의는 듣는 사람들에게 항상 깊은 감동을 주었습니다. 그런데 그는 자기 강의내용을 필기하는 것을 원하지 않았고 평생 한 권의 저술도 남기지 않았습니다. 한 학생이 말했습니다.

"선생님, 저는 선생님의 말씀을 듣고 있으면 가슴이 뜨거워집니다. 그럴 때마다 그 내용을 써두지 못하는 것이 아쉽습니다."

콜드는 빙그레 웃으며 대답했습니다.

"걱정 말게. 땅 속에 묻는 하수관은 땅 위에 표시를 해두어야 찾아낼 수 있겠지만, 살아있는 씨앗은 별다른 표시를 해두지 않아도 반드시 움을 틔우는 법일세. 내 말이 살아있는 것이라면 어느 때이고 자네의 삶 속에서 되살아날 것이 분명하네."

우리는 신앙의 기초를 하나님의 말씀에 두어야 합니다. 말씀은 태초 이전에 계신 하나님 자신을 의미합니다. 우리 기독교는 계시의 종교라 불립니다. 왜냐하면 하나님께서 하나님의 말씀을 계시해주심으로 우리가 구원받아 신앙생활을 할 수 있기 때문입니다. 하나님은 말씀을 주실 때 과거의 말씀으로 주시지 않습니다. 항상 오늘의 현존하는 말씀으로 주십니다. 과거의 사람들은 하나님의 말씀을 '오늘 우리에게 주신 말씀'으로 받아 생명을 건졌을 뿐만 아니라 하나님의 역사를 체험했습니다. 하나님의 말씀은 살아계시며 현재에 역사하십니다. 우리의 믿음은 바로 지금 살아 역사하시는 하나님의 말씀에 기초를 두어야 합니다.

73-74. 성령의 감동으로 하나님께 받은 말씀

베드로후서 1:20-21

20 먼저 알 것은 성경의 모든 예언은 사사로이 풀 것이 아니니

21 예언은 언제든지 사람의 뜻으로 낸 것이 아니요 오직 성령의 감동하심을 받은 사람들이 하나님께 받아 말한 것임이라 (벧전 1:20-21)

2 Peter 1:20-21

20 Above all, you must realize that no prophecy in Scripture ever came from the prophet's own understanding,

어바브 올, 유 머스트 리얼라이즈 댓 노 프러퍼시 인 스크립쳐 에버 케임 프럼 더 프라펫스 오운 언더스탠딩.

21 or from human initiative. No, those prophets were moved by the Holy Spirit, and they spoke from God.

오어 프럼 휴먼 이니시에이티브. 노 도우스 프로펫스 워 무브드 바이더 홀리 스피릿, 앤 데이 스포크 프럼 갓.

🧍 하브루타 질문

1. 성경의 저자는 누구인가요?

_____

_____

2. 성경은 어떤 과정을 통해 쓰이게 되었나요?

3. 성경말씀을 사사로이 해석하면 안 되는 이유는 무엇인가요?

4.

5.

6.

> **부모님들을 위한 해설**

성경이 하나님의 감동으로 되었기 때문에, 성경은 교리를 세우는데 있어 권위를 가집니다. 동시에 하나님과의 올바른 관계를 맺는 방법을 가르치기에 충분한 것입니다. 성경은 하나님의 감동으로 되었다고 주장할 뿐 아니라, 우리를 변화시키고 온전케 하는 신비한 능력을 가지고 있다고 주장합니다.

예수님께서도 친히 성경이 전체적으로 한마디 한마디가 감동되었다는 사실을 다음과 같은 말씀을 하실 때에 확증하셨습니다. "내가 율법이나 선지자를 폐하러 온 줄로 생각하지 말라 폐하러 온 것이 아니요 완전하게 하려 함이라 진실로 너희에게 이르노니 천지가 없어지기 전에는 율법의 일점 일획도 결코 없어지지 아니하고 다 이루리라"(마 5:17-18)

이 말씀에서 예수님은 가장 작은 세부사항 그리고 최소한의 부호에까지 미친 정확성에 대해 다시 한 번 강조하셨습니다. 이는 성경이 바로 하나님의 말씀이기 때문입니다. 성경은 감동받은 하나님의 말씀이기 때문에, 우리는 성경이 오류가 없는 하나님의 말씀이라는 결론을 내릴 수 있습니다. 하나님께서는 전능하시고, 모든 것을 아시며, 그리고 전적으로 완벽하시기 때문에, 그분의 말씀 또한 그 성격에 있어 똑같은 특성들을 가질 것입니다. 성경이 하나님의 감동으로 되었다는 사실은 성경이 오류가 없으며 하나님의 권위를 가지고 있다는 사실을 인정하는 것입니다. 의심의 여지없이, 성경은 성경 자체가 주장하듯이 부인할 수 없는, 권위를 가진, 사람을 향한 하나님의 말씀입니다.

75-76. 경건 교과서인 성경말씀

디모데전서 4:7-8

7 망령되고 허탄한 신화를 버리고 경건에 이르도록 네 자신을 연단하라
8 육체의 연단은 약간의 유익이 있으나 경건은 범사에 유익하니 금생과 내생에 약속이 있느니라 (딤전 4:7-8)

1 Timothy 4:7-8

7 Do not waste time arguing over godless ideas and old wives' tales. Instead, train yourself to be godly.

두낫 웨이스트 타임 아규잉 오버 가들레스 아이디어스 앤 올드 와이브스 테일스. 인스테드, 트레인 유어셀프 투비 가들리.

8 "Physical training is good, but training for godliness is much better, promising benefits in this life and in the life to come."

피지컬 트레이닝 이스 굿, 벗 트레이닝 훠 가들리네스 이스 머치 베러. 푸로미싱 베네피트인 디스 라이프 앤 인더 라이프 투캄

하브루타 질문

1. 망령되고 허탄한 신화에 시간을 허비하지 말고 자신을 연단하라고 했습니다. 무엇으로 자신을 연단해야 하나요?

2. 사람들은 육체의 건강을 위해 헬스클럽에 다니기도 하고 축구도 하고 자전거도 탑니다. 그런 육체의 연단이 어느 정도의 유익이 있을까요?

3. 육체의 연단이 약간의 유익이 있는 반면, 경건은 육체의 연단과는 비교할 수 없을 정도로 유익합니다. 과연 그렇다면 당신이 생각하는 경건의 유익은 무엇인가요?

4.

> 부모님들을 위한 해설

바울은 거짓 예배를 소개하고 새로운 법칙으로 양심을 옭아맴으로써 하나님의 참된 예배를 더럽히고 신앙의 순수한 가르침을 곡해하는 거짓 교사들을 경계하고 있습니다. 지금은 사도바울이 경계한 시대보다도 더 거짓 교사들이 판을 치고 있습니다. 자칭 메시야, 자칭 감람나무, 자칭 성령이라고 주장하는 이단들이 있습니다. 그러나 이들의 정체는 분명하게 드러나기 때문에 경계하면 됩니다.

그러나 더 무서운 것은 정통 기독교 가운데에서 나타나는 이단들입니다. 그들은 성경을 가르친다는 미명아래 성도들을 대상으로 예언, 직통계시, 성령, 기적 등을 내세워 기독교의 본질과 동떨어진 '망령되고 허탄한 신화'를 만들어 내고 있습니다. 목회자들이 맘몬과 바벨에 길들여지면서 교회의 다툼이 끊이지를 않고 있습니다. 심지어 몇몇 목회자는 너무 과한 욕심으로 인해 쇠고랑을 차는 극단적인 상황까지 나타내고 있습니다.

바울이 디모데에게 바라는 것은 단순한 일꾼이 아닌 그리스도 예수의 선한 일꾼이 되는 것이었습니다. 그것은 깨우치는 일에 전력해야 한다는 것입니다. 지혜로운 지도자는 강압적으로 어떤 지식을 주입시키기보다 사람들이 알고 있는 진리의 말씀을 기억시키고, 성경에 입각한 바른 교훈을 지시하여 스스로 깨닫도록 합니다.

선한 일꾼은 경건에 이르도록 스스로 훈련해야 합니다. 위선자가 되지 않고 남을 올바로 인도하는 지도자가 되려면, 말씀을 읽는 것만으로는 충분치 않고, 그 말씀을 직접 실행해야 합니다. 하나님의 선한 일꾼이 되기 위해선 전인격적으로 항상 배우는 자세를 가져야 합니다.

지도자는 진리 안에서 참과 거짓을 분별할 영성을 계발해야 합니다. 그 당시 교회 주위에는 바울의 메시지만 있던 것이 아니라 망령되고 허탄한 신화를 주장하는 이들이 교인들의 삶 속에 멸망을 조장하고 있었습니다. 그러므로 지도자는 참된 분별력을 가지고 공동체에 대해 그릇된 교훈을 경계시켜야 합니다.

77. 믿음의 근거

> 로마서 10:17
>
> **17** 그러므로 믿음은 들음에서 나며 들음은 그리스도의 말씀으로 말미암았느니라 (롬 10:17)

> Romans 10:17
>
> **17** So faith comes from hearing, that is, hearing the Good News about Christ.
>
> 쏘 훼이스 컴스 프럼 히어링, 댓이스 히어링 더 굿 뉴스 어바웃 크라이스트

하브루타 질문

1. 믿음은 어디에서 발생하나요?

2. 무엇을 자주 들어야 믿음이 발생하나요?

3. 좋은 믿음은 좋은 소식(Good News)을 들을 때 가능합니다 그 이유는 무엇인가요?

4.

5.

6.

7.

> **부모님들을 위한 해설**

믿음은 들음에서 난다고 기록하고 있습니다. 그런데 무엇을 듣느냐가 중요합니다. 허탄한 신화를 들어서는 안 됩니다. 세상적인 지식이나 학설이 아닌 그리스도의 말씀을 들어야 합니다. 그럼 그리스도의 말씀을 어떻게 들어야 할까요?

오늘 말씀의 원문에 보면, 두 가지로 구분이 됩니다. 하나는 '로고스'로서 기록된 하나님의 말씀이 있습니다. 또 하나는 선포, 설교, 통독, 암송으로 표현되는 '레마'가 있습니다. 로고스와 레마는 모두 하나님의 말씀을 의미합니다.

다만 의미상으로 약간의 차이가 있습니다. 로고스가 기록된 말씀입니다. 기록되어 움직이지 않는 말씀의 상태를 로고스라고 할 수 있습니다. 우리가 일반적으로 받아들이는 성경 그 자체가 바로 로고스의 말씀입니다.

반면, 레마는 로고스의 말씀을 읽거나 듣는 중에 영적인 깨달음이나 교훈이 나에게 들려지고, 내 마음에 와 닿는 말씀입니다. 즉 영감을 통해 살아 움직이는 말씀이라고 할 수 있습니다.

'말씀으로 말미암았느니라'는 말씀은 원문에 보면 '레마'로 기록되었습니다. 즉 믿음은 물론 로고스의 말씀을 읽는 중에도 자라지만 하나님의 말씀을 통독하고, 암송 및 묵상하며, 테필린복음을 선포할 때 하나님의 음성으로 들려지는 것입니다.

따라서 '로고스'의 말씀이 나에게 '레마'로 임하게 하기 위해 우리는 입으로 선포해야 합니다. 입으로 암송해야 합니다. 그리고 테필린복음을 선포해야 합니다. 그때 우리는 레마의 말씀을 듣게 될 것입니다.

78. 말씀을 지키는 자를 사랑하신다

요한복음 14:21

21 나의 계명을 지키는 자라야 나를 사랑하는 자니 나를 사랑하는 자는 내 아버지께 사랑을 받을 것이요 나도 그를 사랑하여 그에게 나를 나타내리라 (요 14:21)

John 14:21

21 Those who accept my commandments and obey them are the ones who love me. And because they love me, my Father will love them. And I will love them and reveal myself to each of them.

도우스 후 억셉트 마이 콤멘드먼츠 앤 오베이 뎀 아 더 원스 후러브미. 앤 비카오스 데이 러브미, 마이 화더 윌 러브 뎀. 앤 아월 러브뎀 앤 리비얼 마이셀프 투 이치어브뎀.

하브루타 질문

1. 예수님의 계명을 지키는 사람은 누구를 사랑하는 것인가요?

_____

_____

2. 예수님을 사랑하는 사람은 누구의 사랑을 받나요?

_____

_____

3. 예수님의 계명은 무엇이며, 당신은 예수님의 계명을 지키고 있나요?

4.

5.

6.

7.

> **부모님들을 위한 해설**

진정한 사랑은 상대를 위해 무엇이든지 할 수 있고 고난도 기쁨으로 여기게 마련입니다. 우리가 하나님을 믿고 사랑한다면 하나님의 계명들을 기쁨으로 지키게 됩니다. 계명은 억지로 지키는 것이 아니라 사랑으로 지키는 것입니다.

하나님을 사랑하는 것은 감상적인 느낌이 아닙니다. 신명기 6장 5절에 보면 "너는 마음을 다하고 뜻을 다하고 힘을 다하여 네 하나님 여호와를 사랑하라"고 말씀합니다. 마음을 다하는 것입니다. 뜻을 다하는 것입니다. 힘을 다하는 것입니다.

그럼 마음과 뜻과 힘을 다하여 하나님을 사랑하는 방법은 무엇입니까? 하나님의 말씀을 듣고 지키는 것입니다. 하나님의 말씀은 사람의 상식으로는 이해할 수 없지만 값진 보화보다도 아름답고 귀한 말씀입니다. '원수까지라도 사랑하라', '일흔 번씩 일곱 번이라도 용서해 주라', '한 뺨을 치면 다른 뺨도 대어 주라', '속옷을 달라 하면 겉옷까지 주라', '억지로 오 리를 가자고 하면 십 리까지 동행해 주라'고 하신 말씀들은 하나님의 마음과 예수님의 마음이 얼마나 아름답고 고귀하며 숭고한지를 잘 나타내 주고 있습니다.

사람은 누구나 근시안적인 시각을 갖고 있습니다. 우리는 진정한 평안을 위해 주신 하나님의 말씀을 멋진 장식 정도로 생각합니다. 삶 속에서 지키려고 노력하지 않습니다. 주옥같은 말씀을 근시안적으로 보고 순종하지 않습니다.

만일 "하나님을 사랑하노라" 하면서 하나님의 말씀대로 살지 못하고 있다면 진정으로 하나님을 사랑하지 못하고 있는 것입니다. 자기를 부인하지 못하면 하나님을 사랑할 수 없습니다. 자기 욕심과 자기 집착과 세상으로부터 좇아온 육신의 정욕, 안목의 정욕 그리고 이생의 자랑을 버려야 합니다. 그리고 그 말씀에 순종하는 것입니다. 그럴 때 우리는 비로소 하나님 아버지를 진정으로 사랑할 수 있습니다.(요일 2:15-16).

승리자의 원칙 (20절)

05

79. 믿음의 정의

마태복음 17:20

20 이르시되 너희 믿음이 작은 까닭이니라 진실로 너희에게 이르노니 만일 너희에게 믿음이 겨자씨 한 알 만큼만 있어도 이 산을 명하여 여기서 저기로 옮겨지라 하면 옮겨질 것이요 또 너희가 못할 것이 없으리라 (마 17:20)

Matthew 17:20

20 "You don't have enough faith," Jesus told them. "I tell you the truth, if you had faith even as small as a mustard seed, you could say to this mountain, 'Move from here to there,' and it would move. Nothing would be impossible."

"유돈해브 이납 훼이스", 지저스 톨드 뎀 "아이텔유 더 트루쓰, 이프 유 해드 훼이스 이븐 애즈 스몰 애즈어 머스타드 씨드, 유 쿠드 세이 투디스 마운틴 '무브 프럼 히어 투 데어' 앤 잇 우드 무브. 낫씽 우드 비 임파서블"

하브루타 질문

1. 왜 제자들은 귀신을 쫓아내지 못했나요?

   _____

   _____

2. 겨자씨는 씨 중에 가장 작은 씨 중의 하나로 알려져 있습니다. 과연 겨자씨 한 알 만큼의 작은 믿음으로도 산을 옮길 정도의 능력이 있을까요?

   _____

   _____

3. 우리가 제자들처럼 능력을 행하지 못하는 이유는 믿음이 작기 때문입니다. 지금 우리에게 가장 필요한 것은 무엇인가요?

   _____

   _____

4. _____

   _____

> **부모님들을 위한 해설**

변화산을 내려온 예수님 앞에 무리가 몰려들었습니다. 그 중에는 간질 앓는 아이의 아버지가 있었습니다. 아이와 아버지의 고생이 어떠했는지 이루 말할 수 없을 정도입니다. 배경말씀에 보면 '심히 고생하여 자주 불에도 넘어지며 물에도 넘어지는지라'라고 설명합니다.

아이의 아버지는 그가 할 수 있는 모든 방법을 동원해서 아이를 고치고자 노력했습니다. 그러나 아무런 효과도 없었습니다. 마지막으로 예수님께 아이를 고쳐달라고 왔지만 예수님마저 계시지 않았습니다. 결국 제자들에게 아이를 고쳐달라고 간청했습니다. 문제는 예수님의 제자들이 그 아이를 고치지 못했다는 것에 있었습니다. 별수 없이 예수님이 오시기까지 그들은 기다릴 수밖에 없었습니다.

왜 예수님의 제자들은 그 아이를 고치지 못했을까요? 예수님은 이미 제자들에게 귀신을 쫓아내고, 병자를 고칠 권세를 주셨습니다. 이미 제자들에게도 예수님의 파송을 받아 귀신을 쫓아내고 병자를 고친 경험이 있었습니다. 그런데도 오늘 이 아이만큼은 고치지 못한 것입니다. 왜 그랬을까요?

제자들의 입장에서 더 궁금했을 것입니다. '왜 안 되었을까?' 그래서 제자들은 조용히 예수님께 묻습니다. 이에 대해 예수님은 명쾌하게 말씀하셨습니다. "믿음이 작기 때문이다."

이어 말씀하시는 '겨자씨 한 알' 만큼의 믿음을 이야기하시는 대목에서 믿음의 크기가 무슨 의미인가 하는 질문이 생깁니다. 제자들의 믿음의 크기가 겨자씨보다 작거나, 그만한 믿음도 없었다는 것입니다. 제자들에게는 믿음이 없었던 것입니다. 예수님은 다른 어떤 문제에 대해선 별다른 책망을 하시지 않으셨습니다. 그러나 믿음의 문제에 대해선 한탄하시면서 책망하실 정도입니다. 여기서 믿음이란 바로 우리의 몫이라는 사실을 깨닫습니다.

80-82. 믿음은 바라는 것의 실체이다

히브리서 11:1-3

1 믿음은 바라는 것들의 실상이요 보이지 않는 것들의 증거니

2 선진들이 이로써 증거를 얻었느니라

3 믿음으로 모든 세계가 하나님의 말씀으로 지어진 줄을 우리가 아나니 보이는 것은 나타난 것으로 말미암아 된 것이 아니니라 (히 11:1-3)

Hebrews 11:1-3

1 Faith is the confidence that what we hope for will actually happen; it gives us assurance about things we cannot see.

훼이스 이스더 컨피던스 댓 왓 위 호프 훠월 액츄얼리 해픈; 잇기브스 어스 어슈런스 어바웃 띵스 위 캔낫 씨.

2 Through their faith, the people in days of old earned a good reputation.

드루 데어 훼이스, 더 피플 인 데이스 어브 올드 어언드 어 굿 레퓨테이션.

3 By faith we understand that the entire universe was formed at God's command, that what we now see did not come from anything that can be seen.

바이 훼이스 위 언더스탠드 댓 디 인타이어 유니버스 워즈 훠엄드 앳 갓스 컴맨드, 댓왓 위 나우 씨 디드낫 컴 프럼 애니띵 댓 캔 비 씬

하브루타 질문

1. 믿음이란 바라는 것이 이미 이루어진 것으로 믿는 것이며, 보이지 않는 것을 보는 증거라고 했는데 여러분에게 이런 믿음이 있나요?

   ----

2. 믿음에는 결과, 곧 증거가 있습니다. 믿음의 증거를 설명해 보세요.

   ----

3. 우리는 믿음으로 무엇을 알 수 있나요?

   ----

4. ----------

> 부모님들을 위한 해설

『흐르는 강물처럼』이라는 영화가 있습니다. 크레이그 셰퍼가 형 노만의 역할로, 브래드 피트가 동생 폴의 역할로 나오는 영화입니다. 이 영화의 마지막 부분에서 아버지, 어머니, 그리고 동생 폴까지 세상을 떠나 홀로 남은 노만은 가족의 역사를 함께한 강에서 낚시를 합니다. 강물을 보며 추억을 회상하는 그의 모습은 변함없는 강물을 배경으로 어느새 달관한 사람처럼 느껴집니다. 강물은 끊임없이 새로운 물을 통해 거듭나지만, 한결같은 모습으로 흐르고 있었습니다.

오늘 우리가 보고 바라는 것들이 사실일까요? 오늘도 열심히 최선을 다해 달리고 있지만 그 인생이 거짓 없고 진실한 인생이라고 누가 인정해 줄까요? 사실 돌이켜보면 모든 것이 부질없고 빈손으로 왔다가 빈손으로 가는 것이 인생의 전부입니다. 그럼에도 우리는 부질없는 것에 인생을 걸고 매달립니다. 그러나 손에 쥔 것은 공허뿐입니다.

인생에서 가장 중요한 것은 믿음입니다. 믿음이 있어야만 소망이 생기고, 소망이 있어야만 사랑할 수 있습니다. 따라서 하나님께서 사람들에게 선물로 제공한 이 믿음을 단순히 확보했다는 측면에서 기뻐해서는 안 됩니다. 그 믿음을 우리의 삶에 적용시킴으로써 그 믿음을 완성시켜 나가는 것이 우리 인생의 목적이며, 결과가 되어야 합니다.

믿음이란 무엇일까요? 믿음은 추상적인 개념이 아니라 인간의 삶을 통해 나타나는 하나님의 역사입니다. 그 믿음의 소유자가 비록 나약한 인간에 불과하다 하더라도 모든 사건과 환경을 다스리시며 그 믿음의 소유자를 온전케 하시는 믿음의 주체가 예수 그리스도라는 사실을 인정하는 것이 바로 믿음의 시작입니다.

그럼에도 우리의 삶에 믿음의 흔적이 남아 있지 않다는 것은 우리들의 큰 과제입니다. 오늘도 실상과 증거로 확신가운데 낙심치 말고 매사를 적극적이며 여유 속에 대처하는 힘을 소유하시기 바랍니다. 믿음을 가진 사람은 허둥대지 않습니다.

83-86. 더 좋은 것을 보라

히브리서 11: 23-26

23 믿음으로 모세가 났을 때에 그 부모가 아름다운 아이임을 보고 석 달 동안 숨겨 왕의 명령을 무서워하지 아니하였으며

24 믿음으로 모세는 장성하여 바로의 공주의 아들이라 칭함 받기를 거절하고

25 도리어 하나님의 백성과 함께 고난 받기를 잠시 죄악의 낙을 누리는 것보다 더 좋아하고

26 그리스도를 위하여 받는 수모를 애굽의 모든 보화보다 더 큰 재물로 여겼으니 이는 상 주심을 바라봄이라 (히 11:23-26)

Hebrews 11:23-26

23 It was by faith that Moses' parents hid him for three months when he was born. They saw that God had given them an unusual child, and they were not afraid to disobey the king's command.

잇 워스 바이 훼이스 댓 모제스 페런쓰 히드힘 휘 뜨리만쓰 웬 히워스본. 데이 쏘댓 갓핸드 기븐뎀 언유즈얼 차일드, 앤 데이워 낫 어프레이드 투 디써오베이 더 킹스 컴맨드.

24 It was by faith that Moses, when he grew up, refused to be called the son of Pharaoh's daughter.

잇워스 바이 훼이스댓 모제스, 웬 히 그로우업, 리퓨즈드 투비 콜더 썬 어브 파라오스 도우터

25 He chose to share the oppression of God's people instead of enjoying the fleeting pleasures of sin.

히 초우즈투 쉐어 더 어프레션 어브 갓스피플 인스테드 오브 인조잉더 플리딩 프래져스 어브씬

26 He thought it was better to suffer for the sake of Christ than to own the treasures of Egypt, for he was looking ahead to his great reward

히 또우트 잇워즈 배러 투 써퍼 휘더 쎄이크 어브 크라이스트 댄 투 오운 더 트레져스 어브 이집트, 휘히 워스 룩킹 어헤드 투히스 그레이트 리워드.

하브루타 질문

1. 모세 부모는 어떤 믿음이 있었기에 왕의 명령을 무서워하지 않았나요?

2. 모세는 더 좋은 것을 보는 믿음이 있었기에 바로의 공주의 아들을 거절하고 백성들과 함께 고난을 당했습니다. 여러분은 근시안적인 시각을 버리고 더 좋은 것을 보고 고난받을 용기가 있나요?

3. 모세는 예수님을 본 적이 없는데 어떻게 그리스도를 위하여 받는 수모를 자청하였을까요?

> **부모님들을 위한 해설**

히브리서 저자는 모세에 대해 무엇을 버렸고, 무엇을 취했는가를 설명합니다. 그는 바로의 공주의 아들이라 칭함을 버리고 잠시 죄악의 낙을 누리는 것을 포기했습니다. 애굽의 모든 보화를 버렸습니다. 그리고 그는 하나님의 백성과 함께 고난 받는 것과 그리스도를 위하여 수모 받는 것을 선택했습니다.

그 동기가 무엇이었습니까? 히브리서 저자의 동기는 '이는 상 주심을 바라봄이라'고 했습니다. 모세가 그런 선택을 한 이유는 '상 주시는 하나님'을 바라보았기 때문입니다. 모세가 믿음의 선택을 한 이유는 그에게 하나님의 상 주심을 바라보는 믿음이 있었기 때문입니다.

지금 이 세상에서 하나님을 믿는 사람들이 믿음으로 산다는 것은 무엇을 뜻하는 것일까요? 이 세상에서 하나님을 믿는다는 것은 저 세상에서 더 큰 상급을 받기 위해서 잠시 죄악의 낙을 누리는 것을 포기하고 하나님의 백성과 함께 고난 받기를 선택했다는 뜻입니다. 하나님 나라의 상을 받기 위해서 그리스도를 위해 받는 능욕을 애굽의 모든 보화보다 더 큰 재물로 여기는 그런 삶을 산다는 뜻입니다.

이 세상에서 정말 하나님을 믿는 사람들은 자진해서 그리스도의 십자가 고난에 동참하는 사람입니다. 이 세상에서 정말 하나님을 믿는 사람들은 더 나은 상을 얻기 위해서 날마다 죽는 삶을 살며 때마다 위험을 무릅쓰는 삶을 사는 사람입니다. 이 세상에서 정말 하나님을 믿는 사람들은 그리스도의 부활의 생명이 그 죽을 몸에 나타나게 하기 위해서 예수 죽인 것을 날마다 짊어지는 사람들입니다. 그리스도의 남은 고난을 날마다 그 육체에 채우는 사람들입니다.

이러한 삶은 목회자들이나 사명을 감당하는 사람들에게만 해당되는 것이 아니라 이 세상을 믿음으로 살아가는 모든 믿음의 사람들에게 해당되는 것입니다.

87. 믿음을 시험하라

고린도후서 13:5

5 너희는 믿음 안에 있는가 너희 자신을 시험하고 너희 자신을 확증하라 예수 그리스도께서 너희 안에 계신 줄을 너희가 스스로 알지 못하느냐 그렇지 않으면 너희는 버림 받은 자니라 (고후 13:5)

2 Corinthians 13:5

5 Examine yourselves to see if your faith is genuine. Test yourselves. Surely you know that Jesus Christ is among you; if not, you have failed the test of genuine faith.

이그제민 유어셀브스 투씨 이프 유아 훼이스 이스 제뉴인. 테스트 유어셀브스. 슈얼리 유노댓 지저스 크라이스트 이스 어망 유; 아프낫, 유해브 훼일드 더 테스트 어브 제뉴인 훼이스.

하브루타 질문

1. 여러분은 믿음 안에 있는가 자신을 시험하고 확증하고 있나요?

----

2. 여러분은 스스로 예수 그리스도께서 당신 안에 계심을 알고 있나요? 그렇다면 어떻게 그리스도께서 내 안에 계심을 알 수 있나요?

3. 진정으로 구원의 확신이 있나요? 오늘 죽는다면 천국에 갈 확신이 있나요? 그렇다면 간증으로 확증해 보세요.

4.

5.

6.

> **부모님들을 위한 해설**

C. S. 루이스(Clive Staples Lewis)는 "천국과 세상, 둘 중에 하나를 선택해야 한다. 천국을 선택하면 세상을 덤으로 얻는다. 그러나 세상을 선택하면 천국도 세상도 다 놓쳐버린다."라고 했습니다.

그렇습니다. 천국을 선택한 사람은 천국을 얻을 뿐만 아니라 세상도 덤으로 얻게 됩니다. 그런데 천국을 선택한 사람은 천국을 선택한 사람답게 살아야 합니다. 그것은 곧 예수님이 말씀하신 대로 먼저 하나님의 나라와 그의 의를 구하는 것입니다 (마6:33)

사도 바울은 천국을 선택한 고린도교회 교인들에게 '너희 자신을 시험하고 확증하라'(Put yourselves to the test and judge yourselves)고 했습니다. 그리고 시험에 낙제생이 되지 말고 합격자가 될 것을 종용하였습니다.

사실 사람들은 시험을 치르는 것을 별로 좋아하지 않습니다. 또한 자기 자신을 스스로 시험하고 확증하는 것 역시 별로 기뻐하지 않습니다. 왜냐하면 시험 자체가 매우 부담스럽고 그 결과에 대한 염려가 있기 때문입니다. 동시에 적나라한 자신의 모습을 보게 될 두려움 때문입니다.

그렇지만 천국을 선택한 사람은 부득불 자기 자신을 시험하고 확증해야 합니다. 하나님 앞에서 두 번 다시 기회가 주어지지 않는 마지막 시험을 치러야 하기 때문입니다. 그전에 예비고사를 통해 자신의 실상을 미리 치러봐야 합니다. 시험의 내용은 "나는 구원받았는가?"입니다.

88-89. 믿음은 자라야 한다

> 히브리서 5:13-14
>
> **13** 이는 젖을 먹는 자마다 어린 아이니 의의 말씀을 경험하지 못한 자요
> **14** 단단한 음식은 장성한 자의 것이니 그들은 지각을 사용함으로 연단을 받아 선악을 분별하는 자들이니라 (히 5:13-14)

> Hebrews 5:13-14
>
> **13** For someone who lives on milk is still an infant and doesn't know how to do what is right.
> 휘 썸원 후리브스 언 밀크이스 스틸 언 인팬트 앤 다즌트 노우 하우투두 왓이스 롸잇
> **14** Solid food is for those who are mature, who through training have the skill to recognize the difference between right and wrong.
> 쏠리드 후드 이스휘 도우스 후아 매츄어, 후 뜨루 트레이닝 해브더 스킬투 레퀴나이스 더 디퍼런스 비트윈 롸잇 앤 롱

하브루타 질문

1. 아직도 젖을 먹는다는 말의 뜻은 무엇인가요?

---

2. 대개 젖은 출생 후 1년까지 먹고 그 후에는 단단하고 다양한 음식을 먹으면서 성장해야 하는데 여전히 젖을 먹고 있는 이유는 무엇인가요?

3. 지각을 사용하지 못함으로 인해 선악을 구별하지도 못하고 맹목적이고 맹종적인 신앙생활에서 벗어나지 못한 이유는 어디에 있나요?

4.

5.

> 부모님들을 위한 해설

히브리서 저자는 히브리 성도들을 영적 갓난아이라고 합니다. 여기서 '갓난아이'라는 말은 심히 모욕적인 말입니다. 신앙생활은 오래되었지만 여전히 젖을 먹는 갓난아이의 수준의 사람들이기 때문입니다. 마땅히 자라 책임과 의무를 다하는 신실한 크리스천의 삶을 살아가야 할 사람들이 갓 태어나 스스로 아무 것도 못하는 갓난아이처럼 행동하고 있다는 것입니다.

실제로 그들은 하나님의 말씀 중에서 딱딱한 말씀은 제대로 경험하지 못하고 있으며, 아주 기초적이고 다른 사람이 풀어주는 쉬운 말씀만을 소화하고 있었습니다. 결국 자립적인 신앙인이 되지 못했다는 뜻입니다.

신앙생활이란 말씀을 먹는 행위입니다. 육신의 삶이 음식을 먹어야만 건강을 유지하고 삶을 영위할 수 있는 것처럼 영적인 삶도 마찬가지입니다. 스스로 말씀을 먹고 자신의 삶에 적용하여 체험해야 합니다. 그래야만 장성한 크리스천의 삶을 살 수 있습니다. 그러나 스스로 아무 것도 하지 못하고 남들이 전해주는 것만을 수동적으로 받아먹는 크리스천이 있습니다. 결국 젖만 먹는 갓난아이 신앙에서 벗어나지 못한 사람들입니다. 그런 사람들은 평생 다른 사람을 돕지 못합니다. 자기만 안아 달라고 하고, 자기만 사랑해 달라고 하고, 자기에게만 관심을 가져달라고 떼를 씁니다. 그들은 헌신의 삶을 이해하지 못합니다. 그들의 관심은 오직 자신입니다. 그런 사람들에게 성경통독이나 성경암송은 무의미한 것입니다.

한국의 크리스천들 중에서 이런 사람들이 대부분입니다. 자신이 발견하고 자신이 생각한 진리가 아니라 다른 사람이 가르쳐준 진리로 만족하는 사람들이 대부분입니다. 장성한 크리스천은 젖으로 만족할 수 없습니다. 고기와 단단한 음식을 씹어 먹고자 하는 왕성한 식욕을 가지고 있습니다. 그래야만 남들을 돕고 세워주는 어른의 역할을 감당할 수 있게 됩니다. 젖을 떼고 단단한 음식을 먹고 갓난아이의 상태에서 벗어나십시오.

90-92. 자랄지라

에베소서 4:13-15

13 우리가 다 하나님의 아들을 믿는 것과 아는 일에 하나가 되어 온전한 사람을 이루어 그리스도의 장성한 분량이 충만한 데까지 이르리니

14 이는 우리가 이제부터 어린 아이가 되지 아니하여 사람의 속임수와 간사한 유혹에 빠져 온갖 교훈의 풍조에 밀려 요동하지 않게 하려 함이라

15 오직 사랑 안에서 참된 것을 하여 범사에 그에게까지 자랄지라 그는 머리니 곧 그리스도라 (엡 4:13-15)

Ephesians 4:13-15

13 This will continue until we all come to such unity in our faith and knowledge of God's Son that we will be mature in the Lord, measuring up to the full and complete standard of Christ.

디스윌 컨티뉴 언틸 위올 컴투 서취 유니티 인 아워 훼이스 앤 널리쥐 어브 갓스 선 댓 위 윌비 매츄어 인더 로드, 매저링 업투더 홀 앤 컴플리트 스탠다드 어브 크라이스트.

14 Then we will no longer be immature like children. We won't be tossed and blown about by every wind of new teaching. We will not be influenced when people try to trick us with lies so clever they sound like the truth.

댄 위윌 노롱거 비 이매쳐 라이크 칠드런. 위 원트 비 토오스트 앤 블로운 어바웃 바이 에브리 윈드 어브 뉴 티칭. 위 윌낫 비 인플런스드 웬 피플 트라이 투 트릭어스 위드 라이스 쏘 클레버 데이 사운드라이크 더 트루쓰.

15 Instead, we will speak the truth in love, growing in every way more and more like Christ, who is the head of his body, the church.

인스테드, 위 윌 스피크 더 트루쓰인 러브, 그로잉 인 에브리 웨이 모어 앤 모어 라이크 크라이스트, 후이스더 헤드 어브 히스 바디, 더 처치.

하브루타 질문

1. 믿는 일과 아는 일에 하나가 되는 온전한 사람을 이루어 그리스도의 장성한 분량이 충만한 데까지 이른다는 의미는 무엇인가요?

2. 영적 어린 아이에 머물러서는 안 되는 이유는 무엇인가요?

3. 여러분은 그리스도의 장성한 분량이 충만한 데까지 성장하고 있나요?

4.

> 부모님들을 위한 해설

많은 크리스천들은 신앙의 성장이 멈춘 채 갓난아이 상태로 남아 있습니다. 갓난아이들이 할 수 있는 것이란 아무 것도 없습니다. 다만 배가 고프거나, 자기의 욕구불만을 울음이나 칭얼거림으로 표현하는 것밖에 없습니다. 영적인 갓난아이는 스스로 걷지도 못하고 다른 사람들의 손에 의탁하는 아기의 신세와 같습니다.

육신은 시간이 지나면 어른이 되지만 영적인 성장은 그렇지 않습니다. 곡식의 푸른 잎사귀가 이삭으로 자라 그 이삭이 완전한 곡식알로 점차 익어야 할 때, 푸른 잎사귀 상태에 그대로 있는 그리스도 안에서만 발견될 수 있는 그리스도의 충만함을 우리 자신의 경험 속에서 더 알기를 원함이 없이, 그리스도를 믿고, "나는 안전하다"라고 말하는 것으로 우리가 만족해야 합니까? 그래서는 안 됩니다. 천국시장의 선한 거래자(상인)들인 우리는 예수님을 아는 지식이 더욱 풍성해지길 욕심내야 합니다. 다른 사람들의 포도원들을 지켜 주는 것은 아주 매우 잘하는 일입니다. 그러나 우리는 우리 자신의 영적 성장과 성숙을 게을리 해서는 안 됩니다.

우리는 거룩함, 사랑, 믿음, 소망등과 같은 모든 소중한 은사가 자라감을 우리 자신이 알게 될 것입니다. 마치 태양이 동쪽 산봉오리 위로 솟아올라 그 일출의 빛으로 온 봉오리들을 황금빛으로 빛나게 하는 광경이 절경인 것처럼, 영적 키가 높이 자란 성도들의 머리 위에 빛나는 성령의 빛의 작열(灼熱, 새빨갛게 단 빛)(즉 성령의 불꽃)을 주시하는 것은 이 세상에서 가장 즐거운 응시(凝視)의 장면들 중의하나 일 것입니다.

- 스펄젼의 아침묵상 중에서-

93-96. 끝까지 롱런하라

고린도전서 9:24-27

24 운동장에서 달음질하는 자들이 다 달릴지라도 오직 상을 받는 사람은 한 사람인 줄을 너희가 알지 못하느냐 너희도 상을 받도록 이와 같이 달음질하라

25 이기기를 다투는 자마다 모든 일에 절제하나니 그들은 썩을 승리자의 관을 얻고자 하되 우리는 썩지 아니할 것을 얻고자 하노라

26 그러므로 나는 달음질하기를 향방 없는 것 같이 아니하고 싸우기를 허공을 치는 것 같이 아니하며

27 내가 내 몸을 쳐 복종하게 함은 내가 남에게 전파한 후에 자신이 도리어 버림을 당할까 두려워함이로다 (고전 9:24-27)

1 Corinthians 9:24-27

24 Don't you realize that in a race everyone runs, but only one person gets the prize? So run to win!

돈츄 리얼라이즈 댓 인어 레이스 에브리원 런스, 벗 온리 원 퍼슨 겟스더 프라이즈? 쏘 런투 윈!

25 All athletes are disciplined in their training. They do it to win a prize that will fade away, but we do it for an eternal prize.

올 애틀리스 아 디써플린드 인데어 트레이닝. 데이두잇 투윈 어 프라이즈 댓 윌 훼이드 어웨이, 벗 위두잇 훠 언 이터날 프라이즈.

26 So I run with purpose in every step. I am not just shadowboxing.

쏘 아이런 위드 포퍼스인 에브리 스텝. 아엠낫 저스트 섀도복싱.

27 I discipline my body like an athlete, training it to do what it should. Otherwise, I fear that after preaching to others I myself might be disqualified.

아이 디씨플린 마이 바디 라이크언 애틀릿, 트레이닝잇 투두 왓잇 슈드. 아더와이즈, 아이 피어 댓 애프터 프리칭 투 아더스 아 마이셀프 마이트비 디스컬러파이드.

하브루타 질문

1. 달리기를 하는 선수가 승리자의 영예를 얻기 위해선 어떻게 해야 하나요?

---

2. 달리기를 하는 선수가 엉뚱한 곳을 향해 달리고, 권투선수가 허공을 치는 것처럼 하면 승리자가 될 수 없습니다. 목표가 분명해야 하는 이유는 무엇인가요?

---

3. 세상은 냉정합니다. 냉정한 세상에서 자기를 지켜 끝까지 롱런(Long run)할 수 있는 방법은 무엇인가요?

> **부모님들을 위한 해설**

사도 바울의 애타는 마음과 흐느낌이 전해집니다. 예루살렘 교회의 베드로와 야고보 사도가 매우 존귀한 사도로 대접받던 것에 비해 사도 바울은 예루살렘 교회에서는 인기 없는 사도였습니다. 더욱이 이방인을 위한 사도로써 예루살렘 기독교인들이 지켜왔던 할례 받은 기독교의 관례를 과감히 부서뜨리고 완전히 새로운 복음을 전하다가 빗나간 복음을 전한다는 누명을 쓰기도 했습니다. 그럼에도 사도 바울의 달음질을 통해 수많은 교회가 개척되고 수많은 이방인들이 예수님을 만났으며 그를 통해 신약성서의 반 이상의 주옥같은 글들이 남겨지게 되었습니다.

운동장에서 모든 이가 함께 달리지만 상을 받는 자는 한 사람입니다. 이와 같이 복음을 위해 달리는 것 또한 누구보다 열심을 다했던 사도였기에 그의 이름이 지금까지도 전해지고 남겨질 수 있지 않았을까 생각합니다.

그는 다른 사도들보다 늦게 출발했습니다. 예수님을 직접 만나고 그분의 삶과 함께 동행 했던 사도들에 비해 조금은 부족한 사람처럼 보였지만 그는 복음을 위해 자신의 권리까지 쓰지 않을 정도로 그리스도의 사랑을 닮아가는 데 최선을 다했습니다. 그의 달음질은 더 많은 영혼을 그리스도께 인도하고자 함이었고, 상을 얻기 위한 열정적인 달음질이었습니다. 더 많이 고생하고 더 많이 수고하면서도 그에 상응하는 권리조차 포기하는 것은 상을 얻기 위함입니다. 상을 주시는 하나님이 계십니다. 세상 사람들은 썩을 승리자의 관을 얻기 위해 달음질 하지만 우리는 썩지 않을 상을 얻기 위해 달음질 해야 합니다. 사도 바울은 우리에게 분명하게 권고합니다. "너희도 상을 받도록 이와 같이 달음질하라!"

97-98. 행함으로 믿음을 증명하라

> 야고보서 2:22,26
>
> **22** 네가 보거니와 믿음이 그의 행함과 함께 일하고 행함으로 믿음이 온전하게 되었느니라
>
> **26** 영혼 없는 몸이 죽은 것 같이 행함이 없는 믿음은 죽은 것이니라 (약 2:22,26)

> James 2:22,26
>
> **22** You see, his faith and his actions worked together. His actions made his faith complete.
>
> 유 시, 히스 훼이스 앤 액션스 워크드 투게더. 히스 액션스 메이드 히스 훼이스 컴플리트.
>
> **26** Just as the body is dead without breath, so also faith is dead without good works.
>
> 저스트 애즈더 바디이스 데드 위다웃트 브레스, 쏘 올소 훼이스 이스 데드 위다웃트 굿 워크스.

하브루타 질문

1. 믿음은 무엇과 함께 일하나요?

---

2. 무엇을 통해 믿음이 온전하게 되나요?

_____

_____

3. 행함이 없는 믿음은 어떤 믿음인가요?

_____

_____

4. _____

_____

_____

5. _____

_____

_____

6. _____

_____

_____

> 부모님들을 위한 해설

어느 날 아버지는 어린 아들에게 목욕탕에 가서 사람이 많은지 보고 오라는 심부름을 시켰습니다. 아들은 아버지 말씀대로 목욕탕으로 갔습니다. 그런데 목욕탕 입구에는 커다란 돌멩이 하나가 놓여 있었습니다. 그곳을 지나는 사람들은 이 돌멩이에 걸려 넘어지거나 넘어질 뻔 했습니다.

"아니, 누가 이런 돌멩이를 여기 둔 거야. 에잇."

사람들은 원망이나 불평을 하거나 신경질을 부릴 뿐 돌멩이를 치우려고 하지 않았습니다. 그 소년은 그 앞에 쪼그리고 앉아 반나절이 지나도록 그 광경을 지켜보고 있었지만 누구 하나 그 돌멩이를 치우는 사람이 없었습니다.

그때 한 남자가 돌에 걸려 넘어져 울고 있는 어린아이를 일으켜 주더니 그 돌을 단숨에 뽑아 멀리 던져 버리고 손을 툭툭 털며 목욕탕으로 들어갔습니다. 아이는 그제야 일어서더니 목욕탕 안에 들어가 사람 수를 헤아려 보지도 않고 그냥 집으로 달려갔습니다.

"아니 왜 이렇게 늦었니? 그렇게 사람이 많았니?"

"아니에요, 아버지. 목욕탕에는 사람이 한 사람 밖에 없었어요."

"그럼 잘 됐구나. 아버지와 목욕탕에 가도록 하자."

아이는 아버지의 손을 잡고 목욕탕으로 갔는데 목욕탕 안은 발 디딜 틈도 없을 정도로 인산인해였습니다.

"이 녀석이 거짓말을 했구나, 너 왜 사람이 한 사람뿐이라고 했니?"

"아버지, 목욕탕 문 앞에 돌멩이가 하나 있어서 사람들이 자꾸 넘어지곤 했는데요. 여기에 누구도 치우려고 하지 않았어요. 그런데 단 한 사람만이 그 돌멩이를 치워 다른 사람이 넘어지지 않게 했단 말이에요. 그러니 사람다운 사람은 한 사람 뿐 아닌가요?"

이렇게 기도하라 (22절)

06

99-104. 기도에는 간청함이 있어야 한다

누가복음 11:5-10

5 또 이르시되 너희 중에 누가 벗이 있는데 밤중에 그에게 가서 말하기를 벗이여 떡 세 덩이를 내게 꾸어 달라

6 내 벗이 여행 중에 내게 왔으나 내가 먹일 것이 없노라 하면

7 그가 안에서 대답하여 이르되 나를 괴롭게 하지 말라 문이 이미 닫혔고 아이들이 나와 함께 침실에 누웠으니 일어나 네게 줄 수가 없노라 하겠느냐

8 내가 너희에게 말하노니 비록 벗됨으로 인하여서는 일어나서 주지 아니할지라도 그 간청함을 인하여 일어나 그 요구대로 주리라

9 내가 또 너희에게 이르노니 구하라 그러면 너희에게 주실 것이요 찾으라 그러면 찾아낼 것이요 문을 두드리라 그러면 너희에게 열릴 것이니

10 구하는 이마다 받을 것이요 찾는 이는 찾아낼 것이요 두드리는 이에게는 열릴 것이니라 (눅 11:5-10)

Luke 11:5-10

5 Then, teaching them more about prayer, he used this story: "Suppose you went to a friend's house at midnight, wanting to borrow three loaves of bread. You say to him,

댄, 티칭뎀 모어 어바웃 프레어, 히 유스드디스 스토리; 서포우스 유 웬트투어 프렌즈 하우스앳 미드나잇, 원팅 투 바로우 뜨리 로브스 어브 브레드. 유세이투힘

6 'A friend of mine has just arrived for a visit, and I have nothing for him to eat.'

'어 프렌드 어브 마인 해즈 저스트 얼라이브드 풔 어 비짓, 앤 아해브 나띵휘 힘투 잇.'

7 And suppose he calls out from his bedroom, 'Don't bother me. The door is locked for the night, and my family and I are all in bed. I can't help you.'

앤 서포우스 히 콜스아웃 프럼 히스 베드룸, '돈 보더미. 더 도어이스 락드 휘더 나잇, 앤 마이훼밀리 앤 아이 알 올인 베드. 아 캔트 헬프유,'

8 But I tell you this-though he won't do it for friendship's sake, if you keep knocking long enough, he will get up and give you whatever you need because of your shameless persistence.

벗 아이 텔유 디스-도우 히 워온트 두잇 휘 프렌즈쉽스 세이크, 이프유 킵 낙킹 롱이납, 히윌 갯업 앤 기뷰 왓에버 유 니드 비카오스 어브 유어 쉐임네스 퍼씨스텐스.

9 And so I tell you, keep on asking, and you will receive what you ask for. Keep on seeking, and you will find. Keep on knocking, and the door will be opened to you.

앤 쏘 아이텔유, 킵온 애스킹, 앤 유윌 리시브 왓유 에스크휘. 킵온 씨킹, 앤 유윌화인드, 킵온 낙킹, 앤더 도어 윌비 오픈드 투유.

10 For everyone who asks, receives. Everyone who seeks, finds. And to everyone who knocks, the door will be opened.

휘 에브리원 후 애스크스, 리씨브스, 에브리원 후 씨크스, 화인즈, 앤투 에브리원 후 낙스, 더 도어 윌비 오픈드.

하브루타 질문

1. 이 말씀의 내용은 무엇인가요?
   _____
   _____

2. 벗됨보다 더 중요한 것은 무엇인가요?
   _____
   _____

3. 하나님은 구하고, 찾고, 두드리는 자에게 어떤 결과를 주시나요?
   _____
   _____

4. _____
   _____
   _____

5. _____
   _____
   _____

> 부모님들을 위한 해설

오늘의 말씀을 보면, 한밤중에 벗이 찾아옵니다. 그리고 "벗이여, 떡 세 덩이를 내게 꾸어 달라"고 요구를 합니다. "떡 세 덩이"는 한 사람의 식사량이 아닌 세 사람의 식사량입니다. 당시 떡 한 덩이는 한 사람의 식사량이었습니다. 따라서 '떡 세 덩이'는 좀 더 풍족한 양으로 보입니다.

그런데 시간이 한밤중입니다. 떡이 떨어진 이웃에게 떡을 제공해주는 것은 이스라엘의 관습이지만 지금 시간은 적절한 시간이 아닙니다. 그럼에도 불구하고 떡 세 덩이를 요청한대로 제공해줍니다.

이미 문의 빗장은 내려져 있습니다. 그리고 아이들이 자고 있기 때문에 일어나서 불을 켜면 아이들이 깰 수도 있습니다. 일어나 주기 곤란한 상황입니다. 그럼에도 불구하고 '그 간청함을 인하여' 준다는 것입니다. 이 사람을 찾아온 사람은 배고픈 친구가 있기 때문에 먹을 것을 얻을 때까지는 돌아가지 않을 것이고 떡을 줄 때까지 계속 끈질기게 요구할 것이니까 그 끈질김 때문에 줄 수밖에 없다는 뜻으로 봅니다.

이 내용은 우리의 기도가 끈질김이 있어야 한다는 의미를 담고 있습니다. 아버지께서 자신의 자녀가 끈질기게 기도할 때 응답해주신다는 것입니다. 그러니까 확신을 갖고 끈질기게 기도해야 한다고 합니다. NIV는 '그의 대담함'(boldness)으로 번역했습니다. 담대하게 기도해야 한다는 말씀임을 잊지 말아야 합니다.

105. 환난 날의 기도

시편 50:15
15 환난 날에 나를 부르라 내가 너를 건지리니 네가 나를 영화롭게 하리로다 (시 50:15)

Psalms 50:15
15 Then call on me when you are in trouble, and I will rescue you, and you will give me glory.

덴 콜온미 웬 유아 인 트러블, 앤 아이윌 레스큐유, 앤 유 윌 깁미 글로리.

하브루타 질문

1. 환난 날에 우리가 해야 할 것은 무엇인가요?
   _____
   _____

2. 환난 날에 하나님을 부르면 하나님은 어떻게 하겠다고 약속하셨나요?
   _____
   _____

3. 하나님께서 우리를 건져주시는 것과 하나님을 영화롭게 하는 것은 어떤 관계가 있나요?

4.

5.

6.

7.

> 부모님들을 위한 해설

고난을 만났을 때, 어려움을 당했을 때, 답답한 일을 만났을 때, 슬픈 일을 당했을 때를 환난 날이라고 합니다. 우리 힘으로 해결할 수 없는 환난 날에 우리는 어떻게 해야 할까요? 오늘 말씀은 걱정하고, 실망하고 답답해 할 것이 아니라 '하나님을 부르라'라고 하셨습니다.

우리의 힘으로 해결할 수 있는 문제는 우리가 해결해야 합니다. 기도하면서 문제를 해결해야 합니다. 그러나 항상 해결할 수 있는 일만 생기는 것이 아닙니다. 때로는 우리의 힘과 노력으로 도저히 해결할 수 없는 난관에 부딪칠 때가 있습니다. 그때가 바로 하나님을 부르는 시간입니다. 하나님은 환난 날에 나를 부르라고 하셨습니다. 자기 수단방법으로만 해결하려고 하지 말고 하나님께 부르라는 것입니다.

그때 하나님이 우리를 환난에서 건져주십니다. 사람에게 걱정거리를 털어놓는 시간에 먼저 하나님 앞에 내 마음을 토하고 하나님의 자비로운 손길에 의지해야 합니다. 그것이 아버지된 우리 하나님의 약속입니다.

하나님을 영화롭게 하는 것은 다른 것이 아니라, 바로 어려움 가운데 하나님을 찾는 것입니다. 환난 날에 하나님을 의지하는 것입니다. 환난이 없기를 바라는 것이 믿음이 아니라 환난 날에 하나님을 부르는 것이 믿음입니다.

하나님께서도 우리가 어린아이같이 하나님을 찾고 구하길 원하십니다. 환난 날에 하나님을 찾고 구하길 원하십니다. 그것이 하나님을 기쁘시게 하는 일이고 하나님을 영화롭게 하는 일이기 때문입니다. 하나님을 더욱 의지하고 그분을 신뢰합시다.

106. 예수님의 이름으로

요한복음 14:13

13 너희가 내 이름으로 무엇을 구하든지 내가 행하리니 이는 아버지로 하여금 아들로 말미암아 영광을 받으시게 하려 함이라 (요 14:13)

John 14:13

13 You can ask for anything in my name, and I will do it, so that the Son can bring glory to the Father.

유캔 애스크 휘 애니씽 인마이네임, 앤 아윌 두잇, 쏘 댓더 썬 캔 브링 글로리 투더 화더.

하브루타 질문

1. 하나님께 구할 때 누구의 이름으로 구해야 하나요?

_____
_____

2. 예수님의 이름으로 구할 때 행하시는 분은 누구신가요?

_____
_____

3. 아버지로 하여금 아들로 말미암아 영광을 받는다는 말씀의 뜻은 무엇인가요?

4.

5.

6.

7.

> 부모님들을 위한 해설

우리는 성도들의 삶에도 때때로 고난의 시간이 있음을 알아야 합니다. 그것은 하나님의 주권적 섭리입니다. 하나님께서는 때때로 우리에게 고난을 허용하십니다. 하나님이 허락하시는 고난은 우리에게 유익한 고난입니다. 우리는 고난의 시간에 하나님만을 더욱 의지하게 되고(고후 1:8-9), 교만하지 못하고 되고(고후 12:7), 또 하나님의 계명을 지키게 되기 때문입니다.(시 119:71)

우리는 어려운 문제들을 직면했을 때 하나님께 다윗처럼 "나의 눈을 밝히소서"라고 기도해야 합니다. 우리는 심령의 눈이 밝아져서 우리에게 고난의 환경을 주신 하나님의 뜻을 이해하기를 원하고 또 우리 자신의 부족을 깨닫기를 원하며 또 어떤 상황 속에서도 마음이 안일해지거나 하나님을 대항하여 범죄하지 말아야 합니다.

우리는 고난 중에서 오직 하나님의 인자하심을 의지해야 합니다. 구원은 오직 하나님의 은혜입니다. 하나님 앞에서 행위로 온전한 사람은 아무도 없습니다. 우리는 하나님께서 구주 예수 그리스도를 통해 주시는 돕는 은혜를 의지하며 하나님께 기도해야 합니다.

히브리서 4:16절은 "그러므로 우리가 긍휼하심을 받고 때를 따라 돕는 은혜를 얻기 위하여 은혜의 보좌 앞에 담대히 나아갈 것이니라"고 교훈했습니다. 우리는 하나님의 긍휼과 인자하심만 의지하고 담대히 하나님의 은혜의 보좌로 나아가야 합니다.

107. 하나님의 뜻에 순종하는 기도

마태복음 26:39

39 조금 나아가사 얼굴을 땅에 대시고 엎드려 기도하여 이르시되 내 아버지여 만일 할 만하시거든 이 잔을 내게서 지나가게 하옵소서 그러나 나의 원대로 마시옵고 아버지의 원대로 하옵소서 하시고 (마 26:39)

Matthew 26:39

39 He went on a little farther and bowed with his face to the ground, praying, "My Father! If it is possible, let this cup of suffering be taken away from me. Yet I want your will to be done, not mine."

히 웬트온 어 리틀 화더 앤 바우드 윗 히스페이스 투더 그라운드, 프레잉, "마이 화더! 이프잇이스 파스블, 렛디스 컵 어브 써퍼링 비 테이큰 어웨이 프롬미. 옛 아이 원 유어윌 투비 돈, 낫 마인."

하브루타 질문

1. 가장 곤고하고 고통스러운 시간에 예수님은 무엇을 하셨나요?

---

2. 예수님의 원보다 더 중요한 것은 무엇인가요?

_____

_____

3. 여러분의 원보다 하나님의 원이 더 중요할 때 여러분의 원을 포기하고 내려놓을 수 있나요?

_____

_____

4. _____

_____

_____

5. _____

_____

_____

6. _____

_____

_____

> **부모님들을 위한 해설**

예수님이 슬픔으로 죽을 지경에 이르렀습니다, 그리고는 인류역사상 가장 슬픈 간구의 기도를 드립니다. "이 잔을 내게서 떠나게 하소서." '이 잔'이란 인류의 모든 죄악들이 담겨 있는 저주의 잔을 마시는 것이었습니다. 예수님에게 보다 더 큰 간구는 있을 수 없었습니다.

그러나 예수님은 자신의 간절한 소원을 주장하지 않으시고 아버지의 원하심을 따르기로 결심합니다. "내 원대로 마옵시고 아버지의 원대로 하옵소서" 예수님의 기도는 승리의 기도, 가장 위대한 기도로 바꾸어졌습니다.

우리는 예수님의 기도를 통해 진정한 기도의 의미를 이해해야 합니다. 기도란 자기의 소원을 관철시키는 수단이 아니라 하나님의 뜻을 따르기 위해 자신의 소원을 내려놓고 순종하는 것입니다. 내 뜻이 아닌 하나님의 뜻이 이루어지는 것이 기도의 본질입니다.

예수님의 겟세마네 동산에서의 기도는 기도의 샘플이며 모델과 같은 기도입니다. 먼저 자신의 마음 자신의 소원을 아뢰었지만 결국은 아버지의 원대로 해달라고 마무리하십니다. 그리고 십자가를 향해 뚜벅뚜벅 걸어가셨습니다. 바로 예수님 기도에 기도의 핵심이 담겨 있음을 알게 됩니다.

우리는 기도해야 합니다. 우리가 가지고 있는 문제와 소원을 가지고 기도해야 합니다. 우리는 분명한 목적을 가지고 기도해야 합니다.

그러나 더 중요한 것이 있습니다. 내 뜻을 내려놓는 기도, 자신의 소원을 내려놓는 기도, 더 나아가 하나님의 뜻에 자신을 내어놓는 기도가 필요합니다. 그때 진정한 하나님의 나라와 하나님의 의가 이 땅에서 이루어질 것입니다.

108. 크리스천의 범죄에 대한 기도

역대하 7:14

14 내 이름으로 일컫는 내 백성이 그들의 악한 길에서 떠나 스스로 낮추고 기도하여 내 얼굴을 찾으면 내가 하늘에서 듣고 그들의 죄를 사하고 그들의 땅을 고칠지라 (대하 7:14)

2 Chronicles 7:14

14 Then if my people who are called by my name will humble themselves and pray and seek my face and turn from their wicked ways, I will hear from heaven and will forgive their sins and restore their land.

덴 이프 마이피플 후 아 콜드바이 마이네임 윌 험블 뎀셀브즈 앤 프레이 앤 씨크 마이 훼이스 앤 턴 프럼 데어 위키드 웨이스, 아윌 히어 프럼 헤븐 앤 윌 휘기브 데어 씬스 앤 리스토어 데어 랜드.

하브루타 질문

1. 크리스천이 범죄한 이후에 어떻게 해야 하나요?

---

2. 회개는 입술만의 회개가 아닌 행함의 회개가 뒤따라야 합니다. 본문에 나오는 3가지 행함의 회개를 기록해 보세요.

   _____

   _____

3. 행함이 있는 회개를 할 때 하나님이 주시는 은혜는 무엇인가요?

   _____

   _____

4. _____

   _____

   _____

5. _____

   _____

   _____

6. _____

   _____

   _____

> **부모님들을 위한 해설**

오늘의 말씀에서 '찾으면'이라는 말은 히브리어로 '바퀴쉬'인데, '요구하다' '찾다' '원하다' '선택하다'는 뜻입니다. 하나님의 얼굴을 찾는다는 말은 하나님께 나와서 기도한다는 뜻입니다. 하나님을 찾는 자는 반드시 그 기도를 들어주시고 그 땅을 고쳐 주신다고 약속하고 있습니다.

하나님의 구속의 은혜로 구원받은 하나님의 백성은 하나님께서 보호하십니다. 그러나 구원받은 백성이 악에서 떠나지 않으면 믿음이 파선될 수 있음을 경고하고 있습니다. 하나님은 우리가 악에서 떠나는 것만으로 만족하지 않으시고, 악에서 떠난 사람이 해야 할 일은 하나님의 얼굴을 찾는 것이라고 약속을 주시며 권면하십니다.

하나님의 얼굴을 찾는다는 것은 애통하며 회개하는 것과, 하나님의 말씀을 듣고 삶의 기준으로 삼아 지켜 행하는 것입니다. 하나님의 말씀을 마음판에 새기고 순종하는 것입니다. 그때 하나님께서는 우리의 죄를 사하시고, 우리의 땅을 회복시키셔서 다시 시작할 수 있는 은혜를 주시며 손이 수고한대로 거두게 하시는 복을 주시겠다고 약속하십니다.

역대하 7장 14절은 미국의 34대 대통령 아이젠하워가 가장 좋아하는 성경구절이었습니다. 동시에 아이젠하워가 대통령 취임식에서 이 말씀을 읽고 이 말씀 위에 손을 얹어 선서를 했던 말씀입니다. 우리에게도 이런 대통령이 나왔으면 좋겠습니다.

109. 암송된 말씀으로 기도하라

요한복음 15:7

7 너희가 내 안에 거하고 내 말이 너희 안에 거하면 무엇이든지 원하는 대로 구하라 그리하면 이루리라 (요 15:7)

John 15:7

7 But if you remain in me and my words remain in you, you may ask for anything you want, and it will be granted!

벗 이퓨 리마인 인미 앤 마이 워즈 리메인 인유, 유 메이 애스크 휙 애니씽 유원트, 앤 잇윌비 그란티드!

하브루타 질문

1. 너희가 내 안에 거한다는 말씀의 의미는 무엇인가요?

2. 내 말이 너희 안에 거한다는 말씀의 의미는 무엇인가요?

3. 왜 기도할 때 이 2가지 사실이 충족되어야 기도응답이 이루어지나요?

_____
_____

4. _____
_____
_____

5. _____
_____
_____

6. _____
_____
_____

> 부모님들을 위한 해설

윌리암 맥도날드가 쓴 〈크리스천의 기도생활〉에 나오는 이야기입니다. 다정한 부부가 살던 중 남편이 사업에 부도를 내고 고통을 당하다가 세상을 떠났습니다. 얼마 후 국세

청에서 수억 원 세금 고지서가 날라 왔습니다. 아내는 남편이 세금을 다 냈다는 이야기를 들었는데 이상하다고 생각하였습니다. 수억 원을 낼만한 돈이 없는 상황이었습니다. 결국 아내는 세무서에 가서 호소하였습니다.

그러나 세무서에서는 막무가내였습니다.

"영수증이 없으면 어떤 해결책이 없습니다."

아내는 집으로 돌아와서 집안을 샅샅이 뒤졌습니다. 심지어 책 한 권 한 권 한 장 한 장까지 다 넘겨보았습니다. 집안 구석구석 찾아보았지만 도저히 찾을 수 없었습니다. 방법이 없었습니다. 포기할 수밖에 없었습니다.

아내는 방에 앉아 간절히 하나님께 기도할 수밖에 없었습니다. 간절히 기도할 때 하나님의 음성이 들렸습니다. "이는 나 여호와 너의 하나님이 네 오른손을 붙들고 네게 이르기를 두려워하지 말라 내가 너를 도우리라 할 것임이니라"(사 41:13) 아내는 이 말씀을 붙들고 기도하기 시작했습니다.

그러나 하나님께서 도와주시겠다는 응답이 있었음에도 불구하고 역사는 거꾸로 흐르는 것 같았습니다. 국세청에서는 세금을 내지 않으면 검찰에 고발하겠다는 통보가 왔습니다. 고발하겠다는 말은 인신구속이거나 강제 재산몰수를 의미하는 것이었습니다. 아내는 기도하는 것 외에 방법이 없었습니다. 아내는 이사야 41장 13절의 말씀을 붙들고 다시 기도했습니다. 한참 기도하고 있는데 호랑나비 한 마리가 집안으로 들어 왔습니다. 집안에 날라 다녔습니다. 어린 아들이 호랑나비를 잡으려고 따라다녔습니다. 온 집안이 난리가 났습니다. 호랑나비는 응접실 소파 밑으로 들어갔습니다. 아들은 나비를 잡으려고 소파 밑으로 들어갔습니다. 그런데 아들이 나올 때 종이쪽지 하나가 등에 묻어 나왔습니다. 그것은 바로 영수증이었습니다. 순간 모든 문제가 해결되었습니다. 기도가 응답된 것입니다.

110-113. 어떻게 기도할까?

야고보서 5:13-16

13 너희 중에 고난당하는 자가 있느냐 그는 기도할 것이요 즐거워하는 자가 있느냐 그는 찬송할지니라

14 너희 중에 병든 자가 있느냐 그는 교회의 장로들을 청할 것이요 그들은 주의 이름으로 기름을 바르며 그를 위하여 기도할지니라

15 믿음의 기도는 병든 자를 구원하리니 주께서 그를 일으키시리라 혹시 죄를 범하였을지라도 사하심을 받으리라

16 그러므로 너희 죄를 서로 고백하며 병이 낫기를 위하여 서로 기도하라 의인의 간구는 역사하는 힘이 크니라 (약 5:13-16)

James 5:13-16

13 Are any of you suffering hardships? You should pray. Are any of you happy? You should sing praises.

아애니 어뷰 써퍼링 하드십스? 유슈드 프레이, 아애니 어브유 하피? 유 슈드 씽 프레이시스

14 Are any of you sick? You should call for the elders of the church to come and pray over you, anointing you with oil in the name of the Lord.

아애니 어뷰 씩? 유 슈드 콜 휘디 엘더스 오브더 처치 투캄 앤 프레이 오버유, 어노인팅 유 위드 오일 인더네임 어브더 로드.

15 Such a prayer offered in faith will heal the sick, and the Lord will make you well. And if you have committed any sins, you will be forgiven.

써치어 프레어 오퍼드 인 훼이스 윌 힐더 씨크, 앤더 로드 윌 메이크 유윌. 앤 이퓨 해브커미티드 애니 씬스, 유 윌 비 훠기븐.

16 Confess your sins to each other and pray for each other so that you may be healed. The earnest prayer of a righteous person has great power and produces wonderful results.

컨페스 유어 씬 투 이치아더 앤 프레이 휘 이치아더 쏘 댓유 메이비 힐드. 더 어네스트 프레어 오브 어 라이쳐스 퍼슨 해즈 그레이트 파워 앤 프로듀스 원더풀 리졸츠.

하브루타 질문

1. 고난당하는 자가 해야 할 일은 무엇이며, 즐거워하는 자가 해야 할 일은 무엇인가요?

2. 병든 사람이 해야 할 일은 무엇이며 교회의 장로(목회자)들은 병든 자를 위해 무엇을 해야 할까요?

3. 믿음의 기도는 어떤 역사가 일어날까요?

> **부모님들을 위한 해설**

오늘 말씀에서 '너희'는 예수님을 믿는 사람을 의미합니다. 성경은 예수님을 믿기만 하면 고난이 면제된다고 말씀하지 않습니다. 크리스천들도 세상 사람들과 똑같이 고난을 당할 수 있다고 하십니다. 과연 그렇다면 고난을 당했을 때 하나님의 백성들이 해야 할 일은 무엇일까요? 그것은 바로 '기도하는 것'입니다.

이 세상을 살아가는 우리에게 '고난'이 존재하는 근본적인 이유는 '죄' 때문입니다. 죄로 인해서 고난이 왔습니다. 그러나 모든 고난이 죄 때문만은 아닙니다. 크리스천들이 하나님의 말씀대로 살려고 할 때 받는 고난도 있습니다. 하나님의 말씀대로 살려면 세상과 부딪치는 문제가 발생합니다. 결국 우리 크리스천들도 죽는 그 순간까지 고난을 받을 수 있습니다.

문제는 이런 고난이 올 때 우리 크리스천들이 해야 할 것이 있습니다. 자신의 한계를 깨닫고 하나님께 기도하는 것입니다. 고난을 이길 수 있도록 하나님의 도우심을 구하는 기도를 해야 합니다. 또 크리스천으로서 받는 고난에 대해서도 기도해야 합니다. 고난이 올 때 이 고난을 이겨내지 못하면 하나님의 뜻을 따르는 것을 포기하고 타협할 수 있기 때문입니다.

칼빈은 『기독교강요 제 3권 20장』에 기도에 대해 말하면서 "하나님께서는 우리를 훈련시키셔서 우리로 하여금 아버지를 찾고 아버지께 간구해서 큰 유익을 얻게 하시는 것이다."라고 했습니다.

하나님께서는 우리로 하여금 아버지를 찾도록 하기 위해서, 하나님만 의존하고 이 땅에서 살아가도록 하기 위해서 '고난'이라는 방편을 쓰기도 하십니다. 따라서 고난이 올 때는 더욱 하나님께 나아가 간구해야 합니다. 고난 속에서 겸손히 기도할 때 하나님께로부터 오는 영적인 유익을 얻게 될 것입니다.

114-115. 의심하지 않는 믿음

마태복음 21:21-22

21 예수께서 대답하여 이르시되 내가 진실로 너희에게 이르노니 만일 너희가 믿음이 있고 의심하지 아니하면 이 무화과나무에게 된 이런 일만 할 뿐 아니라 이 산더러 들려 바다에 던져지라 하여도 될 것이요

22 너희가 기도할 때에 무엇이든지 믿고 구하는 것은 다 받으리라 하시니라 (마 21:21-22)

Matthew 21:21-22

21 Then Jesus told them, "I tell you the truth, if you have faith and don't doubt, you can do things like this and much more. You can even say to this mountain, 'May you be lifted up and thrown into the sea,' and it will happen.

덴 지저스 톨드뎀, "아이 텔 유 더트루 이퓨 해브 훼이스 앤 돈트 다웃트, 유캔 두 씽쓰 라이크 디스 앤 머치 모어. 유 캔 이븐 세이 투디스 마운틴 '메이 유비 립티드업 앤 드로운 인투더 씨.' 앤 잇윌 헤픈.

22 You can pray for anything, and if you have faith, you will receive it."

유캔 프레이 휘 애니씽, 앤 이퓨 해브 훼이스, 유 윌 리시브잇."

하브루타 질문

1. 의심하지 않는 믿음의 능력에 대해 말씀해 보세요.

2. 우리가 기도할 때 믿고 구하면 어떤 역사가 일어날까요?

3. 여러분의 기도는 응답받고 있나요?

4.

5.

> 부모님들을 위한 해설

믿음의 차원에서, 하나님이 기뻐하시는 사람이 있고 하나님이 싫어하시는 사람이 있습니다. 하나님이 기뻐하시는 사람은 믿음의 사람입니다. 히브리서 11장 6절에 보면, "믿음이 없이는 하나님을 기쁘시게 하지 못하나니 하나님께 나아가는 자는 반드시 그가 계신 것과 또한 그가 자기를 찾는 자들에게 상 주시는 이심을 믿어야 할지니라"라고 말씀합니다. 믿음이 있어야 하나님을 기쁘시게 할 수 있다고 합니다.

반대로 하나님이 싫어하시는 사람이 있습니다. 바로 의심이 많은 사람입니다. 의심은 믿음의 반대말이면서 예수님께 가장 책망을 많이 받은 내용입니다. 예수님은 믿음이 없는 사람을 지위고하를 막론하고 책망하셨습니다.

믿음은 하나님께 대한 신뢰의 표현입니다. 히브리서에 나타난 믿음의 정의는 "바라는 것들의 실상이요 보지 못하는 것들의 증거(히 11:1)라고 했습니다. 보이지 않는 것을 어떻게 바랄 수 있을까요? 하나님을 신뢰하는 사람은 가능합니다. 그것이 믿음입니다. 보는 것만 믿는 것은 믿음이 아닙니다. 오히려 보이지 않는 것을 신뢰하고 믿는 것이 참된 믿음입니다.

믿음은 보이지 않는 하나님에 대한 신뢰의 표현인 것입니다. 하나님은 하나님의 자녀가 기도할 때 의심하는 것을 기뻐하지 않으십니다. 왜냐하면 의심은 하나님에 대한 불신의 표현이기 때문입니다. 믿음의 기도는 의심하지 않는 기도입니다. 하나님에 대해 불신하면서 무엇을 받기를 바란다는 것은 옳지 못한 행동입니다. 그러나 의심하지 않고 믿고 구하는 것은 하나님께서 반드시 기억하시고 응답해 주십니다. 예수님께서는 "믿고 구하는 것은 다 받으리라"고 하셨습니다. 의심하지 않는 믿음의 기도로 하나님께 구하는 사람이 되어야 할 것입니다.

116. 우리가 가진 담대함은 무엇인가

요한일서 5:14
14 그를 향하여 우리가 가진 바 담대함이 이것이니 그의 뜻대로 무엇을 구하면 들으심이라(요일 5:14)

1 John 5:14
14 And we are confident that he hears us whenever we ask for anything that pleases him.

앤 위아 컨피던트 댓 히 히어즈 어즈 웬에버 위 애스크 훠 애니씽 댓 플리즈 힘

하브루타 질문

1. 하나님을 향하여 우리가 가진 담대함이란 어떤 담대함인가요?

_____

_____

2. 무조건 자신의 뜻대로 기도하는 것은 무모합니다. 우리가 기도할 때 어떻게 기도해야 한다고 하셨나요?

_____

_____

3. 여러분은 기도할 때, 자신의 뜻대로 기도하나요? 하나님의 뜻대로 기도하나요?

4.

5.

6.

7.

> **부모님들을 위한 해설**

오늘 말씀은 '소속의 중요성'이 얼마나 중요한지를 말씀합니다. 우리가 하나님께 속해 있다는 것은 매우 중요한 담대함의 이유입니다. 겉으로 볼 때는 사람들마다 구별이 잘 안 되는 것 같지만, 하나님께 속한 자와 세상에 속한 자의 차이는 실로 엄청납니다. 하나님께 속한 자들은 하나님의 음성을 들을 수 있지만 세상에 속한 자들은 하나님의 음성을 들을 수 없으며 세상에 속한 말을 하고 그들의 말을 듣기 때문입니다.

또한 하나님께 속한 자는 세상을 이길 수 있는 담대함이 있습니다. 우리 안에 계신 이가 세상에 있는 자보다 크시기 때문입니다. "자녀들아 너희는 하나님께 속하였고 또 그들을 이기었나니 이는 너희 안에 계신 이가 세상에 있는 자보다 크심이라"

그러므로 하나님의 음성을 들을 수 있는 우리에게는 언제나 세상이 이해하지 못하는 담대함이 있습니다. 언제나 하나님은 하나님의 백성 된 우리의 기도를 들으시며 응답하셨고, 지금도 듣고 계시며 앞으로도 구한 것을 다 들어주신다는 확신이 있기 때문입니다. 어떤 환경의 어려움도, 세상이 주는 위협도 우리를 쓰러뜨릴 수 없는 이유가 여기에 있습니다.

그러므로 말씀 안에서 예수님의 음성을 들을 수 있도록 언제나 마음과 귀를 예수님께 향하십시오. 우리의 귀와 눈과 행실이 주 앞에 온전하여 예수님이 주시는 음성이 희미해지지 않도록 늘 정결하고 거룩한 삶을 살아가기 바랍니다.

117-118. 기도자의 자세

빌립보서 4:6-7

6 아무 것도 염려하지 말고 다만 모든 일에 기도와 간구로, 너희 구할 것을 감사함으로 하나님께 아뢰라

7 그리하면 모든 지각에 뛰어난 하나님의 평강이 그리스도 예수 안에서 너희 마음과 생각을 지키시리라 (빌 4:6-7)

Philippians 4:6-7

6 Don't worry about anything; instead, pray about everything. Tell God what you need, and thank him for all he has done.

던 워리 어바웃 애니씽; 인스테드, 프레이 어바웃 에브리딩. 텔 갓 왓 유니드, 앤 땡스힘 휘 올히 해즈 돈.

7 Then you will experience God's peace, which exceeds anything we can understand. His peace will guard your hearts and minds as you live in Christ Jesus.

덴 유윌 익스피리언스 갓스 피스, 위치 익씨즈 애니씽 위캔 언더스탠드. 히스 피스 윌 가드 유어허츠 앤 마인즈 애즈 유리브 인 크라이스트 지저스.

하브루타 질문

1. 기도자의 올바른 자세를 기록해 보세요.

2. 우리가 올바로 기도할 때 하나님의 응답은 무엇인가요?

3. 하나님은 우리의 기도에 응답하시나요?

부모님들을 위한 해설

어느 한 대학 수업에서 교수가 교탁 위 유리컵에 물을 약간 따르더니, 컵을 손에 든 채로 첫 강의를 시작했습니다. 그는 학생들에게 컵을 보여주며 "이 컵의 무게가 얼마나 될까요?"라고 질문했습니다.
"150그램!! 200! 230그램!!"
학생들이 답했습니다.

그러자 교수는 다시 질문했습니다.

"무게를 직접 재기 전에는 나도 정확히는 모르겠네요. 그런데 내가 몇 분 더 들고 있으면 무게는 어떻게 될까요?"

"아무 변화 없습니다!!" 학생들이 답했습니다.

"그럼 1시간 동안 더 들고 있으면 어떻게 될까요?"

한 학생이 "교수님 팔이 슬슬 저려오고 아프기 시작하겠지요."

"맞습니다. 그러면 내가 만약 이걸 하루 동안 들고 있다면 어떨까요?"

그러자 한 학생이 "이제 교수님 팔이 무감각해지고, 심각한 근육 경련과 마비가 올 것이고, 결국 교수님은 병원에 누워 계시겠죠!" 라고 얘기하자 모든 학생들이 웃었습니다.

"좋아요. 아마 그럴 거예요. 그런데 이 모든 과정에서 컵의 무게가 바뀌었나요?"

"아니오."

"무엇이 내 팔과 근육을 아프게 했나요?"

학생들은 예상치 못한 질문에 당황했습니다.

"내가 이 고통에서 벗어나기 위해서는 무엇을 해야 할까요?"

"컵을 내려 놓으셔야죠."

"맞습니다. 매일 우리 삶의 많은 문제를 대하는 것도 이것과 비슷합니다. 삶에서 어떤 문제에 대해 고민하는 것은 중요합니다. 하지만 때로는 고민하는 것이 답이 아닐 수 있습니다. 사소한 문제라도 더 오래 고민하면 점점 아파 오기 시작할거고, 그보다 더 오랜 시간 잡고 붙든 채 고민하게 된다면 그것은 여러분들을 마비시키고. 결국엔 아무 것도 못하는 상황으로 만들 것입니다. 오늘부터라도 과감히 컵을 내려놓는 연습을 한다면 인생을 대하는 관점이 조금씩 변하기 시작할 겁니다."

여기에 하나 더! 그것은 바로 기도입니다.

119-120. 골방기도, 골방사랑

마태복음 6:6-7

6 너는 기도할 때에 네 골방에 들어가 문을 닫고 은밀한 중에 계신 네 아버지께 기도하라 은밀한 중에 보시는 네 아버지께서 갚으시리라

7 또 기도할 때에 이방인과 같이 중언부언하지 말라 그들은 말을 많이 하여야 들으실 줄 생각하느니라 (마 6:6-7)

Matthew 6:6-7

6 But when you pray, go away by yourself, shut the door behind you, and pray to your Father in private. Then your Father, who sees everything, will reward you.

벗 웬유 프레이, 고 어웨이 바이 유어셀프, 셧더 도어 비하인드유, 앤 프레이 투 유어 화더인 프라이벳, 덴 유어 화더, 후 씨즈 에브리씽 윌 리워드 유.

7 When you pray, don't babble on and on as people of other religions do. They think their prayers are answered merely by repeating their words again and again.

웬 유 프레이, 던 배블 온 앤 온 애즈 피플어브 아더 릴리젼스 두, 데이 씽크 데어 프레어스 아 앤써드 미얼리 바이 리피딩 데어 워즈 어겐엔어겐.

하브루타 질문

1. 우리는 기도할 때 큰 소리로 기도해야만 하나님께서 들으신다고 생각해 왔습니다. 그러나 예수님은 기도할 때 어떻게 하라고 하셨나요?

2. 우리는 기도할 때 오랜 시간 기도해야 하고, 뭔가를 많이 말해야 하는 줄 알고 있습니다. 그러나 예수님은 이런 기도를 중언부언이라고 하시면서 이방인들이 구하는 것이라고 말씀하십니다. 그렇다면 중언부언하지 말아야 하는 이유는 무엇인가요?

3. 그럼 우리는 어떤 기도를 드려야 하나요?

4.

> 부모님들을 위한 해설

골방은 문자 그대로 아무런 방해 없이 단둘이 만날 수 있는 공간을 말합니다. 예수님도 번잡한 곳을 피하여 산이나 들판에서 기도하셨습니다. 특히 대중들을 만나신 예수님은 혼자 기도하러 산으로 가셨습니다. 바로 그곳이 예수님께서 선택하신 골방이었습니다. 골방은 사람들을 만나는 곳이 아닌 영이신 하나님을 독대하는 자리입니다. 따라서 영이신 하나님과 마음껏 교제할 수 있는 환경이라면 어디든지 골방이 될 수 있습니다. 그렇다면 하나님은 왜 골방을 좋아하실까요? 골방은 아무하고나 들어가지 않습니다. 골방은 진짜 가까운 사람하고 들어갑니다. 특히 골방에 자주 들어가는 사람들이 있는데, 그들은 바로 연인입니다. 단둘이 앉아서 서로의 마음을 열고 사랑을 나누는데 골방보다 더 좋은 곳은 없기 때문입니다. 이와 같이 하나님께서 골방에서 만나주시는 것은 우리와 진실한 사랑을 나누길 원하시기 때문입니다. 그래서 '골방기도' 또는 '골방사랑'이라고 할 수 있습니다.

하나님은 자녀 된 우리와 더 깊은 사랑의 교제를 나누고 싶어 하십니다. 그래서 하나님은 골방을 좋아하십니다. 하나님은 이러한 골방의 기도가 날마다 뜨거워지고 사랑의 대화가 더 깊이 이루어지길 원하십니다. 여러분이 하나님과의 은밀한 대화를 통해 사랑을 나누기 위해선 먼저 골방으로 들어가 은밀한 중에 계시는 하나님을 만나시기 바랍니다.

구약 OLD TESTAMENT 올드 테스터먼트
(일반적으로 복수로 쓰지 않고 단수로 씀)

장 Chapter 챕터
절 VERSE 버얼스
창세기 GENESIS 제네시스
출애굽기 EXODUS 엑서더스
레위기 LEVITICUS 리비티커스
민수기 NUMBERS 넘버르스
신명기 DEUTERONOMY 듀터라너미
여호수아 JOSHUA 자슈아
사사기 JUDGES 져지스
룻(기) RUTH 루쓰
사무엘 상하 I SAMUEL 풔르스트 First 쌔뮤얼, II SAMUEL 새컨드Second 쌔뮤얼
열왕기 상하 I KINGS 풔르스트 킹스 II KINGS 새컨 킹스
역대기 상하 I, II CHRONICLES 크라니클스
에스라 EZRA 에즈라, 이즈라
느헤미야 NEHEMIAH 니어마이어
에스더 ESTHER 에스더
욥기 JOB 좁
시편 PSALMS 쌈스(P와 L이 묵음)
잠언 PROVERBS 프라버브스
전도서 ECCLESIASTES 이클리시에스티스
아가 SONG OF SONGS 송 오브 송스
이사야 ISAIAH 아이제이어
예레미야 JEREMIAH 제러마이어
애가 LAMENTATION (을)라멘테이션
에스겔 EZEKIEL 이지키얼
다니엘 DANIEL 대니얼
호세아 HOSEA 호지어, 호제아
요엘 JOEL 조얼
아모스 AMOS 애이머스
오바댜 OBADIAH 오버다이어
요나 JONAH 죠너
미가 MICAH 마이카
나훔 NAHUM 네이험
하박국 HABAKKUK 해바커크
스바냐 ZEPHANIAH 제퍼나이어
학개 HAGGAI 해가이
스가랴 ZECHARIAH 재커라이어
말라기 MALACHI 맬러카이

신약 NEW TESTAMENT 뉴 테스터먼트
(일반적으로 복수로 쓰지 않고 단수로 씀)

마태 MATTHEW 매튜
마가 MARK 마르크
누가 LUKE 루크
요한 JOHN 존(좐)
사도행전 ACTS 엑츠
로마서 ROMANS 로먼스
고린도전후서 I. II CORINTHIANS 코린티언스
갈라디아서 GALATIANS 걸래이션스
에베소서 EPHESIANS 이퓌션스
빌립보서 PHILIPPIANS 필리피언스
골로새서 COLOSSIANS 콜라시안스
데살로니가 전 후서 I, II THESSALONIANS 데살로 니안스
디모데 전 후서 I, II TIMOTHY 티머시
디도서 TITUS 타이터스
빌레몬 PHILEMON 필리먼, 퐈일리먼
히브리 HEBREWS 히브류스
야고보 JAMES 제임스
베드로전후서 I, II PETER 풔르스트 피터(피러), 세컨(드) 피터 (피러)
요한 1,2,3 서 I, II, III JOHN 존(좐)
유다서 JUDE 쥬드
요한계시록 REVELATION 레뷜레이션

제자들 이름

사도 使徒 apostle 어파슬 (복수→) apostles 어파슬스 (t가 묶음)
제자 弟子 disciple 디사이플 (복수→) disciples 디사이플스
시몬 베드로 Simon Peter 싸이먼 피터 (피러)
안드레 Andrew 앤드류
야고보 James 제임스
세베대의 아들 son of Zebedee (손/산 오브 제버디)
요한 John 존(좐)
빌립 Philip 필립
바돌로매 Bartholomew 바쌀러뮤
도마 Thomas 토마스(타머스)
마태 Matthew 매튜
야보고 James 제임스 /
알패오의 아들 son of Alphaeus(손/산 오브 알패우스)
다대오 Thaddaeus 때디우스
시몬 Simon 싸이먼 /
열심당 the Zealot (질럿)
유다 Judas 쥬다스 /
가롯 Iscariot(이스캐리엇)

성경인명

Adam 애덤
Eve 이브
아브라함 ABRAHAM 에이브러햄
이삭 ISAAC 아이삭
야곱 JACOB 제이콥
유다 Judas 쥬다스
요셉 JOSEPH 죠셉
레위 Levi 리바이
베냐민 Benjamin 벤저민
리브가 Rebecca 레베카, 리베카
라헬 Rachel 레이첼
모세 MOSES 모우지스
여호수아 JOSHUA 죠수아(쟈슈아)
삼손 Samson 쌤슨
사무엘 Samuel 쌔뮤얼
다윗 DAVID 데이빗
요나단 jonathan 자너썬
나단 Nathan 네이썬
엘리야 ELIJAH 일라이자
엘리사 ELISHA 일라이샤
다니엘 DANIEL 대니얼
바울 PAUL 포올/ 바울의 Pauline(포올린) Pauline
바울의 서신 Pauline Epistle (포올린 이피슬, 에피슬)

성경지명

에덴 Eden 이든
이스라엘 Israel 이즈레이얼
시온 ZION 자이언
베델 Bethel 베쎌
시내산 Sinai 싸이나이
예루살렘 Jerusalem 제루살렘
가나안 Canaan 캐이넌
여리고 Jericho 제리코우
요단 Jordan 조르단
사마리아 Samaria 써메리아
나사렛 Nazareth 내저레쓰
베다니 Bethany 베써니
갈보리 Calvary 캘버리

쉐마대학교(SU)를 세워주십시오.

이 강물(말씀)이 이르는 곳마다
번성하는 모든 생물이 살고 또 고기가 심히 많으리니
이 물(말씀)이 흘러 들어가므로 바닷물이 되살아나겠고
이 강(말씀)이 이르는 각처에 모든 것이 살 것이며…(겔 47:9)

쉐마대학교(SU)는 한국의 중심 서울에 세워질 예정입니다. 한국의 중심이자 세계의 중심인 서울에 쉐마대학교 캠퍼스 확보를 위해 기도하고 있습니다. 1차 플랜은 서울 중심지역에 건물을 임대 및 매입하여 쉐마대학교의 학업을 진행해 나갈 것입니다.

2차 플랜은 장기적 계획으로 학교부지를 구입하여 대학의 용도에 맞게 쉐마대학교 캠퍼스를 건축하는 것입니다.

건물매입에 먼저 동참해 주십시오!

먼저 서울의 기성건물을 임대 및 매입하여 쉐마대학교 캠퍼스로 운용하려고 합니다.
캠퍼스에는 강의실 2개와 학교사무실 및 식당 및 휴게실로 구성됩니다. 그 다음 경제적 여건에 따라 한 동, 한 동의 캠퍼스를 확장해 나갈 것입니다. 결코 화려하지 않지만 아담하고 아름다운 캠퍼스에서 불편함이 없이 학업이 이루어지도록 할 것입니다. 여러분의 기도와 후원으로 함께 해주십시오.

설립후원 종류
건물매입후원 : 1구좌 100만원   **부지구입후원 :** 1구좌 100만원   **벽돌건축후원 :** 1구좌 100만원
물품 후원 : 책상, 의자, 책, 프로젝터, 스크린, 컴퓨터, 냉장고, TV, 앰프&스피커, 마이크, 에어컨, 자동차, 쇼파, 강의대, 드럼, 신디사이저, 각종 악기 등등

설립후원 계좌 우체국 102129-01-004418 성경암송학교(BRS)재단
※ 입금 시에는 반드시 성함과 후원종류를 넣어주세요(ex: 홍길동건물, 홍길순부지, 홍길준물품)